Jörg Andrees Elten

Karma und Karriere

Das Märchen
von tausendundeiner Angst

Hoffmann und Campe

Die Deutsche Bibliothek – CIP-Einheitsaufnahme

Elten, Jörg Andrees:
Karma und Karriere : das Märchen von tausendundeiner Angst /
Jörg Andrees Elten.
– 1. Aufl. – Hamburg : Hoffmann und Campe, 1992
ISBN 3-455-08447-8

Schutzumschlaggestaltung: Lo Breier
Gesetzt aus der Bembo-Antiqua
Satz: Utesch Satztechnik GmbH, Hamburg
Druck und Bindung: Clausen & Bosse, Leck
Printed in Germany

Life is only on Razor's Edge

Fear is Lack of Love

(Osho)

Vorbemerkung

Alle Menschen wollen glücklich sein. So war es schon immer, und so wird es in aller Ewigkeit sein. Wir sind ständig bemüht, schmerzliche Erfahrungen zu vermeiden und angenehme Erlebnisse zu wiederholen. Die Sehnsucht nach Glück ist unser stärkster Antrieb. Wir geben viel Geld für unser Glück aus, für Lotto und Toto, für die Unterhaltungselektronik, für Ferienreisen, Autos, Restaurants, Kosmetik, Garderobe – für alle irdischen Güter, von denen wir uns Glückseligkeit versprechen. Wir jagen dem Glück nach, wenn wir immer neue Sexualpartner oder den Mann und die Frau fürs Leben suchen. Wie die alten Römer in der Endphase ihrer Herrschaft, leben wir in einer hedonistischen Epoche. Aber das Glück will sich nicht recht einstellen.

Wir brauchen nur auf der Frankfurter Zeil, dem Berliner Kudamm, der New Yorker Madison Avenue, dem Londoner Picadilly Circus oder den Pariser Champs-Élysées in die Gesichter der Menschen zu schauen, um den überwältigenden Beweis dafür zu finden, daß das Glück uns aus dem Wege geht. Die Selbstmordraten steigen. Die Psychotherapie hat Hochkonjunktur. In den Elendsvierteln von Bombay sieht man mehr lachende Gesichter als bei uns. Wie kommt das? Was stimmt bei uns nicht? Was machen wir falsch?

Ich habe mein eigenes Leben erforscht, um eine Antwort zu finden. Dabei ist mir aufgefallen, daß es neben vielen eher peripheren Gründen eine Grundursache für unser mangelndes Glücksgefühl gibt: die Angst. Die Angst, so meine ich, ist die Wurzel fast aller unserer Probleme. Denn wo Angst ist, gibt es kein Vertrauen, wo kein Vertrauen ist, gibt es keine Liebe. Und ohne Liebe gibt es kein Glück.

Ich wollte kein theoretisches Buch darüber schreiben. Besser fand ich es, in meine Vergangenheit einzutauchen und jene Begebenheiten in meinem ziemlich bewegten Leben ans Licht zu bringen, in denen die Angst in irgendeiner ihrer Gestalten eine wichtige Rolle gespielt hat. Obwohl ich aus meinem Leben berichte, habe ich keine Memoiren geschrieben. Dieses Buch handelt vor allem von meinen Ängsten, und während ich daran schrieb, durchlebte ich sie noch einmal, nahm Abstand, betrachtete sie von allen Seiten und machte mir Gedanken über ihre Ursachen – kurzum: Ich schrieb und therapierte mich dabei selbst.

Das Buch ist also vor allem für *mich* bedeutsam. »Der Weg ist das Ziel« sagen die Taoisten, das heißt: Für mich war das Schreiben wichtiger als das Buch, das dabei herausgekommen ist.

Meine Ängste sind nicht besonders originell. Sie ähneln denen von Millionen anderen, denn wie verschieden der einzelne auch von allen anderen sein mag – auf einer fundamentalen Ebene sind wir alle auf diesem kleinen Planeten miteinander verbunden. Wir teilen nicht nur das gleiche Schicksal, sondern auch unsere Hoffnungen, Erwartungen, Wünsche, Träume und natürlich auch unsere Ängste.

So bin ich fast sicher, daß sich mancher Leser in meinem Buch wiedererkennt. Er hat das gleiche durchgemacht wie ich oder doch ganz Ähnliches. In den vergangenen fünfzehn Jahren meditativer Selbstbeobachtung habe ich mir einen *modus operandi* angeeignet, der es mir erleichtert, mit meinen Ängsten umzugehen und mein Glücksgefühl von äußeren Umständen unabhängiger zu machen. Darin besteht die ganze Kunst des Lebens: »Don't worry – be happy!« Glück kann man lernen!

Palo Alto / Kalifornien, im Frühjahr 1992

I

Es war an einem milden Frühsommerabend, als ich an der Hamburger Alster spazierenging und Wolf begegnete. Er schritt wie ein Soldat auf dem Paradefeld – straff, stramm und geradeaus. Sein Blick war nach innen gerichtet. Wolf dachte nach. Wenn Wolf nachdachte, hatte er keine Zeit, die Welt um sich herum wahrzunehmen: das späte Licht der Sonne, das auf dem Alsterwasser tanzte, die pralle Farbenpracht der Blumenbeete, das Kind, das auf der Wiese jauchzend einem Schmetterling nachlief, die alte Dame im Ruderboot, das eng umschlungene Liebespärchen im Schatten des Rhododendronbusches.

Daß Wolf fast über mich gestolpert wäre, ohne mich zu erkennen, mag freilich auch daran gelegen haben, daß ich neuerdings von Kopf bis Fuß in Weinrot gekleidet bin und einen Bart trage. Als Wolf mich schließlich erkannte, stutzte er und schien verunsichert. Am liebsten hätte er wohl einen Bogen um mich gemacht. Aber nun war es zu spät. Wir kannten uns gut und mochten uns. Ich hatte ihn vor vielen Jahren von München nach Hamburg gelotst und bei »stern«-Chef Henri Nannen eingeführt. Vom Wesen her konnten die beiden nicht gegensätzlicher sein, aber trotzdem kam es zu einem schnellen Einvernehmen. Nannen brauchte damals dringend seriöse Leute, die ihm helfen sollten, den »stern« in ein seriöses Bildermagazin à la »Paris Match« oder »Life« zu verwandeln. Er kaufte Wolf mit einem fürstlichen Gehalt ein und machte ihn zum Chef vom Dienst. Bald darauf avancierte Wolf zum stellvertretenden Chefredakteur. Aber als die Positionskämpfe um Nannens Nachfolge begannen, war Wolf den jüngeren und robusteren Aufsteigern nicht gewachsen, die ihre Intrigen geschickt, beharrlich und umsichtig spannen. Wolf räumte das Feld. Als ich ihn an der Alster traf, hatte er einen viel wichtigeren Job – er war Direktor der Hamburger Journalistenschule.

Daß die Bosse des Verlagshauses G + J ausgerechnet ihn auf

diesen Sessel gesetzt hatten, sagte viel über die Kriterien aus, nach denen die deutsche Medienindustrie ihren Nachwuchs heranzog. Wolf war kein kreativer Draufgänger, sondern ein korrekter, konservativer Denker. Liberale Klischees konnten ihn in bebenden Zorn versetzen. Er liebte sein gut geöltes Gehirn und mißtraute den Gefühlen. Er übte Selbstdisziplin und konnte mit Menschen, die keine Ziele hatten und gerne spielten, nichts anfangen. Er haßte Zeitverschwendung, also dachte er nach, wenn er spazierenging, und manchmal fragte ich mich, wie er wohl seine kostbare Zeit nutzte, wenn er mit einer Frau zusammen war.

Wolf sah aus wie ein preußischer Gardeoffizier und benahm sich auch so, aber mitunter glaubte ich, daß ihm sein rigides Gehabe nur als psychisches Korsett diente. Vielleicht kochte unter seiner kühlen Fassade die Lava ausschweifender Gefühle? Womöglich wurde er von der Versuchung geplagt, einmal ordentlich die Sau rauszulassen? Vielleicht hatte er Angst vor den wütenden Dämonen, die in seinem Inneren rumorten und aus dem Käfig seiner Selbstbeherrschung ausbrechen wollten?

Ich hatte ihn einmal auf einer ausgelassenen Party erlebt. Er segelte – kerzengerade und eine schöne Frau eisern im Griff – mit ausschweifenden Tangoschritten über das Parkett, schwungvoll, begeistert und entschlossen, den anderen Partygästen mal zu zeigen, wie man sich auf die rechte Weise amüsiert und Schwung in den Laden bringt. Er machte Eindruck auf die Frauen, und er hatte seine Schwierigkeiten mit ihnen – aber wer hat die nicht?

Wir kamen ins Gespräch, und als wir nach ein paar Minuten auseinandergingen, hatten wir vereinbart, daß ich in seiner Journalistenschule auftreten und seinen Zöglingen etwas von meinen Erlebnissen und Erfahrungen als spiritueller Sucher in Indien erzählen sollte. Ein paar Tage später war es so weit.

Ich wollte die Schüler dieses angesehenen Instituts nachdenklich machen und mit ihnen über den Begriff der Realität sprechen. Alle Journalisten glauben, daß Realität und Wahrheit ein und dasselbe sind und daß sie objektiv und wahrheitsgemäß berichten können, wenn sie nur die Augen aufhalten, sogenannte Tatsachen zusammentragen und nicht bewußt lügen. Aber sie täuschen sich und ihr Publikum. Sie berichten nicht die Wahrheit, sondern sie erzählen, was sie für die Wahrheit *halten*.

Sie berichten von ihren Träumen. Die Wahrheit ist den Weisen vorbehalten, die alle Illusionen und Träume transzendiert haben.

Jeder unerleuchtete Reporter hat eine andere Realität, und auch ein fleißig zusammengetragener Haufen von sogenannten Fakten kann die Wahrheit nicht herbeizaubern. Wir finden nämlich immer nur die Fakten, die unseren Vorurteilen entsprechen, und jeder Mensch interpretiert sogenannte Tatsachen anders.

Was wir als Realität wahrnehmen, ist weiter nichts, als die Projektion unserer Träume. Die Hindus nennen es *Maja*: Illusion. Maja bedeutet freilich nicht, daß die Menschen, die Häuser, die Autos, die Sonne, die Bäume, kurzum die Welt, die uns umgibt, in Wahrheit nicht existieren. Maja bedeutet nur, daß die Welt, *wie wir sie wahrnehmen*, eine Illusion ist. Unsere Wahrnehmung wird von unseren Vorurteilen verzerrt, von unseren Hoffnungen, Erwartungen, Wünschen, Assoziationen, Ängsten, Enttäuschungen und allen möglichen Emotionen, die in keinem Zusammenhang mit dem stehen, was uns tatsächlich begegnet. Jeder lebt in seiner eigenen Welt – in der Welt seiner Träume.

Die Gesichter der Journalistenschüler wurden immer länger, als ich meine Gedanken über die Realität entwickelte und ihnen begreiflich machen wollte, daß ihre Wahrnehmung von den banalsten Faktoren abhängt. Wenn sie morgens frisch und ausgeruht aufgewacht sind, mit ihrer Liebsten oder mit dem Geliebten gut gefrühstückt und in der Post einen Scheck über 5000 Mark gefunden haben, wird es ihnen nicht schwer fallen, offen und positiv an eine Story heranzugehen. Sie werden das Schöne sehen und das Negative relativieren. Sie werden auf Engelsflügeln durch den Tag segeln und die meisten Interviewpartner sympathisch finden. Aber wehe, wenn sie mit einem Kater aufwachen, in der Post einen Strafzettel finden, Krach mit der Frau oder dem Ehemann haben und nicht mit dem gewohnten Spiegelei, sondern mit Zorn im Bauch das Haus verlassen! Die ganze Welt wird sie ankotzen. Alle Menschen werden ihnen auf die Nerven gehen. Die Tatsachen, die sie für ihre Story sammeln und die Meinung, die sie sich bilden, werden entsprechend aussehen. Sie werden ihren Ärger, ihren Frust, ihre Angst auf ihre Geschichte projizieren. Und wo es Projektionen gibt, kann keine Wahrheit sein.

Ich spürte, daß ich die Journalistenschüler langweilte. Sie hörten nicht zu. Sie waren nicht bereit, mit mir bis zum Kern des Themas vorzustoßen – bis zur Meditation als der einzigen Methode, die uns den Unterschied zwischen Realität und Wahrheit bewußt machen kann. Vielleicht machte ich meine Sache auch schlecht, jedenfalls verstand ich gar nicht mehr, wieso ich eigentlich auf die alberne Idee gekommen war, diesen zwei Dutzend jungen Leuten meine Ansichten aufzudrängen. Sie wollten doch gar nicht philosophieren und ihren Beruf in Frage stellen. Diese netten, flotten, jungen Macher wollten vor allem Karriere machen. Sie standen doch erst am Anfang. Es gab so viel Konkurrenz, und das Betriebsklima in den Medien war eisig. Sie durften sich nicht viele Fehler erlauben, wenn sie nach oben kommen wollten. Sie hatten Angst davor, aus dem Rahmen zu fallen. Man hatte sie unter tausend Bewerbern ausgesucht, und nach Schulabschluß würde ihnen die Medienwelt zu Füßen liegen, wenn sie nur anpassungsfähig blieben. Die schnellsten unter diesen Nachwuchsstars würden schon bald mit dem Laptop im Aktenköfferchen und in der Business Class um den Planeten jetten, große Reportagen produzieren und das Publikum mit ihren Projektionen unterhalten. Im Sinne der Anforderungen, die an sie gestellt wurden, waren sie gewiß sehr tüchtig, aber für meinen Geschmack waren sie etwas zu stromlinienförmig – Windhunde, keine Bulldoggen, Beller, keine Beißer.

Ich sprach also gerade über Maja, als mich ein sympathisch aussehender junger Mann unterbrach: »Mich würde mal interessieren, ob Sie die Wandlung des ›stern‹ von einer kleinen Redaktion in eine Organisation mit bürokratischen Strukturen nicht akzeptieren konnten?«

Der Faden zwischen mir und den Schülern war abgerissen. Es war meine Schuld. Ich war mit einem Konzept in dieses Meeting gegangen, anstatt spontan auf die Energie einzugehen, die ich in dieser Schule vorfand. Was ging in den Köpfen dieser angehenden Reporter vor? Waren sie empört darüber, daß ich mich als Schüler eines indischen Weisen ausgab? An ihren Gesichtern konnte ich nichts ablesen, und ich konnte sie nicht provozieren. War ich ihnen vielleicht sogar unheimlich?

Bewußt oder unbewußt verdrängten sie den einzig ungewöhnlichen Aspekt unserer Begegnung, nämlich die Tatsache, daß ich, Ex-Kollege und einstiges Vorbild, im Habitus eines spirituellen Suchers vor ihnen stand. Ihre ganze Energie konzentrierte sich im Kopf; sie hatten nicht das, was die Angelsachsen *gut-feeling* nennen, den sicheren Instinkt und den Mut, der aus dem Bauch kommt. Ihr Herz blieb stumm, ihr Verstand war verunsichert, und sie vergaßen, was einen guten Reporter ebenso wie den guten Wissenschaftler auszeichnet: offene, vorurteilsfreie Neugierde.

War ich aus dem »stern« ausgestiegen, weil mir die Konzernbürokratie nicht gefallen hatte? Die Frage erschien mir belanglos. Das war alles schon so lange her. Lieber wäre mir gewesen, wenn einer gesagt hätte: »Warum bestehen Sie eigentlich darauf, sich mit Ihrer Guru-Nummer lächerlich zu machen?« Die Herrschaften hätten mich provozieren können, und vielleicht wäre Schwung in unsere Begegnung gekommen. Und wie froh wäre ich gewesen, wenn einer dieser Journalistenschüler die Frage gestellt hätte, ob sich die Suche nach der Wahrheit mit dem Journalistenberuf überhaupt vereinbaren läßt! »Nein«, hätte ich geantwortet, »es sei denn, Sie sind erleuchtet. So lange Sie Ihren psychischen Müll nicht beseitigt haben, können Sie nicht wahrheitsgemäß berichten...« Und schon wären wir mitten in einer spannenden Diskussion gewesen.

Sie kamen mit ihren Fragen immer wieder auf den gleichen Punkt zurück: Was hatte mir beim »stern« so sehr mißfallen, daß ich meinen Dienst-Mercedes in der Verlagsgarage abstellte und ausstieg? War ich denn nicht glänzend bezahlt worden? Hatte ich nicht das Privileg genossen, mir meine Themen selber auszusuchen und mir meine Zeit frei einzuteilen? All das, wovon sie nur träumten, hatte ich gehabt. Warum, in Gottes Namen, hatte ich es aufgegeben?

Ich konnte es ihnen nicht erklären. Ich hätte ihnen gerne gesagt, daß sie furchtlos sein müssen, wenn sie die Freiheiten genießen wollen, auf denen ich bestanden hatte. Daß sie den Mut aufbringen müssen, für ihre persönliche Meinung, für die Integrität ihres Gewissens, für ihre Authentizität zu kämpfen; daß sie nicht einfach die Meinung aus der Chefetage als ihre eigene verinnerlichen dürfen, sondern daß sie sich notfalls gegen die Bosse durchsetzen müssen, wenn sie respektiert werden wollen. Und schließlich: Daß die Pressefreiheit, die im Grundgesetz steht, nur eine Farce ist, solange die Journalisten zu feige sind, gegen die Anpassungszwänge der Apparate zu rebellieren. Sie hatten doch schon ein Problem damit, gegen Wolf aufzumukken, der im Hintergrund zuhörte und angewidert schwieg und nach dem sie sich immer wieder umschauten, bevor sie den Mund aufmachten.

Ganz zum Schluß versuchte ich, den Journalistenschülern wenigstens *einen* guten Rat mitzugeben. »Der Mensch verfügt über *zwei* Zentren der Intelligenz«, sagte ich. »Seien Sie sich stets bewußt, daß es nicht die Intelligenz des Kopfes, sondern die *Intelligenz des Herzens* ist, die aus einem banalen Reporter einen großen Schreiber macht. Nur mit Ihrem Herzen können Sie in das Bewußtsein der Leser eindringen und die Welt ein bißchen wohnlicher machen.«

Schweigen. Verblüffung. Ratlosigkeit. Irgendwo lachte jemand verächtlich. Die Veranstaltung war beendet...

Ich hatte fast drei Jahre lang in Indien gelebt und wußte inzwischen nur noch aus zweiter Hand, wie es in den Redaktionsstuben und den Konferenzsälen der Medien zuging. Erst nach einigen Wochen konnte ich besser verstehen, warum die Journalistenschüler erfahren wollten, wie ich mit der Konzernbürokratie fertig geworden war. Noch bevor sie ihre Karriere begannen, hatten sie schon Angst davor, untergebuttert zu werden. Ihre Angst war verständlich, denn die individuelle Kreativität, die ungewöhnliche, aus dem Rahmen des Üblichen fallende Leistung, die persönliche Handschrift, die kontroverse Originalität war nicht mehr das hauptsächliche Erfolgskriterium in den Medien. Die Medienbosse brauchen vor allem Redakteure, die unter starkem Konkurrenzdruck schnell, zuverlässig und robust funktionieren, und sie brauchen Reporter, die im Rahmen vorgegebener Schablonen kurzweilig, locker und griffig berichten können. Wer in den großen Medienapparaten nach oben kommen will, muß vor allem »konzernfühlig« sein. Er braucht den sicheren Blick für ständig fluktuierende, interne Machtkonstellationen und ein sicheres Gespür für die psychischen Eigentümlichkeiten der Vorgesetzten. Vor allem darf er nicht aus dem Weltbild der Power-Elite herausfallen und an Tabus rütteln.

Die Journalistenschüler glaubten wohl, daß ich, der Aussteiger, es mir leisten konnte, ihnen reinen Wein einzuschenken. Ich brauchte keine Angst zu haben vor den Bossen und ihren Ehefrauen. Ich brauchte mich nicht in schlaflosen Nächten darum zu sorgen, ob ich ein Wort zuviel gesagt hatte. Ich lag nicht im Clinch mit Konkurrenten und brauchte keine Intrigen abzuwehren. Im Grunde wollten die angehenden Reporter von mir erfahren, wie man sich im Haifischbecken tummeln kann, ohne gefressen zu werden.

Als ich Journalist wurde, gab es die großen Konzerne noch nicht, in denen der Anfänger so leicht untergehen kann wie ein Schaf in der Herde. Auch prestigeträchtige Journalistenschulen existierten noch nicht, in denen privilegierte Schüler die Kunst der Anpassung lernen und auf geölte Karrieren in Multimedia-Konglomeraten vorbereitet werden. Bei mir fing die Karriere damit an, daß ich mich mit einem Pappkoffer und einem Klappbett in einen Eisenbahnzug zwängte, der schon in Hannover mehrfach überbesetzt war und auf der Strecke nach München immer voller wurde.

Es war 1947. Der schlimmste Winter seit Menschengedenken lag hinter uns, und ich war auf dem Weg zu einem Einstellungsgespräch mit Erich Kuby, dem Chefredakteur des »Ruf«. Die Bahnfahrt dauerte 26 Stunden. Die meiste Zeit stand ich auf dem Gang. Es war so eng, daß ich nicht einmal genug Platz hatte, mich auf meinen Koffer zu setzen. Hinter mir stand ein Mann in abgerissener Wehrmachtsuniform. Kurz vor Göttingen spürte ich, wie seine Hand vorsichtig in meine Gesäßtasche fuhr und meine Geldbörse ergriff. Eine Sekunde lang war ich wie gelähmt, dann fuhr ich mit einem Empörungsschrei herum: »Menschenskind! Sind Sie verrückt geworden?«

Der Kerl grinste mir freundlich ins Gesicht. Unsere Fußspitzen berührten sich, und ich konnte seinen hungrigen Atem spüren. Er lehnte sich etwas zurück, nur ganz wenig, denn in der Enge konnte er sich kaum rühren. Dann brachte er mühsam die Geldbörse nach oben, hielt sie mir vor die Nase und murmelte: »Entschuldigung, war nicht so gemeint.« Ich fragte ihn nicht, wie er es denn gemeint hatte. Ich riß ihm das Portemonnaie aus der Hand und stieß ganz spontan ein herzliches »Dankeschön!« aus. Auf der Höhe von Würzburg war ich mit meinem Taschendieb schon in ein Gespräch über seine Erlebnisse in einem sibirischen Arbeitslager vertieft, und kurz bevor er in Nürnberg ausstieg, duzten wir uns und tauschten Adressen aus.

Während der ganzen Reise gierte ich die belegten Brote an, die eine junge Dame aus einer Aluminiumdose holte, umständlich auswickelte und an ihren Nachbarn weiterreichte; einen Herrn mittleren Alters mit wallender Künstlermähne und leidenschaftlichem Gebaren. Jedesmal, wenn sie ihm ein Brot reichte, rückte er an den Rand der Holzbank vor, um mehr Bewegungsfreiheit zu haben, ergriff die Stulle mit beiden Händen, spreizte die Ellenbogen aus, schlug sein blendendes Gebiß in das Kommißbrot, kaute gierig, richtete einen dankbaren Blick himmelwärts und stieß ein herzhaftes »Göttlich!« aus. Ich war neidisch und fand den Mann widerwärtig.

Seine Begleiterin aß nicht mit. Sie durfte wohl nur auspacken, während er gierig und gutgelaunt eine Stulle nach der anderen einfuhr. Es waren fette Doppeldecker. An den Rändern quoll Mayonnaise, Käse und Schinken hervor, und jedesmal, wenn wieder so ein Apparat verschwunden war, leckte sich der Fresser genußvoll die Finger ab. Zwischendurch reichte ihm seine Begleiterin knackige Äpfel, nicht ohne sie vorher mit einem blauweißen Geschirrtuch sorgfältig zu polieren.

Kurz vor Würzburg – es war schon nach Mitternacht – hatte ich die Ehre, die Dame näher kennenzulernen, denn sie mußte auf die Toilette. Den Blick gesenkt, die Lippen zusammengekniffen, zwängte sie sich an mir vorbei und peilte das Waggonende an. Wir Flursteher versuchten, ihr Platz zu machen, aber nach anderthalb Schritten gab sie auf und kehrte ins Abteil zurück. Schon eine halbe Stunde später unternahm sie den zweiten Versuch. Diesmal trat sie mit verzweifelter Entschlossenheit an: »Darf ich bitte mal zur Toilette?«

»Viel Glück«, sagte mein Taschendieb galant. »Bis jetzt hat's noch keiner geschafft.« Der Dame war entgangen, was wir dort auf dem Gang schon seit Stunden trieben: Wann immer einer aufs Klo mußte, zogen wir ein Fenster herunter – aber nur einen Spalt breit, denn die Aerodynamik richtete sich gegen uns. Der Pisser mußte sich auf einen Klappsitz stellen und mit dem Luftstrom durch die Öffnung zielen. So kam es auf dem Gang nur in Kurven oder bei plötzlichen Böen zu schauerartigen Ergüssen, die wir mit unseren über den Kopf gezogenen Mänteln abwehrten.

Frauen hatten es naturgemäß schwerer. Sie mußten warten, bis der Zug hielt. Dann hievten wir die Bedrängten durch ein Fenster ins Freie. Sie konnten sich nicht weit entfernen, sondern mußten ihre Notdurft sozusagen sprungbereit direkt unter dem Fenster verrichten, denn niemand wußte, wie lange der Zug auf offener Strecke halten würde. Wir Gentlemen schauten diskret in die andere Richtung, bis die Damen so weit waren, in unsere starken Arme und die bedrängende Enge ihres Abteils zurückzukehren.

Nach Kassel war es zu den ersten Krisensituationen gekommen. Nun mußten die Frauen, die sich bisher zurückgehalten hatten – tempo presto. Sie konnten nicht auf den nächsten, völlig ungewissen Halt warten – sie mußten sofort. Als der Augenblick für die Dame mit den Butterbroten gekommen war, hatten wir Männer schon Routine und befanden uns auf der Höhe der delikaten Situation.

Ein galanter Friseur profilierte sich als Krisenmanager. »Tut uns leid, gnädige Frau!« sagte er zu der Dame mit den Butterbroten und tat so, als empfange er sie in seinem Frisiersalon: »Die Toilette wird von einer Familie mit zwei Kindern blokkiert!«

Die Dame bewegte ihre Lippen wie im Selbstgespräch und schaute den Friseur mit großen, feuchten Augen an. Ihr Partner rückte auf die Kante der Holzbank vor und rief durch die offene Abteiltür: »Iss was, Lotte?«

Lotte antwortete nicht. »Was mache ich denn jetzt bloß?« stammelte sie und zog die Schultern hoch, so als sei ihr kalt. »Jetzt machen'se ihr Pipi eben aus'm Fenster«, schlug mein Taschendieb gutmütig vor. Lotte wandte sich ihm mit einer heftigen Drehung aus der Hüfte zu, so als wollte sie ihn zurechtweisen, aber der Friseur kam ihr zuvor. »Echt, gnäääh Frau«, flötete er. »Kein Problem! Wir machen das hier schon seit Stunden so.« Jetzt redeten mehrere Herren durcheinander, machten ihr Mut und taten so, als sei es für sie das Selbstverständlichste von der Welt, völlig unbekannten Damen dabei zu helfen, den Schlüpfer herunterzulassen und auf der Kante eines offenen Abteilfensters Platz zu nehmen.

Lottes schöne sanfte Augen füllten sich mit Tränen. »Iss was?« rief ihr Begleiter wieder aus dem Abteil, aber sie beachtete ihn nicht mehr. Sie fühlte sich wahrscheinlich ganz allein auf der Welt – verlassen, hilflos und in schmerzlichster Bedrängnis. Ich berührte ihren Arm und machte ihr Mut: »Nur zu, gnädige Frau! Alles nur halb so schlimm!«

Der Friseur wandte sich an die Fahrgäste, die Lotte im Wege waren. »Macht mal Platz, Leute!«

»Platz für Operation Donnerbalken!« grölte irgendein Idiot und kicherte. Ein anderer fuhr ihm über den Mund: »Halt die Fresse, altes Arschloch!«

Der Ton wurde bedenklich. Die feine Clubatmosphäre, die bisher die Peinlichkeit der Situation entschärft hatte, hatte sich verflüchtigt, und Lotte weinte, als sie mehr gehoben als geschoben an den Friseur weitergereicht wurde. »Auf ein Neues«, sagte der und rieb sich zufrieden die Hände. »Meine Herren«, rief ich, um Lotte zu beruhigen, »bitte machen Sie die Augen zu, und wenden Sie sich von der Dame ab!« Es war lächerlich, aber alle folgten meinem Rat, sogar der Friseur und seine beiden Helfer, die Lotte nun auf den Fensterrand hoben. Ein kalter Luftstrom fegte durch den Gang. Die Nacht war undurchdringlich finster. Die Dampflokomotive stieß einen schrillen Schrei aus, und wir zogen unsere Mäntel über den Kopf.

»Iss was, Lotte?« Ihr Begleiter steckte seinen Kopf durch die Abteiltür. Als er ihrer ansichtig wurde, hatte der Friseur gerade seine Arme um ihre nackten Oberschenkel geschlungen, während ihr Hinterteil in die Finsternis hinausragte. Die beiden anderen Helfer hielten sie an den Händen fest. Ungläubig schüttelte der Sandwichfresser seine Mähne aus dem Gesicht, so als wollte er einen Alptraum loswerden. »Mensch, Lotte!« rief er, »*was machst du denn da?*« Sie würdigte ihn keines Blickes. Vielleicht hatte sie ihn gar nicht gehört. Er stieß mir vertraulich seinen Ellenbogen in die Seite und sagte: »Haben 'Se so was schon mal erlebt?«

Nach Nürnberg, als mein Taschendieb ausgestiegen war, wurde ein Platz im Abteil frei, und ich nahm neben dem Herren mit dem guten Appetit Platz. Er rückte ein wenig zur Seite und versuchte, seine Stulle von mir fernzuhalten. »Geht's so?« fragte er leutselig. »Übrigens, mein Name ist Wilhelm Kempf.«

»Kempf?« fragte ich. »Wilhelm Kempf. . .?«

»Jawohl«, dröhnte er zufrieden, »Sie liegen richtig! Kempf, der Pianist!«

Wir rückten beide auf der Holzbank vor. Ich stellte mich vor, und Wilhelm Kempf schaute mich wohlgefällig an. »Angenehm«, sagte er, und als der Zug fünf Stunden später in München einlief, hatte er mir sein ganzes Leben erzählt; das Leben eines Genies, eines Sonnenkönigs der Musik. Er redete ununterbrochen und meistens mit vollem Mund. Er erzählte mir von seinen Auftritten in Tokio und dem erstaunlichen Musikverständnis der Japaner (»die sitzen mit der Partitur auf dem Schoß im Konzertsaal«), von seinen triumphalen Tourneen durch das von Hitler eroberte Europa, von seinem Ärger mit den Funktionären des Propagandaministeriums, und davon, daß die Nazis ihn nur deshalb nicht verfolgt hätten, weil das »verheerende Konsequenzen im Ausland« gehabt hätte.

»Ich habe viele Freunde im Ausland«, sagte er und hielt mir seine Stulle unter die Nase. »Hier, sehen Sie? Die Butter, der Schinken, alles aus Amerika. Care-Pakete! Die schicken mir meine Verehrer aus New York, und zwar regelmäßig.«

Ich war beeindruckt von seinen Verehrern. Seine Begleiterin schob immer neue Brote nach, und mir schien, daß der Höhepunkt dieser Pianistenkarriere darin bestand, daß der Künstler mit diesen sagenhaften Care-Paketen überschüttet wurde. Als wir uns in München voneinander verabschiedeten, schüttelte er mir schwungvoll die Hand. »Leben Sie wohl, junger Freund. Viel Glück! Ich sehe Sie schon den Lorbeer des Ruhms pflükken!«

Am nächsten Tag stand ich auf einem Rübenacker bei Weilheim in Oberbayern und sah etwa hundert Schritte entfernt einen schlanken Mann, der eine Hacke über seinen Kopf schwang und wie besessen das Unkraut zwischen den Futterrüben attackierte. Ich ging zögernd auf ihn zu. »Sind Sie der Kuby?«

»So ist es.« Er stützte sich auf seine Hacke und musterte mich mit einem Blick, dem nichts entging.

Ich stellte mich vor, und er erinnerte sich daran, daß ich ihm geschrieben hatte.

»Richtig«, sagte er, »Sie wollen beim ›Ruf‹ anfangen. Warum

eigentlich?« Ich sagte ihm, daß der »Ruf« die einzige Zeitschrift sei, die es wagte, die Besatzungsmächte zu kritisieren, und deshalb sei sie für mich das einzige wirklich demokratische Blatt im Nachkriegsdeutschland. Er lächelte nachsichtig und unterbrach meinen Vortrag. »Wie dem auch sei, wenn einer von so weit her anreist wie Sie, dann kommt er mit viel Motivation. Wann können Sie anfangen?«

»Sofort!« stieß ich hervor, und das Herz hämmerte mir im Hals.

Einen besseren Lehrmeister als Kuby hätte ich mir gar nicht wünschen können. Ich bewunderte dieses journalistische Genie, das Fakten, Eindrücke und atmosphärische Nuancen mit der Unersättlichkeit eines starken Industriestaubsaugers aufnahm, durch sein robustes System jagte, mit den Stromstößen seines Hochfrequenzgehirns auflud, es zu einem brisanten Gemisch verarbeitete und blitzschnell wieder in die Umwelt zurückfeuerte. Kuby war der schnellste Brüter des deutschen Journalismus. Nie wieder habe ich jemanden so schnell schreiben sehen – mit zwei Fingern und auf einer klapprigen »Erika«. Er benutzte die Schreibmaschine wie ein Maschinengewehr, und er verschoß Leuchtspurmunition, denn er machte gerne auf sich aufmerksam. Wehe dem, der so eine Salve abkriegte! Wenn Kuby – Wonne und Triumph im Blick – auf seine Schreibmaschine eindrosch, erinnerte er mich an einen Pfau, der lustvoll trippelnd ein glanzvolles Rad schlägt.

»Na, wunderbar«, sagte Kuby, ließ die Hacke auf den Boden fallen und wischte sich die Hände an der Hose ab. »Sie haben sicher Hunger?«

Träumte ich? Alle hungerten, und dieser Mann, der mich doch gar nicht kannte, bot mir etwas zu essen an! Ich war sprachlos. Kuby wartete meine Antwort nicht ab. »Gehen wir ins Haus«, sagte er. »Ein Butterbrot gibt es bei uns immer.« Er hob den Arm zu einer weit ausladenden Geste, die meine Aufmerksamkeit auf den Hof, die Stallungen und auf eine Kuh lenkte, die hinter dem Haus auf einer Wiese graste. »Die Kuh macht's möglich.«

Wie bunte Kaskaden fielen blühende Geranien über die Balkonbrüstungen herab. Im Schatten eines Ahornbaumes stand ein Kinderwagen. Bienen summten. Die Sonne schien aus einem durchsichtigen Föhnhimmel. Kuby führte mich in die Küche, und ich setzte mich an den Eichentisch. Eine große, schlanke Frau trat ein. Sie wirkte auf mich wie eine Porzellanfigur – schön, edel, kostbar. »Edith«, sagte Kuby, »das ist der Elten. Ab heute der jüngste Mitarbeiter im ›Ruf‹.« Frau Kuby, distanziert, aber freundlich, musterte mich mit großen, blauen Augen und lachte. »Na wunderbar«, sagte sie mit einer fein modulierenden Stimme. »Sie werden es bestimmt interessant finden. Beim ›Ruf‹ gibt es nämlich nur Verrückte.«

Kuby säbelte eine Stulle von einem duftenden Bauernbrot ab und lächelte zufrieden: »Man tut, was man kann«, sagte er. Einen Tag zuvor hatte der Presseoffizier der amerikanischen Besatzer den »Ruf« mal wieder wegen eines frechen Artikels gegen die Demontagepolitik der Siegermächte verwarnt und die Papierzuteilung für die nächsten sechs Ausgaben gekürzt. Auf diese Weise sollte die Auflage auf administrativem Wege gedrückt werden, aber der Schuß ging nach hinten los, denn mit jeder Strafmaßnahme der Sieger wuchs die Popularität dieser Zeitschrift »der jungen Generation«; einer Generation, die von Journalisten und Schriftstellern die »verlorene« genannt wurde.

Ich fühlte mich überhaupt nicht verloren. Ich hatte meine Nazi-Vergangenheit abgeschüttelt wie die Schlange ihre alte Haut und fand das Leben in der wirren Nachkriegszeit abenteuerlich, aufregend, schön. Der Hunger war mein ständiger Begleiter, aber jeder Tag brachte köstliche Nahrung für meinen Geist – Bücher und Zeitschriften, Hörspiele und Theateraufführungen aus aller Welt. Und nun hatte ich auch noch den Job, von dem ich geträumt hatte.

Es fiel mir gar nicht auf, daß von einem Vortrag, von Geld, Urlaubsanspruch, Rentenversicherung und so weiter und so fort nicht die Rede gewesen war. Nebensächlichkeiten! Ich hatte keine Angst vor der Zukunft und wußte, daß ich das Leben genießen würde – Geld spielte keine Rolle. Ich fühlte mich so stark, daß ich sogar Kubys Angebot, in der Anfangszeit erst mal bei ihm zu wohnen, freundlich aber hartnäckig ablehnte. Ich wollte auf eigenen Beinen stehen und schlug deshalb mein Klappbett nachts im Wartesaal des Münchner Bahnhofs auf. Schon nach drei Tagen wies mir das Münchner Wohnungsamt ein Zimmer zu. Am nächsten Ersten kassierte ich mein Gehalt: 350 Reichsmark.

Vom Schreiben hatte ich keine Ahnung, einmal abgesehen von den Schulaufsätzen, mit denen ich früher ganz gute Noten gemacht hatte. Aber Aufsätze haben mit Publizistik so viel zu tun, wie die Bolzereien eines Dorfvereins mit Oberliga-Fußball. Wenn ich ein Manuskript ablieferte, schaute es mein Redakteur Armin Eicholz kurz an, hob es mit spitzem Daumen und Zeigefinger auf und ließ es – Abscheu im Gesicht – in den Papierkorb gleiten.

Eicholz war neben dem Thomas Mann-Freund W. E. Süskind, dem ich ein Jahr später in der »Süddeutschen Zeitung« begegnete, mein bester Redakteur. Er hatte für irgendein Nazi-Blatt gearbeitet, aber wohl keine kompromittierenden Artikel geschrieben, deswegen durfte er auch nach dem Krieg weitermachen. Eicholz haßte Überschwang und Geschwafel. Er hielt auch nichts von ungehobelter, urwüchsiger Kreativität. Er war ein Mann des knappen, klaren Ausdrucks – ein Silbenstecher.

Ich blieb geduldig vor seinem Schreibtisch stehen, bis Eicholz schließlich resigniert seufzte und mein Manuskript aus dem Korb fischte. Er glättete es mit flachen Händen, spitzte umständlich einen Bleistift und gab mir mit einer Kopfbewegung zu verstehen, daß ich neben ihm Platz nehmen durfte.

Dieser Mann nahm sich Zeit! Keine Hetze, keine Ungeduld, keine störenden Telefonate. Er ging Satz für Satz vor, stellte die Mitte an den Anfang, den Anfang ans Ende, kippte ganze Absätze über Bord, jätete alle überflüssigen Worte aus, stellte sich dumm (»was soll denn das heißen?«), bestand auf der genauesten Wortwahl, war unglaublich pingelig und von einer bewundernswerten Geduld. Manchmal wollte ich gestrichene Formulierungen retten, weil ich verliebt in sie war. Dann warf mir Eicholz nur einen mitleidigen Blick zu, und ich kam mir vor, wie ein geistesgestörtes Kind, das mildernde Umstände genießt. Er argumentierte nicht – kein Meister argumentiert –, er zeigte mir einfach, was gute und was schlechte Schreibe ist. Die Arbeit mit ihm war eine profunde Erfahrung, die am Kern meines Egos nagte, aber Eicholz kannte die feine Grenze zwischen Belehrung und Beleidigung. Einmal, als ich schon den

Tränen nahe war, lehnte er sich in seinem Sessel zurück und erzählte mir die Geschichte von Kurt Tucholsky und Carl von Ossietzky.

Die beiden berühmten Journalisten, beide Meister des Wortes, arbeiteten in der »Weltbühne« zusammen. Ossietzky war Chefredakteur in Berlin, Tucholsky war Korrespondent in Prag, und es ärgerte ihn, daß Ossietzky manche seiner Artikel einfach nicht veröffentlichte. Eines Tages reiste er nach Berlin und besuchte Ossietzky in seinem Büro. »Warum druckst du eigentlich meine Artikel nicht?« beschwerte er sich wütend. Ossietzky, klein und geduckt, holte ein Bündel Manuskripte aus der Schublade und legte es auf seinen Schreibtisch. Tucholsky sah, daß es seine unveröffentlichten Werke waren. Ossietzky setzte seine Brille auf und las einen Absatz aus dem ersten Artikel vor. Dann schaute er Tucholsky über den Rand seiner Brille an, zog hilflos die Schultern hoch und sagte: »Verstehe ich nicht. Was willste denn damit sagen?«

Tucholsky war beleidigt. »Was soll denn da unverständlich sein?« protestierte er, »das ist doch sonnenklar! Ich will damit sagen ...« Und er erklärte, was er damit hatte sagen wollen. Ossietzky grinste: »*Und warum schreibste das nicht?*«

Die Anekdote hat mich immer wieder getröstet, wenn es mir – wie ich meinte – nicht gelungen war, in Worten auszudrücken, was ich gerne vermitteln wollte. Ich litt hauptsächlich darunter, daß ich immer besser schreiben *wollte*, als ich *war*. Erst relativ spät habe ich mich von Armin Eicholz' Einfluß befreit. Er hatte mir zwar das Handwerk beigebracht, aber der Preis, den ich dafür bezahlte, war eine verhängnisvolle Sehnsucht nach Perfektion. Ich war nie zufrieden. Ich wollte immer besser schreiben, als es meine bescheidene Begabung zuließ.

Das Streben nach Perfektion ist wie Todessehnsucht. Perfektion bedeutet, daß sich nichts mehr bewegt, die Entwicklung ist abgeschlossen. Vielleicht strebte ich auch Perfektion an, weil ich mich vor der Unkontrollierbarkeit des Unperfekten fürchtete. Das Unperfekte steckt voller Überraschungen und macht uns Angst, weil seine Dynamik uns aus der gemütlichen Enge treibt. Alle Perfektionisten sind lebensfeindliche Angsthasen. Nur das Unperfekte lebt, das Perfekte ist tot. Wer Sicherheit will, muß sich für den Tod entscheiden.

Ich wollte perfekt sein und quälte mich. Die Form war mir mitunter wichtiger als der Inhalt. Erst viel später begriff ich: Wer gut schreiben will, muß vor allem den Mut haben, er selbst zu sein, unverwechselbar und authentisch. Es ist wichtig, daß ich mich liebe und achte, so wie ich bin – mit all meinen Mängeln und Stärken, und daß ich meinen eigenen Rhythmus finde und danach lebe. Alles andere ist unfruchtbare Quälerei. Erst wenn wir uns auf den Weg machen, auf den Weg vom Schein zum Sein, von der Geste zur Substanz, von der Peripherie zum Zentrum, von der Persönlichkeit zum Kern unseres Wesens, können wir die Angst davor überwinden, wir selbst zu sein.

Die meisten Schreiber fangen damit an, daß sie so schreiben wollen wie ihre Vorbilder. Henry Miller zum Beispiel. Er hat eindringlich geschildert, wie er Tausende von Seiten für den Papierkorb beschrieb, bis er schließlich den Mut fand, so zu schreiben, wie er war. Danach war sein ganzes Werk ein gigantischer, aufregender, abenteuerlicher Prozeß der Selbstfindung.

Beim »Ruf« lernte ich das Handwerk. Die politischen Auseinandersetzungen, die das Blatt reflektierte und provozierte, ließen mich merkwürdig kalt. Die langatmigen Artikel über den Sozialismus interessierten mich nicht. Alle Theoriedebatten erschienen mir lebensfeindlich. Lange bevor ich meine spirituellen Neigungen entdeckte, war mir bewußt, daß menschlicher Fortschritt nicht mit politischen Mitteln erzielt wird, sondern eine Frage des Bewußtseins ist. Auch die sogenannten Revolutionen verändern das Bewußtsein nicht. Die Privilegien gehen von einer Power-Elite auf eine andere über – das ist alles. Ungerechtigkeit, Armut, Gewalt und Angst überleben jedes Regime. Die Systeme ändern sich, die Egomanie der Politiker bleibt die gleiche.

Trotz meiner Skepsis gegenüber den Politikern und den Möglichkeiten der Politik bezeichnete ich mich als »Linken«. Ich fand die Ziele des Sozialismus nobler als die »Jeder-für-sich-und-alle-gegen-jeden«-Mentalität des Kapitalismus. Was die sozialistische Praxis anbetraf, so machte ich mir keine Illusionen. Aber ich fühlte mich auf der Seite der Ausgebeuteten wohler als auf der Seite der Ausbeuter. Die deutschen Kapitalisten hatten sich freilich 1947 von Hitlers Sturz und der Zerstörung der Wirtschaft noch nicht erholt. Sie existierten sozusagen nur latent, bis Ludwig Erhard, der Prophet der Sozialen Marktwirtschaft, kam und sie erlöste. Die deutschen Kapitalisten gaben also noch keine saftigen Feindbilder ab, und so mußten eben die Amerikaner herhalten. Damit saß der »Ruf« zwischen den Stühlen: er bekämpfte die amerikanische Besatzungsmacht als den Vorreiter des Kapitalismus, und ebenso vehement befehdete er den Kommunismus, der durch Stalin kompromittiert war. Mit jeder neuen Ausgabe riskierte die Redaktion die Existenz der Zeitschrift, denn die Amerikaner besaßen die Macht, das Blatt von einem Tag auf den anderen verschwinden zu lassen. Unaufhörlich sägten wir an dem Ast, auf dem wir saßen. Geld spielte damals noch nicht die alles beherrschende Rolle. Wir fühlten uns allein unseren Idealen verpflichtet, und der finanzielle Aspekt unserer frechen Betriebsamkeit war uns völlig gleichgültig. Manche unserer Ideale waren weiter nichts als Vorurteile. Aber darauf kam es gar nicht an. Wir wollten vor allem rebellieren, gegen den Strom schwimmen, Meinungsfreiheit demonstrieren. Ich liebte den »Ruf«, denn ich saß gerne zwischen den Stühlen.

Ich blieb beim »Ruf«, bis Kuby schließlich von den amerikanischen Besatzern wegen beharrlicher Unbotmäßigkeit abgesägt wurde. Sein Nachfolger wurde der Chefredakteur des »Bayerischen Rundfunks« Walter von Cube, ein angesehener, konservativer Publizist aus baltischem Adel (Kuby: »Warte nur, Balte, ruhest auch du!«). Von Cube – die ewige Pfeife im Gesicht und dicke Brillengläser vor den Augen – rief die Redaktion zusammen und erklärte freundlich, aber bestimmt, daß er entschlossen sei, das Steuer im »Ruf« von links nach rechts herumzuwerfen. Er war ein Herr – integer, intelligent, gebildet, unbestechlich, aber ich wollte nichts mit ihm zu tun haben. Ich war »links«, und er war »rechts«, und damals fand ich das Etikett noch wichtiger als den Inhalt der Flasche. Persönlich war mir von Cube näher als viele sogenannte Linke, aber es ging mir ums Prinzip. Ich war damals vor allem gegen den Föderalismus, der mir reaktionär und kleinkrämerisch erschien. (Heute kann es mir in der Politik gar nicht klein genug zugehen.)

Nach der Redaktionskonferenz ging ich zu von Cube ins Büro, um zu kündigen. Er begrüßte mich mit aristokratischer

Höflichkeit, bot mir einen Stuhl an, blies den Rauch seiner Pfeife an die Decke und musterte mich aufmerksam. »Was kann ich für Sie tun?« fragte er schließlich.

Ich sprach feierlich meine Kündigung aus. Er lächelte freundlich. »In zwei Wochen ist die Währungsreform«, sagte er, und ich wunderte mich, daß er mich nicht einfach kurz verabschiedete. Wollte er die Währungsreform mit mir diskutieren? »Das Geld wird knapp werden«, sagte er, »und wenn Sie keine feste Anstellung haben, kann es Ihnen ganz schön dreckig gehen. Haben Sie das bedacht?«

Ich hatte überhaupt nichts bedacht. Ich wollte nur aus dem »Ruf« heraus. Ich setzte meine materielle Existenz aufs Spiel, na und? Ich hatte keine Angst vor der Zukunft.

Von Cube zog die Augenbrauen hoch, beugte sich zu mir vor und sagte mit sanfter Väterlichkeit: »Kommen Sie zum Bayerischen Rundfunk! Sie können sofort anfangen.«

»Aber da wären Sie doch *schon wieder* mein Chef!« rief ich empört. Von Cube rieb sich das Kinn, und es sah so aus, als ob er sich nur mühsam das Lachen verbeißen konnte. »Keine Sorge«, sagte er, »beim Rundfunk rühren viele Köche im Brei, sogar ein paar Kommunisten. Da habe ich nicht so viel zu sagen wie hier beim ›Ruf‹«.

Der Mann hatte mein Herz gewonnen, aber ich konnte nicht über meinen dogmatischen Schatten springen. »Tut mir leid«, sagte ich und stand auf. Von Cube begleitete mich zur Tür und gab mir die Hand. »Überlegen Sie sich's noch mal«, sagte er. Wir verabschiedeten uns wie Freunde.

Der Gedanke an eine Abfindung, an Übergangsgeld, an Pensionsansprüche oder irgendwelche sonstigen Absicherungen kam mir überhaupt nicht. Ich konnte damals etwas, was ich 20 Jahre später schon völlig verlernt hatte und erst im letzten Drittel meines Lebens wieder mühsam lernen mußte: *Leben im Hier und Jetzt.* Ohne Angst. Ohne Sorgen, aber mit einer tief sitzenden Gewißheit, daß die Existenz mich nicht fallen lassen würde. Das Leben war jeden Tag neu, aufregend, abenteuerlich – wunderbar!

Am Tag der Währungsreform erhielt jeder Bürger 40 funkelnagelneue Deutsche Märker, die für eine Woche reichen mußten. Ich kaufte mir dafür ein Dutzend Eier, Parmaschinken,

Ölsardinen und ein paar andere Delikatessen, die über Nacht auf wunderbare Weise in den Regalen der Lebensmittelgeschäfte aufgetaucht waren. Damit hatte ich mein Geld wesentlich solider angelegt als der Essayist Walter Maria Guggenheimer, der in die Redaktionskonferenz stürmte und seine Kollegen mit dem Schrei erschreckte: »Hilfe, ich starre der nackten Not ins fahle Antlitz!« Auf die Frage, was ihm denn widerfahren sei, antwortete er hilflos: »Ich hab mir drei Krawatten gekauft! Meine 40 Mark sind weg. Und ich habe nichts zu essen!« Ich lud Guggenheimer spontan zum Abendessen ein. Er akzeptierte sofort, und wenn ich nicht irre, hatte dieser König der deutschen Essayisten Tränen in den Augen, als er mich dankbar umarmte.

Eine Woche später trat meine Kündigung beim »Ruf« in Kraft. Ich stand auf der Straße und hatte 3,60 D-Mark in der Tasche. Kuby hatte schon einen neuen Job und bat mich, ihn zu besuchen. Auf dem Münchner Messegelände fand die erste deutsche Presseausstellung nach dem Krieg statt. Der Mitherausgeber der »Süddeutschen Zeitung«, Werner Friedmann, redigierte dort ein Blatt mit dem Namen »Die Tageszeitung«. Wie Reptilien im Zoo saßen die Redakteure und Reporter hinter Glasscheiben und schrieben oder redigierten ihre Storys, während die Ausstellungsbesucher sie bestaunten.

Kuby war hier der Schnellschreiber vom Dienst und Friedmanns Stellvertreter. Ich fand ihn in einem kleinen Glaswürfel, wo er mit seinen Zeigefingern wie besessen auf eine Schreibmaschine einhackte, während ein Dutzend erstaunte Zuschauer ihre Nasen an der Scheibe plattdrückten. Fünf beschriebene Manuskriptseiten lagen schon neben ihm auf dem Boden. »Ich präludiere!« rief er fröhlich, als ich eintrat und hackte weiter. »Nehmen Sie Platz!« Ich setzte mich neben ihn, und er schrieb. Seine Finger hatten keine Zehntelsekunde pausiert, während er sich mir zuwandte. Er konnte zur selben Zeit schreiben und reden. Und wenn er präludierte, schrieb er sich nur warm. Er liebte solche Vokabeln aus der Musikwelt, denn er war auch ein begeisterter Klavierspieler. Einmal hatte ich erlebt, wie er mit Joachim Kaiser, dem Musikkritiker, vierhändig spielte. Nach einer Weile klappte Kaiser über den Tasten des Steinway-Flügels zusammen. »Kuby«, stöhnte er, »Sie spielen genauso schnell, wie Sie schreiben!«

Im Augenblick präludierte er also, und plötzlich, mitten auf der Seite, brach er ab, riß den Bogen aus der Maschine, legte einen neuen ein und schrieb ins Reine. In zehn Minuten war er fertig – zwei Blatt, ein druckreifes Manuskript. Er gab es mir wortlos. Ich las und brach in schallendes Gelächter aus; es war eine wunderbare Satire, so viel erinnere ich noch, das Thema habe ich vergessen. »Gehen wir!« rief er, sprang auf und verließ seinen gläsernen Käfig. Ich folgte ihm in einen anderen Käfig. Dort saß der Boß, Werner Friedmann, ein mächtiger Mann im deutschen Nachkriegsjournalismus, und redigierte ein Manuskript. Kuby lieferte seine Satire ab und stellte mich vor. Friedmann, klein, glatt, behäbig, verschränkte die Arme vor seiner eleganten Krawatte und machte keine Umstände. »Ich brauche 32 Zeilen Kommentar. In 15 Minuten. Beliebiges Thema.« Er deutete mit dem Zeigefinger auf eine »Remington«, die wie ein Exponat durch eine Glaswand im Nebenraum zu sehen war. »Können Sie tippen?« Ich nickte atemlos. »Auf geht's!« sagte er, und ich spurtete an die Maschine.

Ich weiß nicht mehr, über was ich geschrieben habe, aber nach einer Viertelstunde apportierte ich 32 Zeilen. Friedmann überflog sie, reichte das Manuskript an einen Redaktionsboten weiter, schaute mich zum ersten Mal mit seinen klugen, durchsichtig-blauen Augen etwas aufmerksamer an, lächelte zufrieden und sagte: »Sie können gleich hierbleiben. Kuby wird Ihnen zeigen, wie der Laden läuft.«

Fortan schrieb ich jeden Tag unter den Augen der Ausstellungsbesucher einen Kommentar und dazu noch eine Reportage. Als die Ausstellung nach ein paar Wochen ihre Tore schloß, zeigte sich, daß Friedmann nicht nur ein begnadeter Journalist war, sondern auch ein mit den Ölen orientalischer Bazare gesalbter Geschäftsmann: Er ließ die Ausstellungszeitung nicht sterben – warum auch? Sie lief wie geschmiert. Sie hatte eine eingespielte Redaktion und Hunderttausende von Ausstellungsbesuchern hatten sie nicht nur gekauft, sondern auch gesehen, wie sie gemacht wurde. Die Zeitung war populär. Friedmann änderte ihren Namen in »Die Abendzeitung« um und führte sie in Partnerschaft mit dem Verlagsdirektor der »Süddeutschen Zeitung« weiter. München hatte eine neue Zeitung. Während Guggenheimer sich über seine Krawatten freute und ich Omeletts mit Parmaschinken aß, fügte der schlaue Friedmann einen neuen Stein in das Fundament ein, auf dem schon bald sein Millionenvermögen wachsen sollte.

Er vertraute die »Abendzeitung« seinem Freund Walter Zschupik an, einem Emigranten, der aus Österreich kam und die bizarren Allüren der Wiener Schule in den bayerischen Journalismus einführte. Zschupik sprach mit einem lustigen, jiddisch-ungarischen Akzent, trug Regenschirm und steifen Hut, kam jeden Morgen als Erster ins Büro und pflegte seinen Lokalredakteur mit dem Schlachtruf zu begrüßen: »Pawelke, wie viele Morde haben Sie für mich?« Und wenn Pawelke kleinlaut gestand, daß es in der Nacht keine außergewöhnlichen Missetaten in München gegeben hatte, empörte sich Zschupik verzweifelt und schrie: »Pawelke, bringen Sie mir eine Wasserleiche, oder Sie sind entlassen!«

Schon bald wechselte ich von der »Abendzeitung« zur »Süddeutschen Zeitung« über, die Friedmann mit einem untrüglichen Spürsinn für das, was »ankommt«, mit liberaler Chuzpe, diplomatischem Geschick und hausbackenem Gewinnstreben leitete und zu einer großen deutschen Zeitung mit internationalem Renommee entwickelte. Ich lernte von ihm vor allem die Kunst der Reportage, die in Handlung aufgelöste, an Menschen orientierte, in Geschichten verpackte Information.

Die SZ-Reportagen erschienen auf »Seite 3«, und Jochen Steinmayr und ich waren ihre ersten Redakteure. Wir wollten eigentlich beide Medizin studieren, aber die Universitäten waren nach dem Krieg überfüllt, und so landeten wir im Journalismus. Wir teilten uns die Arbeit so ein, daß jeweils einer von uns am Schreibtisch saß, damit der andere auf Reportage-Tour gehen konnte. Für die Wochenenden erfanden wir manchmal Themen für gemeinsame Spesen-Trips ins Grüne, zum Beispiel: »Wie wirkt sich das Auto-Sonntagsfahrverbot auf den Fremdenverkehr aus?« Jochen hockte sich auf den Rücksitz meines DKW-Motorrads, und wir brausten an die oberbayerischen Seen, interviewten die Gastwirte, die uns köstlich bewirteten, sprachen mit Kurdirektoren und quatschten beim Kaffeetrinken auf sonnigen Seeterrassen hübsche Mädchen an.

Die besten Themen fielen gewöhnlich Friedmann ein. Als die ersten »Salzburger Festspiele« nach dem Krieg anstanden, kam er beispielsweise auf die Idee, mich zur Eröffnung nach Salzburg zu schicken. Dabei wußte er genausogut wie ich, daß die Grenze zwischen Deutschland und Österreich seit Kriegsende hermetisch geschlossen war und von Polizisten mit Schäferhunden bewacht wurde. Es gab nicht einmal einen kleinen Grenzverkehr. Hitlers »Ostmark« hatte sich in ein unerreichbares Ausland verwandelt. Für die Bayern waren die benachbarten Österreicher so weit weg wie die Kanadier. Und natürlich hatte ich auch keinen Reisepaß, denn deutsche Pässe existierten seit Kriegsende nicht mehr.

Ich zog meinen englischen Reitermantel über, setzte mich auf mein Motorrad und fuhr durch den blühenden Chiemgau zur österreichischen Grenze. In Groß-Gmain mietete ich mich in einem Dorfgasthof ein und zog den Wirt ins Vertrauen. Am Grenzbach wohne eine Kriegerwitwe, die habe eine Waschküche mit einer Tür, die sich direkt zum Wasser öffne, verriet er mir. Der Bach sei dort nicht breit, und dichtes Gebüsch mache die Stelle unübersichtlich. Auf der anderen Seite gäbe es eine Gastwirtschaft mit Metzgerei. Der Metzger verdiene sich angeblich ein Zubrot damit, daß er illegale Grenzgänger gegen Entgelt mit seinem Pritschenwagen nach Salzburg fahre.

Eine halbe Stunde später lag ich mit der Witwe in der Waschküche auf der Lauer und wartete, bis die Grenzpolizisten mit ihrem Hund vorbeigekommen waren. Sie zeigte mir, wo sie den Schlüssel zur Waschküche versteckte, damit ich auf demselben Wege zurückkehren konnte. Als die Schritte der Polizisten nicht mehr zu hören waren, flüsterte sie: »Jetzt können 'S gehen!« Kaum setzte ich den Fuß ins Wasser, zog sie die Tür zur Waschküche hinter mir zu.

Ich watete durch den Bach. Mein Premierenanzug und ein Paar geliehene, schwarze Schuhe steckten in einer Papiertüte, die ich mit ausgestreckten Armen über Wasser hielt. Am anderen Ufer angelangt, verkroch ich mich im Gebüsch, trocknete mich notdürftig mit einem Handtuch ab, das ich aus dem Gasthof mitgebracht hatte, und kleidete mich hastig an.

Die Gastwirtschaft mit Metzgerei lag nur einen Steinwurf entfernt. Als ich eintrat, begrüßte mich der Wirt mit dem Ruf: »Auf geht's nach Salzburg! Oder täusche ich mich?« Er war ein schwerer, grauer Mann mit der roten Kolbennase eines seriösen

Trinkers. Ich erzählte ihm, daß ich die Salzburger Festspielpremiere besuchen und gleich nach der Vorstellung wieder zurückfahren wollte. Er zog die Augenbrauen hoch; einer, der durch den Bach kam, um ins Theater zu gehen, war ihm offenbar noch nicht begegnet. Aber er stellte keine Fragen. »Ich warte«, sagte er nur und streckte seine offene Hand aus. »Das macht 40 Mark«. Als ich ihn um eine Quittung bat, wurde er mißtrauisch. »Eine Quittung?« fragte er und schüttelte langsam den Kopf. »So läuft das hier nicht!«

Ein paar Minuten später waren wir in seinem Kleinlaster unterwegs. Auf der Ladepritsche lagen zwei große, blutverschmierte Fleischpakete. Der Wirt erzählte von einer Schwarzschlachtung, die er in einer Scheune gemacht hatte und wie die Bäuerin vor lauter Aufregung mit einer Frühgeburt niedergekommen sei. Und der Bauer habe durchgedreht und den Doktor geholt. Und dann sei auch noch der Dorfpolizist vorbeigekommen, aber den habe man mit einem saftigen Bratenstück abwimmeln können.

Die Straße war schlecht. Der Motor dröhnte. Wir mußten uns anbrüllen, um uns zu verständigen. Die Grenze sei ein Witz, meinte er, und wir meckerten über die Siegermächte. Ich erzählte ihm, daß ich gar keine Eintrittskarte hatte und mich irgendwie ins Festspielhaus einschmuggeln wollte. Das gefiel ihm, denn er hatte ein anarchisches Temperament.

»Vielleicht sollte ich mich als Arbeiter verkleiden und durch den Bühneneingang...?« Der Metzger schaute mich von der Seite an, schlug sich auf den Schenkel und lachte. »Ich kann dir meine Jacke leihen«, schrie er. Das »Du« paßte gut, denn zwischen uns war eine komplizenhafte Vertrautheit entstanden. Inzwischen fühlte ich mich schon wie ein Verbrecher, der es auf die Theaterkasse abgesehen hat. Die Idee mit dem Bühnenarbeiter verwarf ich. Ich wollte im Saal sitzen, wenn der Vorhang aufging.

Der Metzger setzte mich in einiger Entfernung vom Festspielhaus ab und versprach, auf mich zu warten, egal wie lange es dauerte. »Hals und Beinbruch!« sagte er und streckte den Daumen nach oben.

Vor dem Festspielhaus tauchte ich erst einmal in der Menge der Neugierigen unter, die mit langgestreckten Hälsen und viel

»Ah und Oh« die Auffahrt bestaunten. Tiefstrahler funkelten im Lack chrombepackter Limousinen. Herren im Frack stiegen aus, bunte Orden an Hals und Brust. Damen in wallenden Abendroben. Nerzstolas, Brillantgefunkel. Das leise Summen der Motoren. Türenschlagen. Ich kam aus einer von Bomben verwüsteten Stadt, war an Hunger und Kälte gewöhnt, an Trümmerfrauen und überfüllte Straßenbahnen, an Menschen, die am Rande des Existenzminimums lebten, blaß, mager, abgerissen – und nun dieser Pomp! Je länger ich die Anfahrt der Festspielgäste beobachtete, desto kälter wurde mir ums Herz. Am liebsten hätte ich die Flucht ergriffen, aber der Ehrgeiz besiegte meine Angst. Ich wußte, daß ich eine wunderbare Story an der Hand hatte. »*Meine* Salzburger Festspiele«.

Vorsichtig zog ich mich aus der Masse zurück, schlängelte mich an den Autos vorbei, die sich vor der Auffahrt stauten, und erklomm, locker und scheinbar dazugehörig, die Stufen zum Portal. Als ich für einen Augenblick den Kopf senkte, fiel mein Blick auf meine Schuhe, und ich erschrak. Uferschlamm vom Grenzbach! Ich fühlte mich von tausend Augen beobachtet und blamiert. Aber ich bewahrte Haltung, legte grüßend die Hand an die Schläfe, als ich den livrierten Türsteher passierte – und schon stand ich unter den Kristallüstern des Foyers. Mein erster Gedanke: Schuhe putzen! Ich lächelte freundlich nach links und nach rechts und suchte nach dem Wegweiser zur Herrentoilette. Niemand schien Verdacht zu schöpfen. Einige Damen erwiderten sogar mein Lächeln. Die Herren machten mir freundlich Platz.

Auf der Toilette stand man Schlange. Alle Kabinen waren besetzt. Ich wartete. »Sie haben den Hund noch ausgeführt?« fragte ein Herr mit grauem Bürstenschnitt und dem Eisernen Kreuz auf dem Frack und deutete auf meine Schuhe. Ich tat erschreckt: »Ach du großer Gott!« Nun schauten auch die anderen Herren auf meine Schuhe. Einer sagte: »Rufen Sie doch den Saaldiener, der bringt das in Ordnung«. Ein anderer riet mir: »Ach was, waschen Sie doch die Schuhe einfach im Waschbecken ab!« Ich war der Star auf dem Klo. Einer, der vorne schon ins Becken pinkelte, drehte sich in der Hüfte um und brüllte: »Was ist los?« Ich scherte aus der Schlange aus und fing an, meine Schuhe im Waschbecken abzuwaschen. Keiner hatte etwas dagegen.

Als ich ins Foyer zurückkehrte, schrillte die Klingel zum ersten Mal. Es war soweit! Ich ging auf den nächsten Eingang zu und bat den Saaldiener um ein Programmheft. Er fragte mich nach meiner Eintrittskarte. Ich tat erstaunt: »Wieso? Ich war doch schon drinnen. Mein Vater will ein Programmheft haben.« – »Aber Ihre Eintrittskarte...« murmelte der Saaldiener verlegen. »Die hat mein Vater«, sagte ich und fing an zu schwitzen. »Mein Vater ist drinnen.« Der Saaldiener gab auf. Ich nahm ihm ein Programmheft ab und betrat den festlich beleuchteten Theatersaal.

Die Klingel schrillte zum zweiten und zum dritten Mal. Fieberhaft suchte ich das Gestühl nach einem freien Platz ab. Ich hatte plötzlich panische Angst. Es war lächerlich. Was konnte mir denn schon passieren? Im schlimmsten Falle würde mich ein Saaldiener an die Hand nehmen und aus dem Theater begleiten. Das wäre peinlich, aber nicht gefährlich. Meine Panik kam freilich nicht aus der Angst vor Blamage. Ich fürchtete mich davor, allein in der Welt zu stehen. Es war wie in einem Alptraum – dieses entsetzliche Gefühl, nackt in der Welt zu stehen, schutzlos dem Hohn, der Verachtung, dem Haß der Meute ausgeliefert zu sein! In jedem Augenblick konnte ich entdeckt werden. Die Katastrophe rückte unaufhaltsam näher. Ich fühlte mich schuldig, weil ich mich von meinem angestammten Platz in der Herde entfernt, ihre ungeschriebenen Gesetze und Rituale mißachtet hatte. Die Strafe würde furchtbar sein... Im Traum reißt der Film gewöhnlich ab. Ich wache auf, wenn die Gefahr, die Angst, die Spannung unerträglich werden – schweißgebadet und froh, daß ich noch einmal davongekommen bin. Aber das Salzburger Festspielhaus war kein Traum! Das Orchester stimmte die Instrumente. Langsam erlosch das Licht. Der Dirigent trat zum Pult. Tosender Beifall. Ich setzte mich in Trab, denn ich hatte auf der anderen Seite des Saals einen freien Platz entdeckt. Als ich schon ganz vorne an der ersten Reihe vorbeilief, sah ich im Schein der Notbeleuchtung, wie sich eine Dame, ganz in Weiß gekleidet, durch das Gestühl zwängte und »meinen« Platz einnahm. Damit war das Festspielhaus am Premierenabend der ersten Salzburger Festspiele nach dem Kriege bis auf den letzten Platz besetzt. Und es gab einen Besucher zuviel. Mich.

Ich brach meinen Spurt ab und blieb wie angewurzelt stehen. Die Musik setzte ein, und schon kam ein Saaldiener auf mich zu. »Entschuldigung, mir ist nicht wohl«, flüsterte ich gepreßt und tupfte mir den Schweiß von der Stirn.

»Soll ich den Arzt rufen?« raunte er besorgt. Ich schüttelte den Kopf. Er öffnete die nächste Saaltür einen Spaltbreit, damit ich mich unauffällig entfernen konnte. »Die Toilette ist links!« flüsterte er. Ich drückte ihm ein Trinkgeld in die Hand und entfernte mich so schnell, wie es sich mit einem würdevollen Abgang vereinbaren ließ.

Der Metzger wartete mit seinem Pritschenwagen an der gleichen Stelle, an der er mich abgesetzt hatte. »Schon zurück?« fragte er enttäuscht, als ich mich auf den Beifahrersitz schwang. Ich erzählte ihm alles. »Ich habe sogar Leute mit dem Eisernen Kreuz am Frack gesehen«, sagte ich. Und der lebenserfahrene Mann sagte: »Es gibt Menschen, die gewinnen jeden Krieg, egal, auf welcher Seite sie sind.«

Nach Einbruch der Dunkelheit schlich ich durch den Grenzbach nach Deutschland zurück. Ein Vogel schreckte auf und schrillte Protest. In der Ferne bellte ein Hund. Im Haus der Witwe rührte sich nichts. Ich fand den Schlüssel, zog mich in der Waschküche an und atmete auf, als ich die Dorfstraße von Groß-Gmain betrat. Geschafft! Im Gasthof schrieb ich bis zum Morgengrauen an meinem Festspielbericht und gab ihn nach dem Frühstück an die »Süddeutsche Zeitung« nach München durch. Friedmann war begeistert.

Ein paar Tage später rief er mich zu sich. »Ich habe hier Ihre Spesenabrechnung«, sagte er und sah mich besorgt an. »Da heißt es ›40 Mark für eine Fahrt von der Grenze nach Salzburg und zurück‹. Wo ist die Quittung?« Ich erklärte ihm, warum der Metzger mir keine Quittung geben wollte. Friedmann verzog mißbilligend den Mund. »Spesen ohne Belege«, sagte er, »das wollen wir lieber gar nicht erst einreißen lassen!« Er löschte die 40 Mark mit einem Rotstift aus, und auch die fünf Mark, die ich dem Baby der Waschküchen-Witwe fürs Sparschwein gegeben hatte. »Gestrichen!« sagte er und lächelte mich befriedigt an. Und ich dachte: »Warte nur, du geiziges Schwein, das wirst du noch bereuen!«

Am nächsten Wochenende fuhr ich mit meinem Motorrad

nach Bayerisch-Gmain zurück, schlüpfte durch die Waschküche der Witwe, watete durch den Grenzbach und besuchte den Metzger. Er war überrascht, mich schon so bald wiederzusehen und freute sich. Ich erklärte ihm mein Spesenproblem. Er empörte sich fast noch mehr als ich. »Weißt was? Ich geb' dir eine Quittung über *hundert* Mark. Was sagst dazu?« Hundert Mark fand ich etwas viel. Aber 70 Mark war okay. Damit konnte ich auch das Trinkgeld für den Saaldiener im Festspielhaus wieder hereinholen. Und auch das Benzingeld für die zweite Fahrt an die Grenze würde ich wieder hereinbekommen. Der Metzger kritzelte die Summe auf einen ordentlichen Quittungszettel, setzte seinen Firmenstempel darauf und unterschrieb.

Am Montag legte ich Werner Friedmann die Quittung vor. »Der Metzger hat sich erweichen lassen«, sagte ich. »Aber ich habe einen Fehler gemacht. Die Fahrt nach Salzburg hat nicht 40, sondern 70 Mark gekostet!« Friedmann studierte die Quittung, hob sie gegen das Licht und zeichnete sie ab. Er lehnte sich im Sessel zurück, verschränkte die Arme vor der Brust, lächelte freundlich und fragte: »Kennen Sie die Geschichte mit dem Frack?« Ich wußte nicht, worauf er hinauswollte. Er bat mich, Platz zu nehmen und erzählte mir die Geschichte von einem berühmten Wiener Reporter, der von seinem Chefredakteur den Auftrag erhielt, über den Wiener Opernball zu berichten. Als der Reporter später seine Spesenrechnung ablieferte, waren auch die Schneiderkosten für einen Frack aufgeführt, den der Reporter für das festliche Ereignis hatte anfertigen lassen. Der Chefredakteur strich den Frack aus der Spesenrechnung weg. Der sei Privatsache, meinte er. Ein Jahr später berichtete der Reporter wieder über den Opernball, setzte seinen Frack erneut auf die Spesenrechnung, und der Chefredakteur strich ihn weg. So ging es auch im dritten Jahr.

»Aber im vierten Jahr«, sagte Friedmann, »da fehlte der Frack auf der Spesenrechnung. Und der Chefredakteur sagte zu dem Reporter: ›Karl, wo ist denn der Frack?‹ Und Karl Krauss grinste und sagte: ›*Suchen Sie ihn doch mal!*‹«

Friedmann reichte mir die Quittung des Metzgers zurück und sagte: »Holen Sie sich das Geld an der Kasse!«

Es stand 1:0 für mich, und ich rechne es Friedmann noch heute hoch an, daß er mir diesen Treffer nicht übelgenommen hat.

Es war eine idyllische Zeit, aber schon bald erwachte mein Ehrgeiz, und die Luft in den Redaktionsstuben an der Sendlingerstraße in München wurde mir zu schal. Ich wollte den »Duft der großen weiten Welt« in meine hungrigen Lungen saugen. Ich wollte reisen, ich wollte Abenteuer in exotischen Ländern erleben, ich wollte dem jungen Winston Churchill nacheifern, der sich seine journalistischen Sporen mit farbigen Berichten aus dem Burenkrieg verdient hatte. Aber Friedmann machte für solche Auslands-Eskapaden kein Geld locker. Es gab nicht genug Zeitungspapier, die SZ erschien nur dreimal in der Woche und hatte sich noch nicht zu jener fetten Anzeigenplantage entwickelt, die ihren Besitzern später Millionengewinne einbringen sollte.

So tat ich mich mit meinem Freund, dem Fotografen Albrecht Cropp, zusammen, und wir beide organisierten unsere eigene Expedition. Die Opel-Werke rüsteten uns einen »Kapitän« für eine Reise nach Indien aus. Eine Hebekranfirma versprach sich von uns werbewirksame Fotos aus dem Orient, ein Softdrink-Unternehmen empfahl uns an ihre Vertreter im arabischen Raum und wollte, daß wir ihre Produkte am Fuße der Säulen von Persepolis fotogen zur Geltung brachten. Wir nahmen sogar eine Mode-Kollektion mit, denn eine bekannte Konfektionsfirma hatte uns beauftragt, arabische Schönheiten in ihre Kleider zu stecken und zu fotografieren. Mit Journalismus hatte das nichts zu tun, aber es brachte uns genug Geld ein, um monatelang unterwegs zu sein und unsere journalistischen Projekte zu finanzieren.

Friedmann beteiligte sich an der Reise, indem er mir anstelle meines Gehalts ein Monatsfixum von 500 Mark bezahlte. Wir liebten ihn, aber sein Geiz hat uns schwer zu schaffen gemacht. Ich entsinne mich, wie er auf dem Redaktionsflur dem SZ-Karikaturisten Meyer-Brockmann begegnete und ihm den Arm um die Schulter legte: »Meyer«, sagte er zuckersüß, »Sie sind doch unser Bester!« Meyer-Brockmann – selber ein Genie, aber ein schlecht bezahltes – nahm behutsam Friedmanns Arm von seiner Schulter: »Lassen Sie diese Lobhudelei, Chef. Die kann ich mir finanziell nicht leisten!«

Als Ali Cropp und ich nach neun Monaten von unserer Indienreise über die Grenze bei Salzburg zurückkehrten, lag Ali hinten im Auto auf einem Stapel von Orientteppichen, die wir in Damaskus und Kabul billig eingekauft hatten. Ali hatte sich bei einem Autounfall in Pakistan das Bein gebrochen. Nun streckte er dem Zöllner seinen Gipsverband entgegen und zeigte ihm sein unschuldiges, schmerzverzerrtes Kindergesicht. Der Zöllner winkte uns wortlos durch. Ein paar Stunden später rollten wir, von Triumphgefühlen geschwellt, in die bayerische Landeshauptstadt ein. Die Reise hatte unsere Erwartungen weit übertroffen. Sie hatte uns mehr Abenteuer beschert, als uns lieb gewesen war, und mit unseren Berichten für die »Süddeutsche Zeitung« und die »Münchner Illustrierte« hatten wir uns als »Auslandsexperten« mit Welterfahrung etabliert.

Friedmann bot mir den Posten eines Chefreporters der »Münchner Illustrierten« an, aber ich lehnte ab. Ich ahnte, daß das Blatt keine Zukunft hatte, obwohl es von einem anderen genialen Emigranten geleitet wurde: Hans Habe. Friedmann hatte seinen Chauffeur mit reichlich Geld nach Zürich schicken müssen, um seinen Freund Habe im »Baur au Lac« Hotel auszulösen. Habe war mit einem schwarzen Cadillac-Kabriolett und 36 Kleiderkoffern per Schiff aus den USA gekommen, um seinen Posten als erster Chefredakteur der wiederbelebten »Münchner Illustrierten« anzutreten. Aber nun war ihm auf dem Weg nach München das Geld ausgegangen, und das »Baur au Lac«-Management hatte sich nicht geschämt, die pfändende Hand auf Habes Auto zu legen. Friedmanns Chauffeur zahlte Habes Hotel-Rechnung. Der Cadillac war wieder flott, und am nächsten Tag rollte dieses Traumauto lautlos in den engen Hof des Münchner Verlagshauses.

Noch nie war ein solches Vehikel in München gesichtet worden – ein eleganter Torpedo mit roten Ledersitzen, fast fünf Meter lang, chrombepackt, funkelnd – ein erregendes Symbol kapitalistischer Verheißung und amerikanischer Herrlichkeit. Ich stand zufällig am Fenster meines Büros und staunte. Im Fond saß ein Mensch, den ich für einen Filmstar hielt, denn so einen Typen hatte ich bisher nur auf der Kinoleinwand gesehen: Als erstes fiel mir die schneeweiße Brillanz eines Ziertaschentuchs auf, das üppig wie eine große Tüte Eis aus dem Zweireiher eines dezenten Nadelstreifenanzugs hervorquoll. Dazu passend ein Maßhemd mit hohem Kragen, Weste mit goldener Uhrkette, pomadisiertes Schwarzhaar, grelle Krawatte. Friedmanns Chauffeur sprang aus dem Wagen und riß den Schlag auf. Der Herr im Fond reichte ihm ein Aktenköfferchen. Dann stieg er aus – groß, schlank, blaß, scharfe Nase, sinnlicher Mund, hervortretende Augen, vom Scheitel bis zur Sohle ein Herr von Welt. Oder vielleicht nur ein Scharlatan? Hans Habe trat seinen Dienst an. Ich stand am Fenster im zweiten Stock und war überwältigt. Und ich wußte, daß dieser Barockmensch für den braven »Süddeutschen Verlag« ein paar Schuhnummern zu groß war.

Hans Habe nahm sich im Zwinger des »Süddeutschen Verlages« wie ein hochmütiger Windhund unter lauter Pinschern aus, und ich hätte gerne mit ihm gearbeitet. Aber ich ahnte, daß er mich in den Strudel seines unvermeidlichen Niedergangs hineinziehen würde. Sein Abgang konnte nur eine Frage der Zeit sein. Ich gab ihm ein Jahr – mehr nicht.

Ich blieb also bei der SZ und schrieb meine Reportagen. Eines Tages fuhr ich nach Düsseldorf, um über eine Premiere im berühmten Düsseldorfer »Kom(m)ödchen« zu berichten. Auf der Premierenfeier verliebte ich mich in eine junge Schauspielerin, die es nur deshalb neben der überbordenden Lore Lorentz aushielt, weil sie einen unverwüstlichen Humor und keinen Ehrgeiz hatte. Trudi war wunderschön und ein bißchen dekadent. Ihr rassiges Gesicht wurde von einer scharfen Indianernase und schwarzen, klugen Augen beherrscht. Am liebsten lag sie auf der Couch, stopfte sich mit spitzen Fingern Schweizer Pralinen in den weichlippigen Mund, trank Rotwein und las stundenlang schlüpfrige, französische Romane. Ich bildete mir ein, daß ich nicht ohne sie leben konnte, also zog ich von München nach Düsseldorf um und schrieb fortan Managerporträts und Reportagen aus dem Ruhrgebiet.

Eines Tages rief Friedmann an: »Fliegen Sie so schnell wie möglich nach Kairo! Der Veltheim hat uns im Stich gelassen«. Es war Sommer 1956. Erst Wochen später erfuhr ich, welche Umstände mir den prestigeträchtigen Auftrag eingebracht hatten, für die SZ über das Ereignis des Jahrzehnts zu berichten: die Verstaatlichung des Suez-Kanals durch Oberst Nasser.

Eigentlich hätte der Kairoer Korrespondent von Veltheim

über dieses Ereignis berichten müssen. Aber der frühere Berufsoffizier und Herr der alten Schule fühlte sich den journalistischen Bedürfnissen der SZ nicht so stark verpflichtet, als daß er darauf verzichtet hätte, seinen Sommerurlaub pünktlich anzutreten. In der heißen Jahreszeit sind die Passagierschiffe, die zwischen Alexandrien und Europa verkehren, total ausgebucht, und wer den mörderischen Sommertemperaturen am Nil auf dem Wasserwege entkommen will, muß seine Kabine viele Monate im voraus bestellen. Von Veltheim war ein korrekter Mensch und pflegte immer pünktlich zu buchen.

Er war auf dem Weg von Kairo nach Alexandrien, um sich einzuschiffen, als Nasser die Verstaatlichung des Suez-Kanals bekanntgab. Von Veltheim wurde von dem Ereignis keineswegs überrascht. Er hatte es schon vor Monaten angekündigt. Kaum an Bord seines Feriendampfers, setzte er sich an die Maschine, schrieb eine profunde Situationsanalyse und schickte sie, Minuten bevor das Schiff den Anker lichtete, zum alexandrinischen Telegrafenamt. Es war sein letzter Bericht für die SZ. Ein paar Tage lang freute sich Friedmann noch, daß er in dieser Zeit der Krise einen erfahrenen Mann am Nil hatte. Aber als von Veltheim nichts mehr von sich hören ließ, machte man sich in der SZ-Redaktion Sorgen. Hatte die ägyptische Zensur den Korrespondenten zum Schweigen gebracht? Oder war ihm gar etwas zugestoßen?

Plötzlich stand von Veltheim leibhaftig vor Friedmanns Schreibtisch! Jahre später schilderte mir Friedmann die Szene. »Guten Morgen, Herr Friedmann!« sagte von Veltheim gutgelaunt. Friedmann starrte seinen Nahost-Korrespondenten ungläubig an – träumte er, oder stand ein Geist vor ihm? Endlich gewann er seine Fassung zurück. »Was, um Himmels willen, machen *Sie* denn hier?« stieß er hervor. Von Veltheim, enttäuscht darüber, daß sein Chef ihn so lieblos empfing, nahm vor Friedmanns Schreibtisch Platz und erklärte geduldig, wie das im Sommer mit den Schiffsbuchungen sei, und daß er seine Kabine schon im Winter anbezahlt hatte. (Niemand würde ihm das Geld zurückerstatten, vor allem Werner Friedmann nicht, das war mal sicher, aber von Veltheim redete lieber nicht darüber).

Friedmann hörte zu wie unter Schock. Als von Veltheim die

Gründe für sein gespenstisches Erscheinen hinreichend erklärt hatte, folgte eine bedrückende Schweigeminute. »Herr von Veltheim«, sagte Friedmann schließlich. »In der jüngeren Geschichte Ägyptens hat es zwei Ereignisse von historischer Bedeutung gegeben. Das eine war die Eroberung Ägyptens durch Napoleon. Das zweite war die Verstaatlichung des Suez-Kanals durch Oberst Nasser. Daß Sie über das erste Ereignis nicht berichtet haben, kann ich Ihnen nicht übelnehmen. Bei dem zweiten Ereignis haben Sie uns freilich im Stich gelassen – und deshalb müssen sich unsere Wege nun trennen!« Damit war von Veltheim fristlos gefeuert. Als er das Büro verlassen hatte, griff Friedmann zum Telefon und rief mich in Düsseldorf an. Ein paar Stunden später war ich auf dem Weg zum Nil.

Sobald ich den Fuß auf ägyptischen Boden setzte, fühlte ich mich in diesem Land zu Hause. Es war so, als hätte ich hier schon einmal gelebt. Auf Schritt und Tritt hatte ich Déjà-vu-Erlebnisse. Als ich zum erstenmal nach Gizeh fuhr, war ich merkwürdig erregt, und dann schossen mir Tränen in die Augen, als die Pyramiden vor mir auftauchten und im roten Licht der untergehenden Sonne scharfe Schatten auf die Wüste warfen. Ich konnte mir meine Aufgewühltheit nicht erklären. Spekulationen über Wiedergeburt und Pastlife-Erlebnisse waren mir damals noch völlig fremd. Heute bin ich, was die Esoterik anbetrifft, skeptisch, aber doch wenigstens offen.

Ich wohnte im ehrwürdigen Shepherd's Hotel am Nil und genoß das Ambiente eines Feudalismus, der sich sogar noch unter dem sozialistisch orientierten Oberst Nasser behauptete. Noch waren die Baumwoll-Latifundien der Oberschicht nicht nationalisiert worden; das Rückgrat der herrschenden Kaste war ungebrochen. Die Landbesitzer, die Industriellen, die Importeure und Exporteure, die reichen Herumhänger und Parasiten, die im »Gezirah Sporting Club« Tennis und Golf spielten und ihre Reitpferde bewegten, sahen die Situation ihres heruntergekommenen Landes aus der Perspektive einer jahrtausendealten Geschichte und betrachteten folglich das Regime der Obristen als eine zwar irritierende, aber nicht ganz ernst zu nehmende Episode. König Faruk war vom Thron verjagt worden, aber niemand weinte ihm eine Träne nach. Er hatte keine Wurzeln im Lande gehabt, keiner wollte etwas mit ihm zu tun haben. Die wahren Aristokraten waren die alten koptischen Familien, die es schon vor dem Einfall der moslemischen Araber gab und deren Stammbäume in pharaonischen Zeiten wurzeln.

Eines Abends rief mich Khayria, eine ägyptische Kollegin, im Hotel an: ob ich Lust hätte, sie zu einer »ägyptischen Party an den Pyramiden« zu begleiten. Ich stellte mir unter einer ägyptischen Party an den Pyramiden Bauchtänze in einem großen Beduinenzelt vor, ich hörte förmlich den atemlosen Rhythmus arabischer Musik, ich roch den herben Duft der Wasserpfeifen, ich genoß den Geschmack von Rosinenreis, Hammelbraten und süßem Dattelgebäck. Eine Stunde später holte mich Khayria vom Hotel ab. Aber wir fuhren nicht zu einem Beduinenzelt im Schatten der Pyramiden, sondern zu einer modernen Villa hinter dem Mena-House Hotel.

Der Hausherr, ein Freund von Khayria, sprach ein feines Oxford-Englisch und sah mit seinen dreiviertellangen Hosen und dem grellbunt bedruckten Hemd wie ein kalifornischer Beach-Boy aus. Er begleitete uns in den Garten. Wir kamen spät, und die Party war in vollem Gang. Mehr als hundert Gäste ergingen sich in einem weitläufigen Garten, langten an einem üppigen Büffet zu, balancierten ihre Teller um das illuminierte Becken des Swimmingpools, standen in Gruppen beisammen, stierten in ihre Cocktailgläser, lachten, diskutierten lebhaft. Die meisten Gäste waren im Badekostüm, und die Damen demonstrierten ihre Emanzipation mit gewagten Bikinis. Die schwarzen nubischen Diener senkten schüchtern die Augen vor so viel nackter Weiblichkeit. Sie trugen weiße Handschuhe, Fez und golddurchwirkte, lange Ghallabias und navigierten funkelnde Sektgläser auf Silbertabletts durch die Menge. Im Hintergrund spielte eine Fünfmann-Kapelle modernen Rock. Die Tanzenden drängten sich auf den bunten Fliesen der Terrasse, warfen die Beine hoch, übten Schulterwurf. Im Rasen und unter blühenden Büschen waren Tiefstrahler versteckt, die ihre Lichtpfeile in die Kronen schlanker Palmen schossen. Erregtes Stimmengewirr – viel Englisch, etwas Französisch, Arabisch wurde überhaupt nicht gesprochen. Die meisten Gäste kamen aus dem Diplomaten-Ghetto von Kairo.

Ich war enttäuscht, denn ich hatte mir meine Party viel romantischer vorgestellt, aber da fiel mein Blick auf eine junge

Frau, die an der Leiter zum Swimmingpool stand und vorsichtig die Fußspitze ins Wasser tauchte. Sie sah aus, als sei sie einer Pharaonengrab-Freske entstiegen. Das klassisch-scharfe Profil, ebenmäßige Züge, mandelförmige, schräg gestellte Augen unter langen Wimpern, nußfarbene Samthaut, eine makellose Figur im schwarzen Badeanzug, filigranhaft-zarte Hände und schlanke Fesseln. Kein Schmuck. Eine moderne Nofretete. Und schon wieder hatte ich dieses Déjà-vu-Gefühl! Sie kam mir so unglaublich vertraut vor, daß ich erschrak, denn ich wußte, daß wir uns in diesem Leben jedenfalls noch nicht begegnet waren. Es war wie ein Zauber.

Ich zog mich ins Haus zurück, griff mir eine von den Badehosen, die der Hausherr für seine Gäste bereithielt und kleidete mich um. Als ich wieder in den Garten kam, entdeckte ich Nofretete im Swimmingpool. Ich hechtete ins Wasser, tauchte durch das Becken, sah ihre schönen Beine im Licht der Unterwasserstrahler und kam direkt neben ihr hoch. Sie lachte erschreckt und funkelte mich mit ihren großen, schwarzen Augen an. »He«, sagte sie, »wo kommen *Sie* denn her?« Ich stellte mich vor. »Und was machen Sie in Ägypten?« – »Ich suche eine Frau«, entfuhr es mir. Wieso kam ich dazu, ihr zu sagen, daß ich eine Frau suchte? Ich hatte mich von meiner Schauspielerin in Düsseldorf getrennt und war froh, daß ich alleine war.

Isis hieß sie. Erst viele Jahre später wurde mir klar, daß es zwischen Isis und mir eine karmische Verbindung gab. Als wir uns in diesem Swimmingpool an den Pyramiden begegneten, wußte mein Unterbewußtsein, daß wir im Begriff waren, unseren Tanz in diesem Leben fortzusetzen. Mein Unterbewußtsein hatte gesprochen! Es wußte, daß ich eine Frau suchte: Isis! Das Unterbewußtsein, unsere Essenz, unsere innere Stimme oder wie immer wir es nennen wollen, weiß gewöhnlich mehr als unser Kopf. Es weiß, wohin das Schicksal uns führt, und fast immer tut es den ersten Schritt. Es ist dem Verstand weit voraus. Der Kopf braucht seine Zeit. Er zögert, rationalisiert, argumentiert, ist ängstlich, aber das Roulett dreht sich schon längst, die Kugel rollt und ist auf dem Weg zu ihrer vorbestimmten Zahl. Alles ist längst entschieden, bevor es in unser Bewußtsein eindringt. Isis, die pharaonische Sonnengöttin, hatte auf mich gewartet.

Etwa ein Jahr später heirateten wir. Ich begegnete ihrer Familie auf einem Hochzeitsempfang im Kairoer Hilton Hotel. Großeltern, Onkel, Tanten, Großonkel, Großtanten, Vettern, Cousinen, Schwäger und Schwägerinnen, Nichten und Neffen – nicht weniger als vierhundertundzwölf nahe Angehörige drängten sich unter den Kronleuchtern im Ballsaal! Irgendwo in Oberägypten arbeiteten Tausende von Fellachen auf ausgedehnten Baumwoll-Latifundien, um diesen koptischen Klan wie in einem Luxusdampfer über Wasser zu halten. Eine bunte Gesellschaft: Gelehrtenköpfe und Bauerngesichter, vornehme alte Herren mit dem konservativen Habitus der Londoner Bondstreet und fette Grobiane in speckigen Gewändern, schlanke Schönheiten in Haute-Couture-Kleidern und feiste, in schwarze Seide verpackte Matronen mit klotzigem Brillantschmuck, und viele, viele proper gekleidete Kinder mit klugen Gesichtern, die schüchtern und doch lebhaft aus der steifen Party ausbrachen und am Rand des Geschehens Fangen spielten und schwatzten.

Von meiner ohnehin stark reduzierten Familie war niemand anwesend, und so fühlte ich mich angesichts dieser überwältigenden, koptischen Präsenz etwas einsam. Der Klan bedrängte mich Gott sei Dank nicht. Ich war ein Außenseiter, der kaum beachtet wurde, denn für die meisten Familienmitglieder war dieser Hochzeitsempfang nur insofern bedeutsam, als er der Familie eine Gelegenheit bot, mal wieder zusammenzukommen und das Wichtigste durchzusprechen. Man sprach vor allem französisch, auch Isis. Sie hatte ein englisches Internat in Kairo besucht, in dem Arabisch überhaupt nicht als Pflichtfach gelehrt wurde. Sie beherrschte zwar die arabische Umgangssprache, aber Arabisch lesen und schreiben konnte sie nicht. Im Grunde wuchs sie in ihrem eigenen Land wie eine Fremde auf. Auf der Hochzeitsparty gab es keinen einzigen moslemischen Araber. Seit Jahrhunderten waren für diese koptische Großfamilie Mischehen mit Moslems ein Ding der Unmöglichkeit.

Die eigentliche Hochzeitsparty begann ein paar Stunden später bei Sonnenuntergang in einem mit Teppichen ausgelegten Riesenzelt hinter den Pyramiden von Gizeh. Der Generator, das Gestühl, das warme Büffet, Silber, Geschirr, Blumen, die Stereoanlage mit Großlautsprechern und Schallplatten waren mittels Kamelkarawane durch die Wüste herangeschafft worden.

Zeitungsreporter tauchten auf. Fotografen feuerten ihre Blitzlichter ab. Die Party stand im Zeichen des Ost-West-Konflikts. Am Nil tobte der Kalte Krieg. Oberst Nasser hatte mit den Sowjets einen Kooperationsvertrag zum Bau des Assuan-Staudamms abgeschlossen. Die Westmächte, vor allem die Amerikaner, glaubten, daß die Kommunisten im Begriff waren, den gesamten afrikanischen Kontinent vom Nil-Delta her aufzurollen. Die Ostdeutschen hatten in Kairo eine Botschaft aufgemacht, aber die westdeutschen Diplomaten durften mit ihren ostdeutschen Kollegen offiziell nicht sprechen. Selbst wenn sie sich im »Gezirah Sporting Club« begegneten, schauten sie aneinander vorbei.

Isis und ich hatten Freunde in beiden Lagern, und so kam es, daß die Kalten Krieger aus Ost und West sich auf unserer Party mit dem Sektglas in der Hand begegneten. Manche legten ihre politischen Zwangsjacken ab und fanden sich sympathisch. Der amerikanische Charge d'Affair sprach mit dem KGB-Chef der sowjetischen Botschaft, die verbannten Führer afrikanischer Befreiungsbewegungen redeten mit englischen und französischen Kolonialherren, der »Prawda«-Korrespondent mit dem Mann von der »New York Times«. Isis und ich hatten viele ägyptische Freunde eingeladen, vor allem auch schöne Frauen. Wahrscheinlich war es ihnen zu danken, daß unsere Hochzeitsparty nicht in einen politischen Schlagabtausch entartete.

Ich war 30 Jahre alt und der jüngste Auslandskorrespondent der deutschen Presse. Ich war glücklich verheiratet, liebte meinen Job und das Land, in dem ich lebte, kleidete mich wie ein Filmstar, gab Partys wie ein Botschafter. Isis führte ein Haus, das in der kleinen Welt der Kairoer Society Ansehen genoß. Wir bewohnten eine zweistöckige Wohnung im 17. und 18. Stockwerk eines luxuriösen Appartementhauses am Nil. Wenn wir auf dem Balkon frühstückten, zogen unter uns die Feluken vorbei, die breitbäuchig-behäbigen Frachtboote mit den hohen, spitzen Segeln. Fischer warfen ihre Netze aus, Frauen wuschen Wäsche und schwatzten schrill, Kinder spielten am Ufer und Männer zerrten widerspenstige Kamele ins lehmige Nilwasser. Im Südwesten flimmerten die Konturen der Pyramiden in der heißen Wüstenluft.

Ich paßte mich dem trägen Rhythmus des Landes an – es war

der einzige Weg, um in dieser zeitlosen Exotik bei Sinnen zu bleiben. Entspannen! Nichts ernst nehmen. Nicht festhalten an Plänen, Zusicherungen, Terminen, Vorstellungen, Konzepten. Ich stellte mich auf die Ägypter ein, dieses liebenswerte, bedenkenlose, leicht erregbare und schnell erlahmende Volk und fühlte mich unter ihnen wohl, wie ein Fisch im Wasser.

Ich brauchte im allgemeinen nicht über das Tagesgeschehen zu berichten; dafür gab es die Agenturen. Hauptsächlich bemühte ich mich, die untergründigen Bewegkräfte aufzuspüren, die das politische Geschehen Ägyptens und der Region bestimmten. Ich knüpfte freundliche Kontakte zu den Männern, die Macht ausübten oder auf dem Weg zu Macht und Einfluß waren. Interessanter fand ich freilich die Menschen mit dem feinen Gespür für die Psyche des Landes, Künstler, Wissenschaftler, Publizisten, vor allem auch emanzipierte Frauen mit dem sicheren Blick für die Schwächen der Großen und mit dem sensiblen Gehör für die Stimme des Volkes. Sie waren es gewöhnlich, die das Knistern im Gebälk hörten, schon lange bevor das Haus in Flammen aufging.

Ich lebte meine stärkste Begabung aus – ich war Beobachter. Und ich war »on top of the world«. Aber wenn ich mich heute frage, welche Gefühle mich damals bewegten, fällt mir nichts ein. Ich fühlte mich saugut – das ist das einzige »Gefühl«, an das ich mich erinnern kann. Alles war wunderbar: Der Job machte Spaß, ich war verliebt in meine Frau, ich hatte gute Freunde, meine Vorgesetzten mochten mich, und mein Service beim Tennis wurde immer besser. Fast jedes zweite Wochenende verbrachte ich mit Isis an einem einsamen Küstenstreifen am Roten Meer. Wir schliefen unter den Sternen, tauchten mit Maske und Schnorchel in die märchenhaft-bunte Stille der Korallenriffe ein, kochten gemütlich, dösten in der Mittagshitze unter der Markise, machten lange Spaziergänge bei Sonnenuntergang – und begegneten tagelang keinem Menschen.

Wir hatten ein gutes Leben, aber es war ein Leben an der Peripherie. Wir spielten das elegante, romantische Liebespaar und merkten gar nicht, daß wir diese Rolle so sehr verinnerlichten, daß sie zum Inhalt unserer Existenz wurde. Auf dem Party-Parkett waren wir ein beliebtes und erfolgreiches Team, aber unsere Glamour-Ehe lebte vom Schein. Ihr fehlte das spirituelle

Fundament, das für eine dauerhafte und erfüllte Beziehung zwischen Mann und Frau unerläßlich ist.

Im sogenannten »Church Belt« von Tennessee kann man an vielen Kirchentüren den Spruch entdecken: »*People who pray together stay together!*« Wie wahr! Gutes Aussehen, sexuelle Anziehung, Wohlstand, Erfolg, Gesundheit mögen in einer Beziehung eine große Rolle spielen – aber all dies ist vergänglich. Nur das spirituelle Fundament bleibt erhalten. Wenn es fehlt, mag es Attraktion geben, aber Liebe gibt es nicht. Denn die wahre, die uneigennützige, egolose Liebe ist im Grunde *gelebte Spiritualität.*

Isis hatte keine Beziehung zu dem spirituellen Erbgut ihres alten Volkes; die pharaonische Mystik war ihr fremd. Auch zur Kirche ging sie nicht, denn sie hielt den koptischen Klerus, zu Recht, für einen korrupten Sauhaufen. Ich hatte vor Jahren mit dem Gedanken gespielt, den katholischen Glauben anzunehmen, aber die privaten Unterweisungen eines prominenten Jesuitenpaters hatten mich dermaßen ernüchtert, daß ich die Idee zu konvertieren wie eine blöde Marotte ablegte.

Isis und ich waren also nicht-religiös, als wir heirateten. Wir ließen uns nur deshalb in der lutherischen Kirche von Kairo trauen, weil wir dem ägyptischen Standesamt einen kirchlichen Trauschein vorlegen mußten. Als der liebenswürdige, deutsche Pastor mit uns die Gestaltung der Trauungszeremonie besprach und uns das Konzept seiner Predigt vortragen wollte, hatte Isis ihn ungeduldig unterbrochen: »Um Himmels willen machen Sie's kurz, Herr Pastor! Kein Mensch ist an Ihrer Predigt interessiert! Die Frauen kommen in die Kirche, um ihre Kleider zu zeigen, und die Männer wollen die Braut sehen. Das wissen Sie doch genausogut wie ich.«

Isis' barsche Offenheit gefiel mir. Ich liebte auch ihre Schönheit, ihren Witz, ihren Charme, ihren guten Geschmack und viele andere Äußerlichkeiten. Aber tatsächlich kannte ich sie kaum. Ich wußte zum Beispiel nicht, welche Spuren die Beziehung zu ihrem Vater hinterlassen hatte, der früh an Krebs gestorben war. Ich kannte die psychischen Wunden nicht, die ihr die katholischen Nonnen im Internat geschlagen hatten. Ich ahnte nichts von den Spannungen ihrer doppelten Identität: einerseits war sie die weitgereiste, selbständige, gewandte Salondame, andererseits war sie als Ägypterin von den Traditionen einer Gesellschaft geprägt, in der die Männer dominierten und die Frauen keine Rechte hatten. Ich kannte über viele Jahre hinweg nur die emanzipierte Isis – nicht das Mädchen aus dem oberägyptischen Niltal, in dem die Mythen von Jahrtausenden blühen und der Aberglaube sein Unwesen treibt.

Heute weiß ich, daß ich nicht eigentlich Isis liebte, sondern das *Isis-Image*: die schöne koptische Prinzessin, die gewandte Gastgeberin, die loyale Gefährtin, die energiegeladene Organisatorin eines komplizierten Haushalts. Wer sie wirklich war, das wußte ich nicht, und sie wußte es selber wohl auch nicht. Ich schmückte mich mit dem Isis-Image wie mit einer exotischen Blume. Und Isis schmückte sich mit meinem Image, das unter dem Markenzeichen »Andy« bekannt wurde. Image kommunizierte mit Image – zu einer Begegnung auf der Ebene unserer Essenz konnte es gar nicht kommen, weil wir beide nicht zum Kern unseres Wesens vordrangen. Unser Leben hätte eine völlig andere Richtung genommen, wenn uns unsere Illusionen bewußt geworden wären. In unserer Verliebtheit ahnten wir gar nicht, daß unsere Beziehung gefährdet war, und niemand machte uns darauf aufmerksam, denn wir verkehrten nicht mit Menschen, die an sich arbeiteten.

Ich berauschte mich an meinem Erfolg, der scheinbar keine Grenzen hatte. Aus Deutschland kamen verlockende Angebote. Das Fernsehen war im Begriff, seinen Siegeszug anzutreten. Es gab ein großes personelles Vakuum. Ich hätte einsteigen können; das neue Medium hätte mich wie ein magischer Teppich in große Höhen getragen. Aber ich sah die heftigen Kämpfe um politischen Einfluß im Fernsehen voraus und ahnte, daß die Kreativität das erste Opfer sein würde. Ich hätte mich anpassen müssen, und dazu hatte ich keine Lust. Auch war ich nicht ehrgeizig genug. Ich wollte nicht Einfluß um jeden Preis, und ich wollte auch keine Macht über andere Menschen ausüben. Es genügte mir, zu wissen, daß ich fast überall Karriere machen konnte – das gefiel meinem Ego und gab mir ein Gefühl der Sicherheit. Vor allem wollte ich frei sein. Niemand sollte mir Vorschriften machen. Ich wollte mir meine Themen selber aussuchen und schreiben, was ich für richtig hielt. In Kairo hatte ich alles, was ich zu meinem Glück brauchte.

Aber dann stürzte mein Mentor Werner Friedmann über eine

fein gesponnene, bayerisch-katholische Intrige. Man hängte ihm ein Verfahren wegen »Unzucht mit einer Abhängigen« an. Die Polizei führte ihn in Handschellen aus der Redaktion ab. Das eigentlich Erschreckende an diesem Skandal war die Tatsache, daß niemand den Mut aufbrachte, Friedmann zu verteidigen. Keiner wagte es, gegen die Scheinheiligkeit einer politischen Justiz Front zu machen, die es in Wahrheit auf die Liberalität der SZ abgesehen hatte. Dieselben Leute, die Friedmann ständig umschmeichelt hatten, bedauerten nun öffentlich seine »unverantwortliche sittliche Entgleisung«, oder sie taten so, als hätte er nie existiert. Die Deutschen haben in ihren zahlreichen Kriegen viele Helden hervorgebracht, aber die Zivilcourage ist in diesem Volk nicht weit verbreitet. Es fällt uns scheinbar leichter, den Heldentod zu sterben, als uns mit einer unpopulären persönlichen Meinung hervorzuwagen. Dieser Mangel an Zivilcourage, die Feigheit, die sich hinter einer falsch verstandenen Pflichterfüllung versteckt, der Hang, mit den Wölfen zu heulen und gegen jeden zu intrigieren, der gegen den Strom schwimmt, die ängstliche Gefallsucht, die beflissene Botmäßigkeit, mit der wir die Mächtigen besänftigen, hat nicht nur den Nazismus möglich gemacht. Die Symptome der Angst vergiften auch das Klima in unseren Betrieben und höhlen unsere menschlichen Beziehungen aus. Nicht, daß andere Völker davon frei wären! Aber wer die Welt ein wenig kennt, muß zugeben, daß Neid und Opportunismus bei uns weiter verbreitet sind als in anderen Gegenden der Erde.

Die Herausgeberkollegen der »Süddeutschen Zeitung« hätten Friedmann am liebsten seine Anteile abgenommen, aber das war juristisch nicht möglich. So sägten sie ihn wenigstens als Chefredakteur ab. Der neue Chef führte sich beflissen mit einem Leitartikel ein, in dem er seinen gestürzten Vorgänger heruntermachte.

Jetzt zeigte sich, daß der große Zeitungsmacher zu selbstsicher und überheblich gewesen war. Er hatte sich auf seinem Weg nach oben viele Feinde gemacht. Seine Ironie hatte Kollegen verletzt, sein Geiz hatte Untergebene gedemütigt. Seine Macht hatte ihm das trügerische Gefühl gegeben, unverletzbar zu sein, und in seiner Eitelkeit hatte er den Blick für die eigenen Schwächen verloren. Er war ein Idol gewesen. Ein Held war er nicht. Der Antrieb für seinen steilen Aufstieg kam aus der Angst. Als Halbjude hatte er das Dritte Reich nur in ständiger Angst überlebt. Er hatte wie ein Artist gelebt, der ohne Netz auf dem Hochseil tanzt. Keine Sekunde ohne Furcht! Vielleicht hätte er, der leidenschaftliche Journalist, aus lauter Angst sogar unter den Nazis Karriere gemacht, aber seine Herkunft hat ihn davor bewahrt. Als die Hitlerei endlich vorbei war, verhielt er sich wie fast alle Menschen, die überdurchschnittlich ängstlich sind: er konzentrierte sich aufs Geldverdienen, auf Macht und Einfluß, um für alle Zeiten gegen die Unwägbarkeiten des Lebens geschützt zu sein. Der Ängstliche braucht die Kontrolle, um sich in der Welt wohl zu fühlen. Kein Wunder, daß die Paranoia unter Politikern besonders stark verbreitet ist.

Ich flog nach Deutschland und besuchte meinen gestürzten Mentor. Zum erstenmal begegneten sich unsere Herzen. Ich gewann einen Freund. Der Vorgesetzte, der oft seine schützende Hand über mich gehalten hatte, existierte nicht mehr. Plötzlich stand ich, genau wie er, allein da. Und das Klima war eisig.

Erst jetzt erfuhr ich, daß viele meiner Artikel und Reportagen gegen den Widerstand des zuständigen Ressortleiters veröffentlicht worden waren. Die »Süddeutsche Zeitung« hatte in Immanuel Birnbaum einen »Außenpolitiker«, der in Israel seine psychologische Heimat sah. Er war zwei Generationen älter als ich und hatte als Jude Schlimmes durchgemacht – kein Wunder, daß er den israelisch-arabischen Konflikt nicht mit den gleichen Augen sehen konnte wie sein junger Korrespondent in Kairo. Viele meiner Berichte waren von Friedmann über seinen Kopf hinweg ins Blatt gehoben worden.

Birnbaum respektierte die Weisungen seines Chefredakteurs, aber als Friedmann abtrat, war für den außenpolitischen Ressortchef die Zeit reif für einen Wechsel am Nil. Ich rechne es dem aufrechten und vornehmen Patriarchen noch heute hoch an, daß er nie versucht hat, mich auf intrigante Weise loszuwerden. Er lud mich zum Essen ein und sagte mir ganz unverblümt, warum er mich aus Kairo abziehen wollte: Er fand, daß ich den jüdisch-palästinensischen Konflikt wie ein x-beliebiges politisches Problem behandelte. Als Deutscher sei ich moralisch verpflichtet, meine Sympathie für die Interessen Israels deutlicher zum Ausdruck zu bringen. Meine neutrale Objektivität in dieser

Frage empfände er geradezu als obszön. Für ihn stand fest, daß ich von meiner ägyptischen Frau beeinflußt wurde, und er ließ das als mildernden Umstand gelten. Er wußte nicht, daß Isis mit jüdischen Freundinnen aufgewachsen war, und er hielt mich für einen Antisemiten, obwohl ich in Tel Aviv genauso viele Freunde hatte wie in Kairo – darunter auch solche, die mit der Politik ihrer eigenen Regierung weniger übereinstimmten als ich.

Als wir das Dessert gegessen hatten, wußte ich, daß meine Tage in Kairo gezählt waren. Ein paar Monate später zog ich mit Isis und unserer anderthalbjährigen Tochter Petra nach Rom um. Von dort aus bereiste ich den afrikanischen Kontinent. Afrika war im Aufbruch. Afrika brannte. Afrika war die neue Arena des Ost-West-Konflikts. Ich stürzte mich in neue Abenteuer, berichtete über den Unabhängigkeitskampf der Kikuyus, den Bürgerkrieg im Kongo, den Rebellenaufstand in Angola, die Großwildjäger in der Serengeti, die Zulus in den Goldminen Südafrikas, die weißen Kaffeepflanzer von Kenia, den langsamen Untergang der stolzen Massai.

Wenn ich von meinen Reisen zurückkehrte, erholte ich mich in der sonnendurchglühten Idylle eines weinumrankten Bungalows. Er hing wie ein Adlernest am steilen Ufer des Albauer Sees und war von einem blühenden Terrassengarten umgeben. Hier wohnte ich mit meiner kleinen Familie, die sich schon bald vergrößerte, als eine zweite Tochter – Bettina – geboren wurde und wir Bärbel, eine Kinderschwester aus Deutschland, einstellten. Auf der anderen Seite des Sees lag Castel Gandolfo, die Sommerresidenz des Papstes. Ich lebte hier wie in den Ferien, lag im kühlen Schatten einer Zypresse und las, spielte mit Petra im Sandkasten, ruderte am Ufer des stillen Sees entlang und pflückte Brombeeren, ging mit Isis spazieren, spielte Schach mit ihr, aß im Garten bei Kerzenlicht und gutem Wein. An Wochenenden besuchten wir Freunde in ihren Sommerhäusern am Meer.

Isis und ich liebten es, am späten Vormittag über die Appia Antica nach Rom hineinzufahren. Bis zum Zentrum brauchte man damals nur zwanzig Minuten, es gab noch keine Staus. Wir bummelten durch die Stadt, und ich begleitete Isis zu den feinen Boutiquen der Via Condotti, der Venito, der Frattina, des

Corso. Wir schwatzten mit Kollegen beim Espresso auf der Piazza San Silvestro, aßen im »Piccolo Mondo«, schleckten Eis auf der Piazza Navona, besuchten meinen Schneider Signor Lucci. Zu den Anproben brauchte ich nicht zu erscheinen, weil Signor Lucci eine Schneiderpuppe nach meinen Maßen hatte anfertigen lassen.

Manchmal kam mir mein Leben unwirklich vor, so als spielte ich in einem Film über »The Rich and the Beautyful« mit. Ich lebte wie ein Playboy, obwohl ich nur ein ganz normaler Gehaltsempfänger und Spesenritter war. Ich schlug ein großes Rad, aber ein Pfau war ich nicht. Ich unternahm teure Reisen in die Tiefen Afrikas, ich lebte im Dreck der Lehmhüttendörfer, ich litt unter Hitze und Magenkrämpfen, ich sah die verstümmelten Opfer blutiger Stammesfehden, ich erlebte Krankheit, Elend, Hunger – und wenn ich genug gesehen hatte, setzte ich mich aus dem exotischen Chaos ab, entschwand, wie vom magischen Teppich getragen, und tauchte ein paar Stunden später wieder in den kultivierten Luxus der ewigen Stadt ein.

Allmählich wuchs die innere Spannung, die sich aus den Widersprüchen meiner Existenz ergab, aus der Art, wie ich lebte und der Not, die mir auf meinen Reisen begegnete, aus meiner Selbstdarstellung und meinem Sein, aus meiner Persönlichkeit und meinem Wesen. Noch waren mir diese Widersprüche nicht bewußt, aber ich spürte die Spannung und fühlte mich unbehaglich. Heute fällt es mir leichter, dieses Unbehagen, ja diese Angst, zu analysieren: Ich hatte mich immer weiter von meinem Zentrum entfernt und die Richtung verloren. Ich folgte nicht mehr meinem inneren Kompaß, sondern orientierte mich an oberflächlichen Zielen – und die Ziele verwandelten sich rasch in Zwänge. Mein Leben wurde immer mehr von äußeren Umständen geprägt. So war es mir jetzt ganz wichtig, eine gesellschaftliche Rolle zu spielen, bei den »richtigen« Leuten eingeladen zu sein und »wichtige« Gäste zu bewirten. Ich benötigte immer mehr Geld für meinen aufwendigen Lebensstil, für Signor Lucci, für die Boutiquen, die deutsche Säuglingsschwester, die Ferienreisen nach Kalifornien und Kenia, den schottischen Whisky und den guten Wein.

Ich war jetzt nicht mehr der Handelnde, sondern ein Getriebener. Mein Leben glich immer mehr dem Rad, in dem der Hamster ordentlich Tempo vorlegt. Wenn man »in« sein will, kann man sich nicht bei Horten einkleiden und seinen Gästen algerischen Rotwein vorsetzen. Man darf auch nicht im Reihenhaus wohnen und in der Sommerfrische Ferien machen. Man muß das machen, was »in« ist. Und wie bei einer Schwangerschaft gibt es keine Kompromisse: man kann nicht nur ein bißchen »in« sein. Entweder man ist »in« oder man ist »out«. Ich wollte jedenfalls »in« sein. An Ausstieg dachte ich noch gar nicht, und so war mir auch nicht bewußt, daß es von Jahr zu Jahr schwerer wurde, auszusteigen.

In stillen Momenten spürte ich, daß das Eis unter mir dünner wurde. Ich mußte schneller laufen, wenn ich nicht einbrechen wollte. Angst kam auf – die Angst davor, daß der frische Wind, der meine Segel blähte, jederzeit in eine Flaute umschlagen oder sich gar gegen mich wenden könnte.

2

Ich kam im Frühling bei Sonnenuntergang auf diesem Planeten an. Meine Seele hatte offenbar keine Lust, sich zu inkarnieren. Ich mußte mit der Zange aus dem Bauch meiner Mutter gezerrt werden. Wahrscheinlich ahnte ich, daß mein Besuch auf dem Planeten Erde turbulent verlaufen würde. Meinen ersten Schrei stieß ich im Schnittpunkt des dreizehnten östlichen Längengrades und des 52. nördlichen Breitengrades aus – in Dresden, der putzigen Barockwelt der Sachsenkönige. Die Sonne stand im Zeichen des Widder. Mond, Merkur, Jupiter und Uranus im Fisch. Pluto im Krebs. Saturn im Schützen. Neptun im Löwen. Uranus auf der Sonne. Viel Wasser, viel Feuer. Der Aszendent ist die Waage.

Astrologen behaupten, meine Planetenkonstellation mache mich zu einem Pulverfaß krasser Gegensätze, das durch die Waage freilich etwas entschärft werde. Und ein Interpret des sufischen Enneagramms meinte, daß die Überwindung meiner Ängste die Hauptaufgabe meines Lebens sei. Nicht sehr originell, finde ich, denn bei wem wäre es anders? Sind wir nicht *alle* ständig mit unseren Ängsten konfrontiert? Wenn das Leben überhaupt einen Sinn hat, dann besteht er gewiß darin, Angst zu überwinden und Vertrauen aufzubauen. Denn Leben ist letztlich die Sehnsucht nach Hingabe und Verschmelzung mit der Existenz, mit dem Universum, mit Gott. Nur die Angst steht uns im Wege. Glück und Unglück hängen allein davon ab, ob wir mit unseren Ängsten fertig werden.

Meine Auseinandersetzung mit der Angst begann im Zweiten Weltkrieg. Ich war Schüler der Nationalpolitischen Erziehungsanstalt Naumburg an der Saale und zwölf Jahre alt, als der Krieg begann. Die »Napola« war eines jener Elite-Internate, in denen die Nazis ihren Führungsnachwuchs für das Tausendjährige Reich heranzogen. Meine Erzieher hielten mich für einen Intellektuellen, also für unzuverlässig. Andererseits war ich ein perfektes Produkt dieser Kaderschmiede – diszipliniert, gewissenhaft, ausdauernd, fleißig und sportlich. Vor allem sportlich. Das war wichtig, denn wenn man in dieser Schule wie ein Mehlsack am Reck hing, flog man über kurz oder lang hinaus, auch wenn man in Mathematik glänzte und lateinische Verse komponieren konnte. Kurz vor dem Abitur stieg ich in der Hierarchie dieser Schule noch bis ganz oben auf – ich wurde ein zackiger »Hundertschaftsführer«.

Das war meine Fassade. Dahinter steckte ein eher schüchterner Junge, der seine Sehnsucht nach Zärtlichkeit, Wärme und Liebe, seine Verletzbarkeit, sein Bedürfnis, in Gefühlen zu schwelgen, hinter einer Maske kühler Beherrschung verbarg. Ich lernte, in einem permanenten psychischen Ausnahmezustand zu überleben; mein ganzes Wesen bäumte sich gegen den Internats-Drill auf, aber ich wußte mich zu beherrschen. Meine Opposition verbarg sich hinter Sarkasmus und Arroganz. Offener Widerstand war in dieser Kaderschmiede unmöglich. Wenn der Druck zu stark wurde, flüchtete ich mich in eine begriffsstutzige Verträumtheit. Ich wollte nicht bei meinen Eltern leben, also hatte ich schon früh beschlossen, die Napola zu meinem Zuhause zu machen. Auf eine fast perverse Weise fühlte ich mich ganz wohl dort, und natürlich war ich bereit, für Hitler zu sterben.

Schon im vierten Internatsjahr bekam ich die Chance zum Heldentod. Meine Klasse wurde zur Flak eingezogen. Unsere Flugabwehr-Batterie lag bei Stettin an der Oder. Wir hausten in Baracken am Rande eines Petrochemiewerks und wurden tagsüber an 8,8-cm-Geschützen gedrillt. In den Drillpausen kamen unsere Lehrer und paukten mit uns Caesars *Bellum Gallicum*, Ovids Gedichte, Logarithmen und die Napoleonischen Kriege. Auch am Wochenende kamen die Pauker und nervten uns. Während wir in einem provisorischen Schulraum über einer Lateinarbeit schwitzten, konnten wir durch die Fenster beobachten, wie die Flaksoldaten gegenüber vor der Bordell-Baracke Schlange standen und vor lauter Langeweile ihre Kondome wie Luftballons aufbliesen. Wir waren erst 14 Jahre alt und durften noch nicht.

Nachts kamen die Bomberflotten der Amerikaner und Engländer. Die weißen Finger der Suchscheinwerfer huschten nervös über den schwarzen Samt des Nachthimmels und griffen sich alliierte Flugzeuge aus der Dunkelheit. Sobald sie eins im Fadenkreuz hatten, feuerten wir drauf los. Die »Achtkomma-Acht« war eine gefürchtete Kanone, sie erzeugte beim Abschuß einen urgewaltigen Explosionsdruck, der mich jedesmal fast von dem schmalen Sattel des Richtkanoniers fegte, auf dem ich die Hinterbacken zusammenkniff und fieberhaft an einer Handkurbel drehte.

Das Ziel war ein zittriger, weißer Punkt in der Dunkelheit, ein alliierter Bomber, der hilflos im Lichtnetz der Suchscheinwerfer hing, wie eine Fliege im Spinnennetz. In dem Höllenspektakel dieser Bombennächte, im Feuerwerk unserer Flakgranaten, im markerschütternden Lärm einschlagender Bomben, im ätzenden Pulverdampf, der mir die Tränen über das Gesicht schwemmte, in der grellen Lichtflut der Scheinwerfer und der Stichflammen, die aus den Geschützrohren schossen, packte mich grimmiger Jagdeifer, und es war mir überhaupt nicht bewußt, daß ich in Lebensgefahr schwebte. Und natürlich verschwendete ich keinen Gedanken daran, daß in dem fernen weißen Punkt am Nachthimmel Menschen waren, Piloten, junge Männer, die Mütter und Freundinnen oder Frauen und Kinder zu Hause hatten und die das Leben liebten – genau wie ich. Irgendwelche idiotischen Politiker – vor allem Hitler, aber nicht er allein – hatten uns gegeneinander aufgehetzt, und wir ließen sie in unserer Unbewußtheit gewähren. Es war erst ein paar Jahre her, seit uns zwei Dutzend Eton-Boys in Naumburg besucht hatten, Zöglinge der englischen Kaderschmiede für den Führungsnachwuchs des britischen Empires. Sie waren genauso arrogant wie wir, und wir verstanden uns prächtig. Sie spielten Handball gegen uns, und wir verloren. Wir heulten vor Wut, aber am Abend trugen wir die Sieger auf unseren Schultern im Triumphzug in den Speisesaal. Fair Play. Noblesse oblige. Wer weiß, vielleicht hing gerade einer von den lustigen, selbstbewußten Eton-Boys dort oben im Fadenkreuz, und ich kurbelte die Kanone in seine Richtung ...

Während ich an der Kurbel meiner Kanone drehte wie ein Wahnsinniger, schwitzten die da oben in ihren winzigen Cockpits und versuchten, sich aus dem tödlichen Griff der Scheinwerfer zu befreien. Manchmal gelang es nicht. Ein greller Feuerball am Nachthimmel signalisierte, daß wir getroffen hatten.

Das Flugzeug ging wie ein Komet zu Boden, und wir ließen für Sekunden von unserer Kanone ab, warfen die Arme hoch und brachen in ein wildes Triumphgeheul aus. Abschuß! Sieg! Wir waren die Helden!

Der Tod blieb für mich ein Abstraktum. Obwohl er in den folgenden Jahrzehnten sozusagen zum ständigen Begleiter wurde und unser Techtelmechtel weit über den Krieg hinaus oft haarsträubend dramatisch war, blieb er mir so fremd wie ein zufälliger Reisegenosse zwischen zwei U-Bahn-Stationen.

Ein paarmal kam mir der Tod so nahe, daß ich seinen Atem spüren konnte, und einmal erlebte ich, wie er eine unheimliche, aufregende, fast erotische Anziehungskraft auf mich ausübte. Es war der gefährlichste Augenblick meines Lebens. Nie wieder bin ich dem Tod so nahe gewesen, wie an jenem strahlenden Morgen im Mai 1945, wenige Tage vor dem Ende des Krieges.

Ich war damals gerade 18 Jahre alt geworden. Panzergrenadier der SS-Division »Das Reich«. Rückzug von der Oder. Wir torkelten nur noch – hinhaltenden Widerstand leistend – von einer drohenden russischen Umzingelung in die nächste. Wer den Sowjets in die Hände fiel, war des Todes. Ich akzeptierte die perverse Grausamkeit des Krieges mit der Apathie eines Kindes, das von den Ereignissen einfach überwältigt wird. Es erschien mir in meiner Verzweiflung ganz normal, daß in diesem mörderischen Chaos kein Pardon mehr gegeben wurde.

Der Krieg war verloren, das mußten sogar *wir* uns eingestehen, die junge Nazi-Elite der Nation. Der »Führer« war »im Kampf gefallen«, so hatte man uns gesagt. Auf der Napola hatte man mich in dem Glauben erzogen, daß Hitler dem deutschen Volk vom »Allmächtigen« geschenkt worden war, daß er mit der göttlichen Vorsehung in Einklang stand. Die Nachricht von seinem Tod hatte mich in ein totales Vakuum gestürzt. Mit Hitler war auch Gott für mich gestorben.

Wir erwarteten keine Gnade. Und unsere Angst vor dem Ende verbargen wir hinter der prahlerischen Parole: »Genießet den Krieg, denn der Friede wird ein schrecklicher sein!« Die meisten Soldaten meines Bataillons waren schon gefallen. Ich steckte mir an meinem 18. Geburtstag eine dicke Zigarre an, weil ich meinte, ich sollte mir kurz vor meinem Tode kein Vergnügen mehr versagen. Alles, woran wir geglaubt hatten, war untergegangen. Das Leben war sinnlos geworden, und doch hing ich mit jeder Faser meines Wesens daran. Meine ganze Energie konzentrierte sich allein darauf, weiterzuleben, und dann kam der Augenblick, da wir im Morgengrauen plötzlich von amerikanischen Soldaten umringt waren.

Wir waren die ganze Nacht Richtung Westen marschiert, immer nur nach Westen, weg von den Russen und auf die Amerikaner zu, die sich rasch von der anderen Seite her näherten. Das Gerücht ging um, daß wir mit den Amerikanern über die Sowjets herfallen würden, wenn es uns gelang, die amerikanische Front zu erreichen, bevor uns die Russen umbrachten. Ich glaubte nicht daran, und mein Bataillonskommandeur hielt das Gerücht für reinen Schwachsinn. Er hieß, glaube ich, Joachim Henkel. Er war zehn Jahre älter als ich und absolut furchtlos, fast zwei Meter groß, wie aus einem »SS-Leitheft« geschnitten. Ich verehrte ihn.

Halb besinnungslos vor Müdigkeit trottete ich im Morgengrauen jenes Schicksaltages im Mai die Landstraße zwischen Prenzlau und Lauenburg entlang, eingekeilt von Soldaten und Flüchtlingen, Frauen, alten Männern, apathischen Kindern, von Pferdekarren, Lastwagen, Feldhaubitzen, Stabsfahrzeugen und Ambulanzen. Plötzlich der Ruf: »Die Amis! Die Amis!« Ich schreckte auf, so als hätte mich ein elektrischer Schlag getroffen. Der Ruf kam von vorne und zischte die Straße entlang wie die Flamme einer brennenden Zündschnur. Mein Herz raste im Hals. Das war das Ende!

Alle schrien durcheinander, manche versuchten stehenzubleiben, aber der Menschenstrom auf der Straße schob sie weiter – jeder schob und wurde geschoben, immer weiter auf die Amerikaner zu, die irgendwo weiter vorne sein mußten. Und dann waren sie auch schon da.

Zu beiden Seiten der Landstraße waren amerikanische Panzer aufgefahren. Auf den Panzern saßen Soldaten in Tarnanzügen, so jung wie wir, aber so unglaublich relaxt, so ausgeschlafen, lässig und gutgelaunt! Sie saßen mit übergeschlagenen Beinen auf den Stahlplatten und Panzertürmen, in der einen Hand die Zigarette, in der anderen die Cola-Dose, malmten Kaugummi, lachten, machten sich über uns lustig, manche langweilten sich, hatten den Helm über die Stirn heruntergezogen, dösten. Viele

Schwarze waren dabei, athletische Boys mit lebhaften Augen. Die Sieger! Sie hatten nicht den geringsten Respekt vor uns, den germanischen Herrenmenschen, den Elitesoldaten des »größten Feldherrn aller Zeiten«! Mechanisch lief ich weiter.

Nach etwa fünfzig Metern bildeten die Amerikaner ein Spalier, fuchtelten mit Maschinenpistolen und riefen Befehle. Zwei fette deutsche Offiziere in Ledermänteln übersetzten. »Etappenhengste« dachte ich angewidert.

»Schmeißt die Waffen weg, Leute!« brüllten sie heiser. »Waffen weg! Gewehre und Maschinenpistolen nach links, Munition, Panzerfäuste und Handgranaten nach rechts! Waffen weg . . .«

Vor mir lief Joachim Henkel. Den Kopf hochmütig nach hinten geworfen und den Blick geradeaus gerichtet, schritt er mit langen, schlaksigen Schritten durch das Spalier, ließ seine Maschinenpistole fallen und versetzte ihr noch einen lässigen Tritt. Ich warf meine Maschinenpistole hinterher, schnallte das Koppel mit den Handgranaten und der Munition ab und ließ es einfach fallen.

Henkel war stehengeblieben. Ich stemmte mich gegen die Nachrückenden und beobachtete, wie mein Kommandeur ohne Hast zum Koppel griff, den Druckknopf eines kleinen Schweinslederfutterals löste und ihm eine silberne Pistole entnahm, zierlich wie ein Feuerzeug. Er schaute die Waffe versonnen an, warf sie spielerisch hoch, fing sie wieder auf, führte sie mit einer weichen, aus der Schulter kommenden und weit ausholenden Bewegung an die Schläfe, verharrte eine Sekunde bewegungslos und drückte ab. Der trockene Knall ging in Motorenlärm und Stimmengewirr unter.

Der schlanke Körper brach in den Knien ein, knickte in der Hüfte ab und fiel vornüber auf die Straße. Das Gesicht schlug hart auf den Asphalt. Neben dem Kopf bildete sich eine kleine Blutlache.

Ich war hellwach und beobachtete. Kein Gedanke, nur dieses merkwürdig sinnliche Prickeln, das wie schäumender Champagner aus meinem Becken aufstieg. Es war wie vor der ersten Nacht mit der Geliebten – ein Schauer läuft dir über die Haut, die Knie werden weich, und das Herz pocht im Unterleib.

Und plötzlich der überwältigende Reflex, mich umzubringen, so wie es Henkel getan hatte. Es schien so einfach. So unglaublich selbstverständlich. Mein ganzes Wesen drängte ans andere Ufer, fort aus dieser Welt, fort aus dem Chaos, dem Blut, der Schande, der Mühsal und hinüber in ein Jenseits des Friedens und des Lichts. Die Todessehnsucht überschwemmte mich mit der Gewalt einer Sturmflut, und ich gab mich ihr hin, ließ mich genußvoll treiben im dunklen Strom der Zerstörung . . .

Ich wollte sterben – hier und jetzt. Mit beiden Händen tastete ich nach meinem Koppel, um eine Eierhandgranate abzureißen. Aber das Koppel hatte ich schon weggeworfen, und auch meine Maschinenpistole lag schon hinter den amerikanischen Soldaten im Straßengraben. Vor mir lag die silberne Pistole, mit der sich mein Vorgesetzter erschossen hatte. Als ich mich danach bückte, kam mir ein junger Amerikaner zuvor und hob die Waffe hastig vom Boden auf.

Ich erwachte wie aus einem Traum. Mehrere amerikanische Soldaten beugten sich über die Leiche und wälzten sie auf den Rücken. Der Tote lächelte bleich und hochmütig. Die Augen waren halb geschlossen. Blut sickerte aus einer winzigen Wunde an der rechten Schläfe und klebte in den blonden Haaren. Das Ritterkreuz hing schräg unter dem Kinn. Eine Faust griff zu und versuchte, das kostbare Souvenir vom schwarz-weiß-roten Band abzureißen. Der Kopf der Leiche flog hin und her. Die Soldaten richteten sich auf und schleiften die Leiche an Armen und Beinen über die Straße und auf den Acker.

»Mach schon!« brüllte jemand und gab mir einen Stoß von hinten. Ich taumelte auf der Straße weiter, tastete nach einem Revolver, einer Handgranate, nach irgendeiner Waffe, mit der ich mich umbringen konnte. Fand nichts, taumelte gedankenlos weiter, und plötzlich ließ die Lust nach dem Tod nach, und ich wußte, daß ich leben würde. Apathisch trieb ich mit im Strom der entwaffneten Soldaten, die wie Schlafwandler einer ungewissen Zukunft entgegenschlurften.

Der Krieg war zu Ende. Ich lebte! Es war wie ein Wunder, aber mir war es gleichgültig. Ich war todmüde. Das war alles.

Der Tod war für mich nun kein Abstraktum mehr, aber er blieb ein Rätsel. Woher kam seine unheimliche Anziehungskraft? So nah war ich mit Joachim Henkel nicht verbunden gewesen – warum wollte ich ihm in den Tod folgen? Ich wußte damals noch nicht, daß es im Leben Phasen gibt, in denen eine höhere Regie, nenne sie Schicksal, dich aufmischt wie einen Cocktail im Schüttelbecher. Plötzlich geht alles drunter und drüber, und was unten war, kommt nach oben. Lebensumstände, Beziehungen, Ideale, Überzeugungen – alles, was uns lieb und teuer ist, alles, woran wir uns gewöhnt haben, was wir glauben, in Ehren halten, verändert sich radikal. Kein Stein bleibt auf dem anderen.

Die Astrologen können solche Phasen voraussehen. Sie treten im Verlauf eines Lebens zweimal, höchstens dreimal auf. Je intensiver der Mensch lebt, desto drastischer ist die Veränderung, und je sensibler er ist, desto dramatischer wird er den Umbruch empfinden. Viele spüren freilich gar nichts. Andere glauben in solchen Zeiten, daß das Schicksal ihnen übel mitspielt, und sie halten Veränderungen, die notwendig und segensreich sind, für ein Mißgeschick. Manche glauben, daß sie etwas falsch gemacht haben oder daß andere Menschen für ihr »Mißgeschick« verantwortlich sind. Alle Betroffenen geraten jedenfalls in dieser Phase aus dem Gleichgewicht und sind gefährdet.

Es gibt Menschen, die den Umbruch nicht verkraften. Einige werden aus der Bahn geworfen, flüchten in die Drogen oder in die Fremdenlegion – oder in den Selbstmord. Andere lassen sich scheiden, steigen aus ihren Berufen aus, schmeißen die Karriere hin und wissen meistens gar nicht, warum sie das alles tun. Wenige, ganz wenige, nutzen die Energie dieser Umbruchskonstellation für ihr inneres Wachstum, und einige Glückliche begegnen in dieser Zeit einem Menschen, der ihnen höhere Bewußtseinsdimensionen eröffnet.

Als an jenem Maimorgen auf der Landstraße in der Nähe des mecklenburgischen Schaalsees der Krieg für mich zu Ende war, ging ich gerade durch eine solche Umbruchphase. Die äußeren Ereignisse hatten damit nur insofern zu tun, als sie meine innere Balance zusätzlich ins Wanken brachten, so daß ich mich fast selbst getötet hätte, als ich sah, wie sich Joachim Henkel mit seiner kleinen Silberpistole erschoß. Sein Tod erschütterte mich mehr als das Gemetzel, das ich seit Wochen erlebte. Aber die Erfahrung mit dem Tod blieb eine Episode, die den Kern meines Wesens nicht berührte. Man muß die Vierzig überschritten haben, um für eine wirkliche Auseinandersetzung mit dem Tod bereit zu sein.

Der Krieg war zu Ende, jetzt ging es ums Überleben auf einer anderen Ebene: Ich konzentrierte meine ganze Kraft darauf, im Hungerchaos der ersten Nachkriegszeit meinen Kopf über Wasser zu halten.

Die Not schweißte die Menschen zusammen, alle lebten im Hier und Jetzt, waren damit beschäftigt, sich ein Dach über dem Kopf zu besorgen, beim Bauern Eier und Kartoffeln zu hamstern, Kohlen und Pferdeäpfel zu sammeln, sich gegenseitig zu helfen. Ich verhökerte die goldene Taschenuhr meines Großvaters auf dem Schwarzmarkt und besorgte mir dafür gefälschte Lebensmittelmarken.

Zum erstenmal in meinem Leben war ich verliebt. Die ungeduldige Leidenschaft einer feurigen Seemannstochter schwemmte acht Jahre Internatsprüderie hinweg wie Treibholz in einem reißenden Gebirgsbach. Es war ein wunderschöner Sommer. In jeder freien Minute fuhren wir mit dem Rad zum Nordseestrand bei Duhnen, liebten uns im heißen Sand, liefen stundenlang nackt über das Watt, sammelten Muscheln und Seesterne. Wir waren hungrig, aber wir spürten den Hunger kaum, wenn die Sonne unsere mageren Körper wärmte. Wir spielten wie die Kinder. Die Vergangenheit war weit weg, keine Angst vor dem nächsten Tag. Jeder Augenblick war wie die Ewigkeit!

Das Leben war wunderbar unkompliziert. Telefon hatten nur wenige, Fernsehen existierte noch nicht, Autos gab es nur für Ärzte. Die Menschen waren gesellig, die Nachbarn verbrachten Zeit miteinander, halfen sich, teilten ihre Armut, tauschten witzige Geschichten über ihre Abenteuer beim Hamstern, beim Kohlenklauen und Schwarzschlachten aus, und nur wenige Menschen fühlten sich einsam. Wir tobten unsere unbändige Lebensgier in wilden Festen aus, soffen selbstgebrannten Kartoffelschnaps, tanzten Boogy Woogy mit Schulterwurf, vögelten, wo immer es uns überkam – notfalls auf Klodeckeln und in Kleiderschränken –, und während die Tage und Nächte im Rausch verschmolzen, diskutierten wir Marx und Heidegger, bis wir heiser waren und todmüde vom Stuhl fielen. Millionen waren gefallen, im Flammenmeer der Bombennächte zwischen Ruinen verbrannt, in Luftschutzbunkern erstickt, in Gaskammern umgebracht worden, und während die Schlachtfelder noch dampften, während der Gasgeruch noch über den Konzentrationslagern hing und die Erde über den Massengräbern noch nicht getrocknet war, tauchten wir aus dem blutigen Chaos auf und stürzten uns in das Leben wie in ein schäumendes Champagnerbad.

Wir hatten nichts zu verlieren, und deshalb hatten wir keine Angst. Wir lebten, und das Leben war schön! Die ganze Welt war neu, und alles war wichtig, das Hühnerei, das uns der Nachbar schenkte, die Pferdeäpfel, die wir auf der Straße fanden und als Gartendünger einsammelten, die Theaterkarte für »Warten auf Godot« und Thomas Manns »Zauberberg« als neues Taschenbuch. Die ganze zivilisierte Welt verachtete uns, aber in unserer Scham fühlten wir uns solidarisch wie Aussätzige. Unsere Schmach schweißte uns zusammen. Wir saßen alle in einem Boot, schoben Kohldampf und fühlten uns nah und geborgen in einer aufregenden Notgemeinschaft, die uns mehr Sicherheit gab als das soziale Netz der Marktwirtschaft, das uns schon bald so wichtig werden sollte. Nicht einmal die kühnsten Phantasten kamen damals auf die Idee, daß wir Hungerleider schon bald eine verschwenderische Konsumentengesellschaft bilden sollten, die mit ihrer gierigen Prasserei das ökologische Gleichgewicht des Planeten gefährdet und uns psychisch kaputt macht.

Was ist mit uns passiert, daß wir mit unserem Reichtum nichts anfangen können und so einsam, so traurig, so aggressiv geworden sind?

Prominente Psychologen haben sich darüber den Kopf zerbrochen und sind dabei auf die Angst gestoßen. Der Psychotherapeut Alexander Lowen zum Beispiel spricht von der »Angst vor dem Leben« und schreibt: »Unsere Angst vor dem Leben ist an der Art zu erkennen, wie wir ständig etwas tun müssen, wie wir uns mit Alkohol oder Medikamenten aufputschen, um unser Da-Sein nicht zu spüren. Da wir uns vor dem Leben fürchten, wollen wir es steuern und beherrschen. Wir halten es für schlecht oder gefährlich, uns von unseren Gemütsbewegungen hinreißen zu lassen. Wir bewundern Menschen, die ›kühl bleiben‹, die ohne Gefühl handeln. Unser Held ist James Bond, der Geheimagent 007 ... Der heutige Mensch fühlt sich verpflichtet, erfolgreich zu sein – er ist nicht verpflichtet, ein Mensch zu sein...«

Und der Psychoanalytiker Rollo May sagt, daß der moderne Mensch vor allem deshalb so ängstlich sei, weil fast alle Werte, die ihm Orientierung und Halt geben, in unserer Zeit des rasanten Wandels und der Umwertung aller Werte verlorengegangen seien. Der Konformismus sei für viele der Fluchtweg aus der Angst: »Man stuft sich danach ein, wie man sich der Herde anpaßt; man fällt der Angst anheim, wenn man anders ist, wenn man hervorsticht.«

Unsere Ängste verschwinden freilich nicht, wenn wir kluge Betrachtungen über sie anstellen. Sie sind ein elementares Phänomen, das uns anspringt wie Hunger, Kälte und Schmerz. Wenn wir sie nicht überwinden, werden sie uns umbringen, denn unsere Ängste sind die Wurzel all unserer lebensbedrohenden Probleme – von der Überbevölkerung bis zum Drogenkonsum, von der Einsamkeit bis zur Gewalt, vom Streß bis zur Umweltzerstörung.

Die Auseinandersetzung beginnt, wenn wir uns mit dem Tod beschäftigen. Aber der Tod ist das große Tabu unserer Kultur. Fast alle unsere Anstrengungen sind darauf gerichtet, den Tod zu verzögern, berechenbar zu machen und zu verdrängen. Je zivilisierter, automatischer, künstlicher unser Leben wird, je weiter wir uns von der Natur entfernen, je mehr wir uns in unseren Autos und Appartements voneinander isolieren, mit Drogen unsere innere Leere zuschütten, Schmerzen killen, Depressionen verdrängen, künstliche Heiterkeit erzeugen, desto größer wird unsere Angst vor dem Tod. Solange wir dem Tod nicht ruhig und aufmerksam ins Gesicht schauen können, wird die Angst nicht verschwinden. Und je gründlicher wir den Tod verdrängen, desto unmenschlicher werden wir.

Wir erleben es auf den Schlachtfeldern der modernen Kriege. Unsere Tötungsmethoden werden immer abstrakter und unheimlicher – der Golfkrieg im Jahr 1991 hat uns das vor Augen geführt. Der Zuschauer vor dem Fernsehschirm konnte dasselbe sehen wie der Pilot in der Kanzel des Stealth-Bombers.

Der moderne Soldat spürt den Atem des Feindes nicht mehr, seine Ausstrahlung, seinen Zorn, seine Angst; er tötet wie ein Roboter. Der Tod ist zu einem unsinnlichen Phänomen geworden.

Ich habe den perfekten, emotionslosen High-Tech-Kill schon achtzehn Jahre vor dem Golfkrieg auf den syrischen Golanhöhen erlebt. Es war eine gespenstische Erfahrung: das Töten als elegante technische Problemlösung – sauber, steril, laboratoriumshaft, science-fictionmäßig, abstrakt. Der sogenannte Jom-Kippur-Krieg war schon der dritte arabisch-israelische Schlagabtausch, den ich als Reporter mitmachte. Es war der erste High-Tech-Krieg in der Geschichte der Menschheit. Militärattachés aus aller Welt waren hingerissen von der Effizienz moderner Waffensysteme und machten sich begierig Notizen. Aber nicht nur das Töten war im Laufe weniger Jahre großartig perfektioniert worden – auch die Kriegsberichterstattung wurde inzwischen total von der High-Technology beherrscht.

Zum erstenmal erlebte ich das moderne Fernsehen im Kriegseinsatz. Vor allem die Amerikaner beeindruckten mich. Vor dem Hintergrund der blutigen Kampfhandlungen führten die großen TV-Gesellschaften ihren eigenen Konkurrenzkrieg. Für sie waren die Schlachten ein kostbarer Bestandteil des Unterhaltungsprogramms. Je kurzweiliger die Darbietung, desto höher die Einschaltquoten und die Werbeeinnahmen. Natürlich darf man den Zuschauern, die daheim mit Popcorn und Budweiser vor der Röhre sitzen, nicht zu viel Grausamkeit zumuten. Der Krieg muß unblutig bleiben wie ein Videogame, damit die Einschaltquoten nicht absacken. Für die TV-Berichte vom Kriegsschauplatz zahlen MacDonalds, Kellog's, Pepsi Cola, Ford und die anderen großen Werbekunden achtstellige Dollarsummen, denn kein Hollywood-Krimi, kein Western aus den Kulissen der Universal Filmstudios von Burbank erreicht die Einschaltquoten eines richtigen Krieges, der von aufgeregten Reportern »live« dargeboten wird, wie das Superbowl-Spiel um die amerikanische Football-Meisterschaft. Millionen von Zuschauern, die daheim ein ereignisloses Dasein im Wohlstand fristen, identifizieren sich mit den TV-Reportern, wenn sie im Tarnanzug oder mit freier Brust vor die Kamera treten. Sie überschütten sie mit Fan-Post und Heiratsanträgen und wünschen sich, daß der kurzweilige Krieg kein Ende nehmen möge. Daß im Krieg auch getötet wird, erfahren sie als Fernsehzuschauer nur am Rande.

Die amerikanischen Fernsehgesellschaften mieteten im »Hilton« von Tel Aviv ganze Etagen an für ihre Reporter, Moderatoren, Produzenten, Regisseure, Kameraleute, Tontechniker und Assistenten. Flinke Organisatoren, den Mund stets am Mikrofon des Walkie-talkie, bauten die Logistik auf, mieteten Autos und Chauffeure, Dolmetscher und Boten und handelten mit dem israelischen Fernsehen Verträge für Studioaufnahmen aus. Die Moderatoren waren die Stars. Sie wohnten in den Suiten am Korridorende, kümmerten sich nicht um Kleinigkeiten und pflegten ihr Image.

Ich bat den Concierge um ein Zimmer weit weg von der Hektik der Amerikaner, legte meine alte Reiseschreibmaschine auf den Tisch und war mir bewußt, daß ich als Berichterstatter für ein bebildertes Magazin einem sterbenden Medium diente. Die Zukunft gehörte dem Fernsehen, jenem wunderbaren elektronischen Ungeheuer, das sich zwischen den Menschen und ihrer Welt breitmacht. Fortan würde nur *das* ein Ereignis sein, was das Fernsehen mit seiner technischen Maschinerie aufbereitete, filterte, sterilisierte und flott verpackt als »Realität« in die Welt zurückstrahlte. In Zukunft würde Realität nur noch als Fernsehereignis stattfinden, und Ereignisse, die das Fernsehen *nicht* verarbeiten konnte, würden einfach keine Ereignisse sein.

Der Krieg hatte im Morgengrauen begonnen, als ich in Hamburg im Bett lag. Kurz darauf rief der »stern« an, und zwei Stunden später war ich mit meinem Fotografen-Freund Fred Ihrt in dem kleinen Firmenjet des »stern« auf dem Weg nach Athen. Dort drängelten wir uns in ein »El-Al«-Flugzeug, und schon am frühen Nachmittag setzte der Jumbo zur Landung in Tel Aviv an. An Bord war eine Bombenstimmung. Die Maschine war voll mit jungen Israelis, die darauf brannten, sich für ihr Land in den Krieg zu stürzen. Im Landeanflug stimmten sie die israelische Nationalhymne an, und ich wischte mir die Tränen aus dem Gesicht.

Neben wir saß ein schwarzgelockter Junge und sang mit weitaufgerissenem Mund so inbrünstig, daß ihm die Adern an Hals und Stirn zu platzen drohten. Er sang und weinte, und die Tränen quollen unter seiner dicken Hornbrille hervor und versickerten auf der schmalen Heldenbrust. Er war in einem patriotisch-religiösen Rausch, und ich spürte, daß er bereit war, für die Verheißung seines Glaubens und für sein Land zu sterben –

das gelobte, heilige, heiß umkämpfte. Aber würde sein Tod einen Sinn haben?

Juden und Araber, Moslems und Christen – alle hatten Angst voreinander, und jeder hatte auf seine Weise recht, aber von einer höheren Warte aus gesehen hatten sie alle unrecht. Denn in Wahrheit gab es nur *einen* Weg, den Konflikt im Heiligen Land zu überwinden: den Weg der *Liebe*. Alles, wofür sie kämpften und zu sterben bereit waren, gehörte einer Vergangenheit an, die nicht in die Gegenwart hineinwirken durfte, wenn die Welt, diese kleine kostbare Oase im Universum, überleben sollte.

Das war mir damals, als ich in meinen dritten arabisch-israelischen Krieg zog, genausowenig bewußt wie allen anderen Journalisten und Beteiligten. Liebe? Was hat die denn mit Politik zu tun? Nichts, natürlich. Aber deswegen hat die Politik versagt. Friedliche Beziehungen gehören nicht in das Ressort der Politik. Sie sind eine Frage des Bewußtseins. Das Bewußtsein kennt keine Gegensätze, keine Völker und Nationen, keine Moral und Unmoral, keine Logik und Unlogik, kein Gut und Böse, und natürlich kennt es auch keine Freunde und Feinde, denn Bewußtsein ist Freiheit von Angst durch die Liebe.

Nach der Landung in Tel Aviv die übliche Routine: Auto mieten, Hotelzimmer besorgen, Fernschreiberleitung buchen, zum Presseamt der Armee fahren. Fred und ich fühlten uns in Israel schon fast wie zu Hause. Innerhalb von wenigen Stunden hatten wir einen Presseausweis und einen Begleitoffizier, der mit uns schon im »Sechstage-Krieg« unterwegs gewesen war: Aron hieß er, Hauptmann der Reserve. Er haßte Uniform, Befehl und Gehorsam, aber unter Beschuß behielt er die Nerven und seinen Humor. Er hatte ein kleines Textilgeschäft in Berlin besessen und war Hitlers Gaskammern nur knapp entronnen. »Wie is'n da jetzt?« wollte er immer wieder wissen, und wenn wir ihm vom Kudamm erzählten, kam ein schwärmerischer Glanz in seine Augen. Aron sah seinen Beitrag zur Landesverteidigung darin, uns unerschrocken an die Front zu begleiten, und weil er, wie die meisten Israelis, ein Individualist war, legte er die Bestimmungen der israelischen Militärzensur gerne eigenwillig und zu unseren Gunsten aus.

Wir befanden uns also in bester Gesellschaft, als wir am nächsten Morgen – noch bei Dunkelheit – mit unserem fast fabrikneuen AVIS-Peugeot in den Krieg fuhren. Aron war von seiner Frau mit köstlichen Leberwurstsemmeln und duftendem Bohnenkaffee ausgerüstet worden. Fred und ich hatten uns mit hübsch verpackten Picknicks aus der Hilton-Küche eingedeckt. Wir zogen in den Krieg wie Touristen, die zu einer Sightseeing-Tour ins Heilige Land aufbrechen.

Im Kofferraum des Peugeots lag ein 20-Liter-Kanister mit Reservebenzin. Er leckte, und es fing an, nach Benzin zu riechen. So stoppte ich und stellte den Kanister hinter den Fahrersitz. Aron protestierte: »Det is doch Scheiße, Mann! Wenn wa beschossen werden, jeht det Ding in die Luft und denn Jute Nacht Marie, wa!« Fred stimmte ihm zu, aber ich wollte mich nicht von dem Kanister trennen. Der Disput zog sich hin, während wir, eingekeilt zwischen Panzern, Munitionslastern, Tankwagen, Schützenpanzern, Ambulanzen und LKWs mit aufgesessener Infanterie die Serpentinenstraße zu den Golanhöhen hinaufschlichen.

Die Sonne schien. Die Luft war kühl. In der Ferne grollte Geschützdonner, hin und wieder geisterte eine Leuchtspurgarbe durch den wolkenlosen Himmel. Nach zweieinhalbstündiger Fahrt waren wir im Krieg.

Ich bog von der Hauptstraße ab, um die Front auf Nebenwegen zu erreichen. Der Gefechtslärm war jetzt ganz nah. Ambulanzen rasten uns entgegen. Nach ein paar Kilometern stießen wir auf ein Feldlazarett. Unter einem weit ausgespannten Zeltdach versorgten Schwestern und Sanitäter Verwundete, die auf Klappbetten lagen. Israelische und syrische Soldaten lagen dicht beieinander – hier wurden keine Unterschiede gemacht.

Die Ambulanzwagen rasten in dichter Folge heran, bremsten scharf ab, Staub wirbelte auf, Sanitäter sprangen herbei, rissen die Hecktüren auf und entluden die Pritschen mit ihrer blutigen Fracht. Ein junger Arzt stellte die erste Blitzdiagnose. Die Schwerverwundeten wurden sofort zu den beiden Tischen im Hintergrund getragen, wo mehrere Chirurgen wie an einem zu schnell eingestellten Fließband fieberhaft operierten. Die Schmerzensschreie der Verwundeten übertönten das Motorengeräusch der Dieselaggregate, die den Operationsbetrieb mit Strom versorgten.

Ich parkte den Peugeot neben der Straße, Fred sprang sofort

heraus und fing an zu fotografieren. Plötzlich der Schrei: »MIGs!« Die Schwestern, die Sanitäter, die Ärzte und die Verwundeten, die sich noch bewegen konnten, warfen sich zu Boden, manche sprangen geduckt unter dem Zeltdach hervor und verschwanden in Löchern, die man zum Schutz vor Fliegerangriffen rund um das Feldlazarett ausgehoben hatte. Im selben Augenblick donnerte eine syrische MIG nur einen Steinwurf entfernt über meinen Kopf hinweg. Die flammende Gewalt ihres Nachbrenners vibrierte in meinen Knochen, als ich mich mit dem Gesicht im Staub an den karstigen Boden krallte wie an die Mutterbrust. Und wieder der Schrei aus vielen Kehlen: »MIGs! MIIIIGs!« Ich hechtete – auf der Suche nach einem schützenden Loch – unter dem Zeltdach hervor und hörte Freds Stimme: »Hierher!« Sein Kopf tauchte aus einem Erdloch auf. Er hatte sich einen syrischen Stahlhelm über den Kopf gestülpt. Mit einem Satz war ich bei ihm.

»Wo hast du denn den Helm her?« keuchte ich.

»Von einem syrischen Leutnant; der starb gerade, als ich ihn fotografierte.« Fred schob den Helm ins Genick und lächelte: »Wenn du vorhin ein bißchen netter zu mir gewesen wärst, würde ich dich jetzt mit unter meinen Stahlhelm lassen!«

Die zweite MIG kam und die dritte und vierte. Wir duckten uns in unserem Erdloch, preßten die Fäuste auf die Ohren und warteten auf die Einschläge der Bomben und Bordgranaten. Aber die MIGs griffen die Straße an, die wir vor einer Viertelstunde verlassen hatten.

Bei uns wurde es etwas ruhiger. Wir krochen aus unserem Erdloch. Der Betrieb in dem Feldlazarett ging weiter. Die Krankenpfleger und Ärzte kehrten an die Pritschen und Feldbetten zurück. An den beiden Operationstischen war während des MIG-Angriffs weiter operiert worden. Fred fotografierte, ich versuchte, mit einigen verwundeten syrischen Kriegsgefangenen ins Gespräch zu kommen. Aber sie waren noch unter Schock. Nach einer Stunde fuhren wir weiter Richtung Front.

Die schmale Nebenstraße zog sich schnurgerade durch die karstige Öde der Golanhöhen. Zwei Jeeps kamen uns entgegen und stoppten kurz vor uns. Wo wir denn hin wollten, fragte uns ein israelischer Major. Die jungen Soldaten auf den Jeeps musterten uns neugierig. Aron beugte sich aus dem Peugeot. »Zur

Front!« Der Major schüttelte den Kopf. »Good luck!« sagte er auf englisch und: »Paßt auf, die Syrer sitzen noch überall!« Er legte die Hand an den Helm, gab Gas und Minuten später verschwanden die beiden Jeeps hinter dem Horizont. Wir waren allein.

Ich fuhr weiter. Links voraus sahen wir Panzer. Wir zählten – es waren 32. Sie bewegten sich nicht. Syrer oder Israelis? Ich stoppte den Peugeot. Aron schaute durch sein Fernglas. »Mann!« Er blähte die Backen auf und atmete hörbar aus. »Mann oh Mann! Ick wer varrückt! Abjeschossene Panzer. Jede Menge Leichen! Allet Syrer, wa.«

Es war merkwürdig still. In der Ferne ein Dorf, Lehmhütten unter Palmen, keine Bewegung, kein Leben. Die Sonne stand hoch am Himmel. Es war heiß. Der ferne Geschützdonner und das leise Surren des Peugeot-Motors machten die Stille, die uns umgab, noch unheimlicher.

Plötzlich Düsenlärm. Wir sprangen aus dem Wagen und warfen uns neben der Straße in den Sand. Aber es war kein Tieffliegerangriff. Über uns führte ein kleiner Jet bizarre Manöver aus, zog in steiler Kurve nach oben, kippte ab, schoß auf die Erde zu, zog kurz über dem Boden wieder hoch, flog einen Schlangenkurs – und hinter ihm bewegte sich ein anderer Flugkörper. Er war kleiner als der Düsenjäger, und er stieß eine helle Stichflamme aus. Er folgte den Bewegungen des Jets mit atemberaubend eleganter Präzision. Die beiden Flugkörper bewegten sich in völliger Harmonie – wie beim Tanz. Aron beobachtete sie durch das Glas. »Eine SAM!« schrie er. »Scheiße!«

Die SAM-Rakete kam dem israelischen Jäger näher und näher. Der Pilot versuchte sie abzuschütteln, aber der rasende Roboter holte ihn mit gespenstischer Beharrlichkeit ein. Der Pilot hatte keine Chance: noch hundert Meter, noch zehn Meter – dann ein Blitz, ein Feuerball. Der Jäger explodierte, die Trümmer zerstoben im blauen Herbsthimmel. Nur eine kleine, schwarze Wolke blieb übrig. Wir atmeten auf, als wir den Fallschirm sahen. Der Pilot strampelte hilflos, zerrte an den Seilen, versuchte, den Schirm zu steuern. Aber die sanfte Mittagsbrise trieb ihn zu den Syrern hinüber. »Jottverdammter Hurendreck!« schrie Aron und preßte das Fernglas an die Augen.

Das perverse Science-fiction-Szcenario Mensch gegen Roboter hat sich tief in meine Erinnerung eingegraben. Es war ein

Schlüsselerlebnis. Irgendwo hatte ein syrischer Soldat, wahrscheinlich ein einfacher Bauernjunge, auf den Knopf gedrückt und damit einen technisch hochgezüchteten Killer-Automaten in Bewegung gesetzt. Der Soldat hat keinen Schimmer, wie das Ding funktioniert, und sein Bewußtsein ist um keine Nuance höher entwickelt, als das Bewußtsein des römischen Legionärs, der vor zweitausend Jahren mit Spieß und Schwert in den Krieg gezogen ist. Der Krieg sei die Fortsetzung der Politik mit anderen Mitteln, hat der alte Clausewitz noch vor hundert Jahren postuliert. Wenn er es heute sagen würde, gälte er als geistesgestört.

Die Atombomben von Hiroshima und Nagasaki haben mich nicht so sehr erschreckt wie der Tanz der Vernichtung, den ich an jenem Morgen am blauen Himmel über den Golanhöhen beobachtete. Als ich um den israelischen Piloten bangte, wurde mir zum erstenmal bewußt, wie hilflos der Mensch ist, wenn die moderne Technik sich der Kontrolle des Bewußtseins entzieht. Der Killer-Roboter erschien mir unheimlich intelligent und zielstrebig, so als treibe ihn eine eigene Dynamik an. Die Hochtechnologie, dieses Produkt fieberhaft arbeitender Gehirne und genialer Fantasie, als Waffe für den kollektiven Selbstmord einer unbewußten Menschheit!

Eine Platitüde? Ja, natürlich wissen wir längst, wie gefährlich die Welt geworden ist. Aber wir zahlen fleißig unsere Steuern, die Rüstung läuft auf Hochtouren und die Waffensysteme werden immer unheimlicher. Apathie. Lähmung. Was kann man machen, die Rüstung sichert Millionen Arbeitsplätze, und der Wirtschaft geht es ohnehin schon so beschissen; immer mehr Arbeitslose, und wer soll denn die Beiträge für die Rentenversicherung bezahlen? Die Politiker sprechen von der Vielschichtigkeit ihrer Sachprobleme. Alles ist so schrecklich kompliziert ...

Ein Teufelskreis: Je größer das Zerstörungspotential, desto größer die Angst, und die Angst treibt die Hochrüstung an. Wo Angst herrscht, findet sich immer ein Feind, vor dem man auf der Hut sein muß. Früher war es die Sowjetunion, jetzt sind es die armen Länder, die uns mit hungrigen Asylanten überschwemmen. Politische und ideologische Interessenkonflikte sind ein Scheinproblem. Die Menschen gehen aufeinander los, weil sie ängstlich sind. Und sie haben Angst, weil sie nur als Körper existieren und die Verbindung zur Seele, zu Gott und zur Existenz verloren haben. Sie fühlen sich allein, ausgeliefert, verloren in der kalten, unbegreiflichen Unendlichkeit des totalen Nichts. Wie ein Ungeheuer breitet sich die Angst in unserem Unterbewußtsein aus und zerstört unsere Fähigkeit zu lieben.

Wir fuhren weiter zu den Panzern und entdeckten, daß die meisten hinter einem flachen Hügel standen. Ich zählte und verlor bei etwa hundert die Übersicht. Ich zählte die Panzer, um mich abzulenken. (Fred benutzte dafür seine Kamera.) Mein Unterbewußtsein weigerte sich, das Grauen aufzunehmen, das meine Sinne aufnahmen: syrische Soldaten, die bei lebendigem Leib im Inferno israelischer Napalmgranaten verbrannt waren. Sie wollten sich retten und waren nicht weit gekommen. Während sie liefen, mußten sie gebrannt haben wie Fackeln, denn das Napalm haftet wie Klebmasse. Ihre verkohlten Leichen lagen überall zwischen den Panzern, an manchen klebten noch Fetzen ihrer feuerfesten Overalls. Die meisten waren im Inneren der Panzer verbrannt. Durch offene Luken sah ich ihre verkohlten Gehirnschalen und Gerippe. Ich warf einen Stein, um die Aasgeier zu verscheuchen. Sie schreckten hoch, krächzten schrill, flogen enge Kreise, triefende Fleischfetzen im Schnabel, und ließen sich wieder nieder.

Seit dem Massaker waren höchstens 24 Stunden vergangen. Aber schon hing ein durchdringender Verwesungsgeruch über dem Schlachtfeld. Ich befeuchtete mein Taschentuch mit Trinkwasser aus der Thermosflasche und preßte es auf Mund und Nase. Warum lief ich nicht einfach davon? Ich hatte mehr als genug gesehen. Fred brauchte mich nicht. Er fotografierte wie besessen, obwohl er wissen mußte, daß der »stern« diese Bilder nicht veröffentlichen konnte. Sie waren einfach zu grauenvoll.

Was hielt uns hier fest? Warum erlitten wir keinen Nervenzusammenbruch? War es Sensationsgier? Oder standen wir unter Schock? War mir die Beobachterattitüde des Reporters schon so total in Fleisch und Blut übergegangen? Jedenfalls war ich unfähig, mir den Schrecken, den Schmerz, das Leiden dieser Soldaten vorzustellen. Sie waren über viele Kilometer hinweg von Gegnern getötet worden, die wie sie in gepanzerten Mordmaschinen saßen: *long-distance-killing*. Zwischen dem, der tötet, und dem, der getötet wird, gibt es im modernen Krieg keine Beziehung.

Ich lief wie betäubt zwischen verkohlten Leichen herum. Wenn ich etwas gefühlt hätte, wäre ich wahnsinnig geworden. Weiße Zähne bleckten in weit aufgerissenen Rachen, so als habe der Tod seine Opfer bei einem höhnischen Gelächter erwischt. In der Mittagshitze fingen die Leichen an, sich aufzublähen. Es war still wie auf dem Friedhof.

»Okay, das reicht«, sagte Fred endlich und packte die Kameras ein. Als wir zum Wagen zurückkehrten, stand Aron hinter dem Peugeot und kotzte. Schweigend fuhren wir weiter.

Ich weiß nicht mehr genau, wie der Nachmittag vorüberging. Wir fuhren kreuz und quer über die Golanhöhen, preßten noch ein paarmal unsere Gesichter in den Sand, wenn syrische MIGs über uns hinwegdonnerten. Ich sprach mit Kriegsgefangenen und Verwundeten. Bis zur vordersten Front konnten wir nicht vordringen. Die Israelis bereiteten einen Durchbruch vor und zogen Truppen auf der Straße nach Damaskus zusammen. Was links und rechts von der Straße geschah, wußte niemand so genau. Da gab es keine Frontlinie. Syrische und israelische Einheiten lieferten sich hier und da kleine Gefechte, wenn sie eher zufällig als planmäßig aufeinanderstießen. Der Gegner konnte hinter jedem Hügel sein, hinter jeder Bodenwelle, in jedem Dorf. Davon ahnten wir nichts, als wir mit unserem AVIS-Wagen über die Golanhöhen fuhren, so als seien wir auf einer Sightseeing-Tour.

Bei Einbruch der Nacht mußten alle Journalisten die Golanhöhen verlassen haben. Mit abgeblendeten Scheinwerfern fuhren wir die Serpentinen wieder hinunter. Starker Gegenverkehr. Die Israelis brachten schweres Gerät an die Front – Panzer, Sturmgeschütze, Granatwerfer, Feldhaubitzen, Schützenpanzer und jede Menge Munition. Wir kamen nur im Schrittempo voran. Der Lärm aufbrüllender Panzermotoren, Flüche und Befehle. In der Dunkelheit glühten die Zigaretten der Soldaten. Manchmal, wenn wir in einem Stau festsaßen, hörten wir in der Ferne Geschützdonner.

Gegen zehn Uhr abends lag ich im Hilton Hotel in Tel Aviv in der Badewanne und spülte mir den Staub des Schlachtfelds vom Körper. David, der Etagenkellner – klein, geduckt, grauhaarig, ein Überlebender des Warschauer Ghettos –, brachte ein eisgekühltes Pils an die Wanne, hockte sich auf den Fliesenboden und fragte bang über den Wannenrand: »Haben 'Se gesehen viele Tote, ja?« – »Ja«, sagte ich, und es kam mir so vor, als hätte ich die Toten vor vielen Jahren gesehen. »Ja, aber es waren fast alles Syrer.«

Zweieinhalb Autostunden von meinem Hotelzimmerluxus entfernt starben Menschen wie die Fliegen, und ich durfte abends nach Hause fahren, in die Badewanne steigen und mich auf Sarah freuen, so als hätte ich den Tag im Büro verbracht. Sarah! Auf dem Flug nach Tel Aviv hatte ich mir vorgenommen, sie so schnell wie möglich zu suchen. Ich hatte vermutet, daß sie als Krankenschwester irgendwo an der Front sein würde, so wie im Sechstagekrieg, als ich sie in einem Feldlazarett interviewte. Aus dem Interview wäre beinahe ein Bund fürs Leben geworden. Als ich vor einer halben Stunde von den Golanhöhen zurückkam und die Hotelhalle betrat, stand sie plötzlich vor mir, wie vom Himmel gefallen. Mir wäre fast das Herz im Hals zersprungen. Sie war in Uniform, trug einen Minirock und das Fallschirmspringerabzeichen auf der Khakibluse. Sie beugte sich zurück, warf die schwarzen Locken aus dem Gesicht, holte aufgeregt Atem, wollte etwas sagen und sagte nichts. Wir fielen uns in die Arme.

Sarah stammte aus einem Kibbuz am See Genezareth und arbeitete als Journalistin in Tel Aviv. Sie war eine wunderbare Mischung aus erdhafter Kraft und sensibler Intelligenz.

Trotz langer Trennungsphasen waren wir uns nahe geblieben, aber wir wußten, daß wir nicht füreinander bestimmt waren. Sie konnte sich nicht von Israel trennen, obwohl ihr das politische Klima in ihrer Heimat immer weniger gefiel.

Sie war in diesem Krieg zur Presseabteilung der Armee eingezogen worden und hatte im Hotelfoyer einen Informationstisch aufgebaut. Hier erteilte sie ausländischen Reportern Auskünfte. Wir verabredeten uns zu einem späten Abendessen.

Die verbrannten Panzersoldaten, die Fliegerangriffe, die schreienden Verwundeten, die ängstlichen Kriegsgefangenen verschwanden wie ein böser Traum in den Tiefen meines Unterbewußtseins. Ich lag in der Badewanne und war in einer geradezu euphorischen Laune! Ich genoß die schmeichelnde Wärme des Wassers und spürte, wie mir das Bier prickelnd und kühl durch die trockene Kehle rann. Ich spürte meinen Herzschlag und wie das Blut wohlig durch meine Adern floß. Ich lebte! Was morgen sein würde, interessierte mich nicht. Die Welt war schön – trotz Krieg. Ich war mit jeder Faser meines Wesens im Hier und Jetzt.

Ich traf Sarah in der Hotel-Snackbar. Das Restaurant hatte geschlossen, die Kellner waren im Krieg. Sie faltete die Hände auf dem Tisch und schaute mich aufmerksam an. Ich spürte ihre Unruhe. »Hast du Angst?« fragte ich sie.

Sie schüttelte den Kopf. »Nein. Wir werden wieder siegen. Aber jedes Mal wird es schwerer ...«

Sarah erzählte, daß viele ihrer Freunde zur israelischen Friedensbewegung gehörten und mit den Palästinensern im Gespräch seien. Ihr Herz sei auf ihrer Seite, aber der Verstand sage ihr, daß der Haß schon zu groß sei. »Es ist ein Teufelskreis«, sagte sie. »Je mehr uns die Palästinenser hassen, desto mehr Angst kriegen wir. Und unsere Politiker werden immer unnachgiebiger. Für Kompromisse mit den Palästinensern gibt es keine Mehrheiten mehr. Und der Haß wird immer größer.« Die Juden müßten erst mal ihre Angst überwinden, bevor sie mit den Palästinensern vernünftig reden könnten, meinte sie. »Aber hast du schon mal einen Juden gesehen, der keine Angst hat?«

»Hast du nicht gerade gesagt, daß du keine Angst hast?«

»Gelogen«, meinte sie und lächelte.

»Möchtest du hier Kinder in die Welt setzen?«

Sie beugte sich vor zu mir, schaute mir in die Augen: »Wo denn sonst? In Germany vielleicht?«

Scheiß auf die Politik. Wir hatten keine Lust auf Diskussionen. Wir liebten uns. Wir spürten die Elektrizität, die sich zwischen uns aufbaute. Wir vibrierten. Ich spürte, wie Sarah unter dem Tisch meine Hand ergriff. Sie schaute mich unverwandt an und nahm mir die Luft weg. Es war Krieg, wir aber wollten das Leben genießen, nun erst recht.

Nach dem Essen gingen wir in die Bar. Disco-Musik. Die Lichtbündel bunt flackernder Scheinwerfer warfen bewegte Muster an die Decke und fuhren geisterhaft über die Köpfe der Tanzenden. Im Dämmerlicht des Nachtlokals tanzten die Kriegskorrespondenten aus aller Welt mit den Stewardessen mehrerer Fluggesellschaften, die vom Krieg überrascht worden waren und nicht mehr rechtzeitig ausfliegen konnten.

Sarah und ich tanzten bis zwei Uhr morgens. Tanzten und lachten und sangen mit, wenn der Disc-Jockey »Jerusalem« auflegte, den Lieblingsschlager der Soldaten. »Jerusalaiiiim, oh Jerusaleiiim!«

Sie blieb über Nacht bei mir.

Ihre zärtliche Wärme umhüllte mich wie ein seidenes Tuch, als endlich die Müdigkeit kam und mich in einen traumlosen Schlaf stürzte. Zwei Stunden später schrillte das Telefon – der Weckruf des Nachtportiers. Sarah schmiegte sich an mich. »Riskiere nicht zu viel«, flüsterte sie. »Es ist nicht *dein* Krieg.«

Am vierten Kriegstag mußte ich meine Story schreiben und nach Hamburg durchtelefonieren. Fred Ihrt und Aron fuhren also ohne mich los. Als sie ins Auto stiegen, kam der Korrespondent der Londoner »Sunday Times«, Nick Tomali, und fragte, ob er mitfahren könne. Fred war froh, jemanden zu haben, der meinen Platz am Steuer einnehmen konnte und bat den Engländer, einzusteigen.

Ich setzte mich vor das Fenster meines Hotelzimmers, schaute aufs Meer und versuchte, mich zu konzentrieren. »Es wird für uns immer schwerer, zu gewinnen«, hatte Sarah gesagt. Die zukünftigen Kriege konnten nur noch blutiger, noch gefährlicher, noch unberechenbarer werden. Niemand konnte die Araber daran hindern, ihre Ölmilliarden in immer effektivere High-Tech-Waffen zu stecken. Beim nächsten Mal würde ich wahrscheinlich viel Zeit in dem wunderbaren Bunker des Hilton Hotels verbringen, weil die Araber Tel Aviv mit Raketen beschossen. Und die Israelis würden die Gelegenheit wahrnehmen und die Atomwaffen einsetzen, die sie seit vielen Jahren heimlich entwickelt hatten. Mit Sicherheit arbeiteten auch die Araber fieberhaft an der Bombe. Es fiel mir nicht schwer, den Aufstieg eines Mannes vom Schlage Saddam Husseins und den Golf-Krieg vorauszuahnen, der achtzehn Jahre später die ersten Raketenangriffe auf Israel auslöste. Alle Zeichen wiesen in die gleiche Richtung: solange das Palästinenserproblem ungelöst blieb, würde die Eskalation des Irrsinns im Nahen Osten weitergehen. Wie lange wird es noch dauern, bis ein arabischer Terrorist einen Atomsprengkopf auf dem Busbahnhof von Tel Aviv zündet? Die Atomtechnik war schon längst kein Privileg der Großmächte mehr. Sie breitete sich in der ganzen Welt aus, und irgendwann würde ein Wahnsinniger einen nuklearen Sprengsatz in einer U-Bahnstation von Manhattan zünden. In dieser Welt der Angst und der grenzenlosen Gewinnsucht läßt sich mit Geld letztlich alles machen. Ich fürchtete das Schlimmste, obwohl ich mir damals nicht vorstellen konnte, daß zwanzig Jahre später, nach dem Zusammenbruch der Sowjetunion, ein ganzes Bataillon von sowjetischen Atomspezialisten auf dem internationalen Arbeitsmarkt auftauchen würde.

Während ich mir alle möglichen Szenarien des Schreckens ausmalte, wuchs mein Widerstand gegen die Geschichte, die ich nun schreiben mußte. In ein paar Stunden würde Hamburg am Fernschreiber sein, und meine Story mußte abfahren. Die Leitung war seit Tagen gebucht, und wenn ich mit meiner Reportage nicht fertig war, würde ich tagelang keine neue Fernschreiberverbindung nach Hamburg bekommen. Mehr als tausend Reporter aus aller Welt hockten auf den paar Dutzend Leitungen, die uns mit der Welt verbanden.

Ich wollte keine theoretischen Betrachtungen über den Nahostkonflikt anstellen, sondern schreiben, was ich *fühlte*. Aber mein ganzes Wesen sträubte sich dagegen, in Gedanken auf die Golanhöhen zurückzukehren. Ich wollte mit diesem Wahnsinnskrieg absolut nichts zu tun haben! Ich fühlte mich völlig deplaziert. Ich war der falsche Mann am falschen Ort. In meinem Gehirn rotierten bunte Erlebnisfragmente wie in einem Kaleidoskop und wollten sich nicht zu sinnvollen Mustern fügen. Die Bilder des Grauens lähmten meinen Verstand. Ich wußte nicht, was ich zu diesem Wahnsinn sagen sollte.

Das Telefon klingelte. Ich schaute auf die Uhr. Elf Uhr vormittags. Ich hob den Hörer ab: »Hallo Sarah!« Aber es war nicht Sarah, sondern Sako, Chef vom Dienst im »stern«.

»Das ist ja toll, daß ich Ihre Stimme höre!«

»Wieso?«

Sako, ausweichend: »Nun ja, wir wußten nicht, was mit Ihnen los ist.«

»Was soll denn mit mir los sein?« Pause. »Hallo, sind Sie noch da?« fragte ich.

Sako sprach zögernd und mit einem angespannten Unterton: »Wissen Sie, wo Fred ist?«

»Auf den Golanhöhen. Wieso?«

»Wann haben Sie denn das letzte Mal was von ihm gehört?«

»Heute morgen um fünf, als er abfuhr. Was ist denn los?«

»Wir haben eine dpa-Meldung bekommen. Danach ist das Auto des ›stern‹-Teams auf den Golanhöhen von einer syrischen Boden-Boden-Rakete getroffen worden und in Flammen aufgegangen ...« Er zitierte den nächsten Satz wörtlich: »Die beiden ›stern‹-Reporter Jörg Andrees Elten und Fred Ihrt sind dabei ums Leben gekommen.«

Mir schlug das Herz ganz oben im Hals. »Fred ist tot!« dachte ich. »Fred ist im Auto umgekommen!«

Aber die dpa-Meldung war offensichtlich falsch, denn *ich* jedenfalls war am Leben. Ich dachte an meine Mutter, die tagsüber gerne das Radio anstellte. Sicher war die dpa-Meldung schon über die Sender verbreitet worden. »Um Himmels willen, Sako«, schrie ich, »rufen Sie bitte dpa an. Die müssen die Meldung sofort dementieren. Meine Mutter hängt den ganzen Tag am Radio!«

»Okay, gemacht«, beschwichtigte Sako. »Aber was ist mit Fred? Wissen Sie was?«

Ich war vom Schreibtisch aufgesprungen und schlug mit der Faust an die Fensterscheibe. »Keine Ahnung!« schrie ich und spürte, wie mir die Tränen in die Augen schossen. »Rufen Sie mich in einer Stunde wieder an.« Ich knallte den Hörer auf die Gabel.

Anruf bei dpa-Tel Aviv. Der Reporter ist irgendwo an der Front. Anruf bei Sarah unten in der Hotelhalle. Sie verspricht zu helfen. Anruf bei der Armeepressestelle. Keiner weiß angeblich Bescheid. Der Pressesprecher will zurückrufen. Ich rufe ein halbes Dutzend israelische Journalistenfreunde an. Sie sagen zu, ihre Beziehungen zu nutzen. Aber nach einer Stunde weiß ich immer noch nicht, was mit Fred ist.

Der »stern« ruft wieder an. Diesmal ist Henri Nannen am Apparat, Lord Henri, wie der »stern«-Chef in deutschen Pressekreisen genannt wurde. »Mensch Andy! Gut, daß *Sie* wenigstens noch am Leben sind!«

»Wieso? Ist Fred denn tot? Haben *Sie* was gehört?«

»Nee«, sagte Nannen. »Ich dachte, *Sie* haben inzwischen was rausgekriegt.«

Der Mann ging mir auf die Nerven. Ich bildete mir ein, daß er

Fred schon abgeschrieben hatte und sich an der Sensation berauschte. Morgen schon würden es alle Zeitungen hinausposaunen: »›stern‹-Reporter von syrischer Rakete zerfetzt!« Gewiß war ich ungerecht, aber ich kannte das schrille Temperament dieses genialen Blattmachers und wußte, wie sensationsgeil er war. Er fühlte sich nur wohl, wenn die Sensationen über seinem weißgelockten, mächtigen Schädel zusammenschlugen. Zwischen Sensationsgier und Sentimentalität gab es bei ihm keine Grenze – und während seine Tränen flossen, verlor er den journalistischen Effekt keine Sekunde lang aus den Augen. Gierig saugte sein reizbares Gehirn die Katastrophenmeldungen auf und verwandelte sie in Schlagzeilen und Layout-Ideen. Und schon riß ihn die Begeisterung mit, vor allem die Begeisterung über sich selbst, Lord Henri, der mal wieder die Konkurrenz in Grund und Boden stampfte.

Nach dem Telefonat mit Nannen rief der Armeesprecher an: Unser AVIS-Peugeot sei von einer syrischen Rakete getroffen worden, bestätigte er, und es habe »mindestens« einen Toten gegeben. Fred oder Aron? Der Pressesprecher wußte es nicht. Und ich hatte keine Ahnung, daß der »Sunday Times«-Korrespondent mitgefahren war. Ich trommelte mit den Fäusten an die Scheibe. Das Meer leuchtete friedlich in der Herbstsonne. Was für ein Scheißberuf! Was hatten wir eigentlich in diesem gottverdammten, idiotischen Krieg zu suchen? Sensationslust. Ehrgeiz. Langeweile. Eitelkeit. Was denn sonst? Vernünftige Gründe gab es doch überhaupt nicht!

Plötzlich energisches Klopfen an der Tür. Ein verwegen aussehender Mann betrat das Zimmer. Er sah aus, als sei er gerade aus einem Kohlenschacht gestiegen. Seine rot unterlaufenen Augäpfel leuchteten in seinem verstaubten Gesicht.

»You are Elten?« stieß er hervor und warf eine abgewetzte Kameratasche in den Sessel. Nervös fingerte er die Taschen seiner Safarijacke ab. »I am Don Cullin«, stellte er sich vor. »Sunday Times.« Er legte eine Weitwinkellinse auf den Tisch. »Die ist von Ihrem Kollegen Fred Ihrt!«

»Ihrt?« schrie ich.

»Hat Schwein gehabt!«

»Er lebt?«

»Ja.«

Ich meldete ein Blitzgespräch nach Hamburg an, und der Engländer erzählte. Danach hatte sich etwa folgendes abgespielt: Fred und Aron waren mit Nick Tomali von der »Sunday Times« an die Stelle zurückgekehrt, an der wir vor ein paar Tagen die abgeschossenen syrischen Panzer besichtigt hatten. Fred und Aron stiegen aus. Nick fuhr ein Stück weiter, wendete den Wagen, und als er langsam zurückfuhr, kam die Rakete. »Sie hat ein Licht auf der Nase«, sagte Don Cullin. »Zischt ganz dicht über den Boden. Ferngesteuert über Kabel. Aber von den Syrern war nichts zu sehen. Die Rakete schlägt in den Wagen ein, hinten ins Seitenfenster. Die Tür fliegt auf. Nick fällt halb aus dem Peugeot. ›I am dying!‹ schreit er noch. Sekunden später ist er tot.«

Fred und Aron hatten wohl die Rakete auch kommen sehen. Sie lagen im Straßengraben, als der Peugeot von einer zweiten Explosion zerfetzt wurde. Mein Benzinkanister war hinter dem Fahrersitz hochgegangen. Fred und Aron waren auf der anderen Straßenseite und versuchten, zu Nick vorzudringen. Aber sie wurden von den Syrern mit Maschinengewehren beschossen, sobald sie aus der Deckung hockkamen. Erst jetzt bemerkten sie, daß es auch israelische Soldaten in der Gegend gab. Sie saßen in einem befestigten Unterstand und machten sich durch Zurufe bemerkbar. »Kommt hier her!« Auch sie wurden von den Syrern mit Maschinengewehren niedergehalten. Don Cullin beobachtete noch, wie Fred und Aron in dem israelischen Unterstand verschwanden, dann robbte er zu seinem eigenen Wagen zurück, der hinter einer Bodenwelle stand und den Syrern nicht aufgefallen war.

Don lag in meinem Sessel. Der Etagenkellner brachte Tee. »Mehr weiß ich nicht«, sagte der Engländer und wischte sich mit dem staubigen Ärmel seiner Safarijacke den Schweiß von der Stirn. »Ich bin abgehauen, so schnell ich konnte. Das war vor drei Stunden oder so.«

Das Blitzgespräch kam, und ich erzählte Nannen, was ich gerade von dem Engländer gehört hatte. »Hoffentlich hat er auch fotografiert«, sorgte sich Nannen. »Wir würden natürlich das brennende Auto mit der Leiche von dem ... wie heißt er noch gleich? Von dem ›Sunday Times‹-Mann meine ich, auf den Titel nehmen. Sagen Sie dem Fred, er soll mit dem nächsten Flugzeug zurückkommen und die Filme selber bringen ...«

»Der muß erst mal sehen, wie er aus dem Bunker wieder rauskommt«, gab ich zu bedenken.

»Ja, natürlich«, sagte Nannen zerstreut. »Der wird schon irgendwie rauskommen.«

Die Israelis brachten ihre Verwundeten von den Golanhöhen nach Haifa, das wußte ich. Also rief ich alle Krankenhäuser in Haifa und Umgebung an und fragte, ob ein deutscher Fotograf namens Ihrt eingeliefert worden sei. Aber von Fred keine Spur. Saß er immer noch in dem Bunker. War er tot? In Gefangenschaft geraten? Am frühen Abend klingelte das Telefon. Fred! »Mann«, sagte er. »Wenn *du* dabeigewesen wärst, dann wärst du jetzt tot, und Nick wäre noch am Leben!«

Er rief aus einem Krankenhaus in Haifa an. Nein, er sei nicht verwundet, und Aron sei auch okay. Er hätte nur Nicks Leiche zur offiziellen Identifizierung abgeliefert.

Zwei Stunden später war er schon da. Wir umarmten uns heftig. »Ich habe die Schnauze voll«, waren seine ersten Worte. »Mit dem nächsten Flugzeug haue ich ab.«

»Nannen wartet schon auf dich«, sagte ich und bestellte eine Flasche Champagner. Ich kann gar nicht beschreiben, wie glücklich ich war, daß Fred, dieser Freund und Kumpan in guten und in tristen Zeiten, auf den Golanhöhen nicht in den Sand gebissen hatte. Wenn ich mit ihm reiste, kam ich aus dem Lachen nicht mehr heraus. Er hatte einen überwältigenden *sense of humor.* Wenn auf irgendwelchen Hamburger High-Society-Partys die Gäste plötzlich ihren Small talk unterbrachen und anfingen, sich mit schrillem Gelächter auf die Schenkel zu schlagen, dann wußte man, daß Fred eingetroffen war. Reiche Leute liebten ihn, wie man einen Clown liebt, der Leben in die Bude bringt. Ich liebte ihn, denn er war mein zuverlässigster Freund. Für ihn war der Krieg zu Ende, wenigstens dieser.

Am nächsten Tag flog er nach Hamburg und brachte das sehnlichst erwartete Titelfoto mit – den brennenden AVIS-Peugeot auf den Golanhöhen. Natürlich hatte er die Nerven gehabt, im richtigen Augenblick auf den Auslöser zu drücken. Nannen konnte sich auf ihn verlassen.

Ich glaubte nicht an Zufälle. Ich war fest davon überzeugt, daß mein Schicksal im Augenblick meiner Geburt schon die klaren Umrisse einer Blaupause hatte. Im Rahmen dieses

Schicksalsplans war ich frei. Ich konnte meinem Leben einen Sinn geben, mir aussuchen, ob ich glücklich oder unglücklich sein wollte, faul oder fleißig, egozentrisch oder liebevoll.

Mein Gefühl sagte mir, daß es nicht meine Bestimmung war, als Reporter in einem Krieg umzukommen, der mich letztlich gar nichts anging. Sarah hatte recht – es war nicht *mein* Krieg. Nicht *meine*, sondern Nick Tomalis Uhr war abgelaufen. Deshalb mußte er für mich einspringen, als ich meinen Artikel im Hotel schrieb. Und als er genau an der Stelle auftauchte, an der ich mit Fred und Aron ein paar Tage vorher gewesen war, feuerten sie ihre Rakete auf *ihn* ab.

Ich hatte die Vierzig überschritten. Die Jugend war vorbei, der biologische Verfall in vollem Gang, aber meine innere Stimme sagte mir, daß der beste und wichtige Teil meines Lebens noch gar nicht begonnen hatte. Diese Gewißheit gab mir in gefährlichen Situationen eine robuste Ruhe. Ich fürchtete mich nicht vor dem Tod, aber ich hatte Angst davor, schwer verletzt zu werden und den Rest meines Lebens als Krüppel im Rollstuhl zu sitzen. Als Reporter konnte ich Gefahren nicht vermeiden, aber ich ließ mich nur ungern auf Abenteuer ein, deren Risiko völlig unkalkulierbar war. Mein Schutzengel war zufrieden mit mir.

Wann immer ich über die Frage »Schicksal oder Zufall« nachdenke, fällt mir eine andere Geschichte ein, die ich 17 Jahre vor dem Jom-Kippur-Krieg im Kongo erlebt hatte. Es war während des Bürgerkriegs im Kongo. Ich jagte mit meinem Freund Tom Stacy, Chefkorrespondent der »Sunday Times«, hinter einem *scoop* her, und während ich mich hektisch anstrengte, der Konkurrenz ein Schnippchen zu schlagen, ahnte ich nicht, daß der Erfolg mich das Leben kosten würde. Es war eine klassische Situation, in der sich der Mißerfolg am Ende als ein *blessing in disguise* entpuppt. Eine Lehre fürs ganze Leben. Eine schöne Gelegenheit, zu erkennen, wie fragwürdig unsere Vorstellungen von Erfolg und Mißerfolg sind.

Kaum in die Freiheit entlassen, hatte sich die ehemalige belgische Kolonie in zwei Lager gespalten. Im Süden herrschte ein illustrer Provinzhäuptling namens Moïse Tschombé. Er hatte die reiche Kupferprovinz Katanga unter seine Kontrolle gebracht und zu einem selbständigen Staat erklärt. Die Zentralregierung in Léopoldville, dem heutigen Kinshasa, setzte das Militär gegen Tschombé in Marsch – eine undisziplinierte, wild in die Gegend ballernde, ängstliche Soldateska. Sie wurde von UNO-Truppen unterstützt, die der Weltsicherheitsrat an den Kongo entsandt hatte. Moïse Tschombé hatte weiße Söldner angeheuert, internationale Abenteurer und Berufskiller, die in Jeeps und mit der Schnapsflasche unter dem Arm durchs Land brausten und die Einheimischen wie Tontauben abknallten. Die Fronten waren unklar. Jeder schoß auf jeden. Keine Kommunikation. Hitze. Fliegen. Nichts zu essen. Chaos.

Eines Tages reiste der damalige UNO-Generalsekretär, der Schwede Dag Hammarskjöld, nach Léopoldville. Er wollte die UNO-Truppen besuchen und Wege für eine friedliche Lösung des Konflikts am Kongo erkunden. Ein paar hundert Journalisten aus aller Welt warteten auf ihn in Léopoldville – unter ihnen Tom Stacy und ich. Hammarskjöld blieb nur einen Tag. Am späten Nachmittag lud er zu einer Pressekonferenz und anschließender Cocktailparty in ein Gartenrestaurant am Stadtrand ein. Am nächsten Morgen wollte er nach Katanga fliegen, um in Elisabethville mit Moïse Tschombé zu verhandeln.

Fast alle Korrespondenten wollten sich an Hammarskjölds Fersen heften. Seine Friedensbemühungen machten Schlagzeilen. Aber der UNO-Generalsekretär, so hieß es, wollte ohne Reporter-Begleitung reisen. Tom und ich berieten, wie wir am schnellsten nach Elisabethville kommen konnten, um die Hammarskjöld-Story dort weiter zu verfolgen. Eine Flugverbindung zwischen Léopoldville und Elisabethville, der Hauptstadt des abtrünnigen Katanga, gab es nicht mehr. Wer von der einen Seite der Bürgerkriegsfront auf die andere wollte, mußte über Paris oder London fliegen, ein Umweg von mehr als 10 000 Kilometern. Oder gab es vielleicht doch eine Möglichkeit, sich an Hammarskjöld anzuhängen?

Tom war davon überzeugt, daß Hammarskjöld uns mitnehmen würde, wenn es uns nur gelang, bis zu seinem Flugzeug vorzudringen. »Wenn wir da mit unserer Reisetasche vor ihm aufkreuzen und wenn keine anderen Journalisten da sind, dann läßt der uns nicht einfach stehen«, spekulierte er und steckte mich mit seinem Optimismus an.

Tom Stacey – Sproß einer alten englischen Familie und mit den Weihen von Eton und Oxford versehen – hatte das lockere, unwiderstehliche Selbstbewußtsein des britischen Upper-Class-Boys. Er hielt es für ganz selbstverständlich, daß die Türen aufgingen, wo immer er auftauchte. Ich habe mit staunenden Augen gesehen, wie der Doorman des superexklusiven »King's Club« im Palace-Hotel von St. Moritz die Tür aufriß und die Mütze zog, als Tom in einem schäbigen Trainingsanzug und mit einem Gedichtband von Thackeray vor der Nase auf das Nachtlokal zusteuerte. Wie der junge Churchill betrieb er den Journalismus, insbesondere die Kriegsberichterstattung, eher als ein aristokratisches Hobby. Das Empire war für Tom zu klein und zu langweilig geworden; er wollte Abenteuer erleben, wie seine Vorfahren, die das britische Weltreich aufgebaut hatten.

Hammarskjölds Flugzeug parkte in einem abgesperrten Bereich des Flughafens, zu dem nur UNO-Personal Zutritt hatte. Wir mußten also den UNO-Sicherheitsoffizier am Flughafen irgendwie davon überzeugen, daß wir zur Begleitung des Generalsekretärs gehörten. Es gab eine strikte UNO-Order, nach der Journalisten im Kongo nicht in UNO-Flugzeugen befördert werden durften.

Während wir noch mit dem Cocktailglas in der Hand auf der Party herumstanden, feilten Tom und ich an einem Plan, wie wir die UNO-Beamten überlisten konnten. Wir hatten uns beide schon vor Tagen eine blaue UNO-Armbinde besorgt, wie sie von Zivilisten in UNO-Diensten im Kongo getragen wurde. Mit diesen Binden am Arm würde es uns gewiß gelingen, wenigstens erst mal bis zu dem UNO-Sicherheitsoffizier am Flughafen vorzudringen. Dann brauchten wir einen Komplizen, denn Tom hatte sich eine feine Intrige ausgedacht.

Den Komplizen fanden wir in Friedel Ungeheuer, einem deutschen Reporter, der für die englische Nachrichtenagentur »Reuter« arbeitete. Friedel selber wollte nicht nach Elisabethville; er war also kein Konkurrent, und so war er sofort bereit, uns zu helfen. Vor allem versprach er auch, den Mund zu halten. Wenn sich nämlich unter den Kollegen herumsprach, was wir vorhatten, würde sich das ganze Reporter-Pack auf unsere Fährte setzen. Reporter sind ungeheuer eifersüchtig. Sie jagen gerne im Rudel, weil sie sich dann gegenseitig besser im Auge behalten können. Wenn einer aus dem Rudel ausbricht, regen sich die anderen schrecklich auf. Weiß er etwas, was die anderen nicht wissen? Ist er einer Sensation auf der Fährte? Landet er einen scoop? Will er mit der Beute abhauen? Ich habe Reporter erlebt, die ihre Konkurrenten sogar auf die Toilette begleiteten, um sie im Auge zu behalten.

»Was kann ich also für euch tun?« fragte Friedel gutmütig, und Tom erklärte ihm den Plan. Wir wollten uns dem UNO-Sicherheitsoffizier am Flughafen als Mitarbeiter und Reisebegleiter des Generalsekretärs vorstellen. Eine kühne Behauptung, die der Sicherheitsoffizier natürlich nicht ungeprüft schlucken würde. Also mußten wir ihn überlisten. Tom würde ihn für einen Augenblick um das Telefon bitten und so tun, als rufe er den General Boysen an, ein hohes Tier der UNO-Friedenstruppe am Kongo. Tatsächlich aber würde Tom unseren Komplizen Friedel Ungeheuer anrufen. »Sir«, würde Stacy zu Friedel sagen, und der Sicherheitsoffizier würde glauben, daß sein Vorgesetzter General Boysen am anderen Ende der Leitung ist, »Sir, Dr. Elten und ich haben hier bei der Flughafen-Security ein Problem. Dem zuständigen Offizier ist nicht bekannt, daß wir den Generalsekretär nach Elisabethville begleiten ...«

Friedel hörte aufmerksam zu, als Tom unseren Plan entwikkelte. »Ihr fliegt mit Hammarskjöld?« fragte er erstaunt. Tom schüttelte den Kopf: »Wir *wollen* gerne, darum geht es doch bei der Sache. Also, paß gut auf: Ich lege eine Pause am Telefon ein, und du bist General Boysen, und nachdem wir ein paar Worte gewechselt haben, sage ich ›Okay, General!‹ und übergebe den Hörer an den UNO-Sicherheitsoffizier. Sobald der sich am Telefon vorgestellt hat, meldest du dich mit ›General Boysen‹ und sagst mit fester Stimme: ›Captain, I suggest you put these two gentlemen on the manifest!‹ Dieser eine Satz ist alles, was du zu sagen hast. Wenn der UNO-Offizier auf dich hereinfällt, setzt er uns auf die Passagierliste, und dann können wir weiter sehen.« Friedel Ungeheuer rieb sich die Hände. Der Streich gefiel ihm.

Am nächsten Morgen erschienen Tom und ich mit unseren blauen UNO-Binden am Arm im Büro des Sicherheitsoffiziers. »Good morning, Captain!« sagte Tom leutselig. »Tom Stacy and Dr. Elten of the United Nations Headquarters, New York. Wir kommen zum Einchecken.«

Tom stotterte sein unnachahmliches Eton-Oxford-Englisch und trat mit einer unterkühlten Selbstsicherheit auf, die den dänischen Hauptmann sofort von seinem Stuhl hochriß. »Good morning, Sirs!« schnarrte er und fingerte die Passagierliste aus einem Ablagetablett. »Darf ich nochmal Ihre Namen ... bitte, Sirs?« Tom deutete auf mich: »Dr. Elten, E-l-t-e-n. Und ich bin Tom Stacy.« Und er buchstabierte auch seinen Namen. Der Däne vertiefte sich in die Passagierliste, schüttelte ratlos den Kopf: »Sie sind nicht auf der Liste, Sirs!« Er musterte uns verunsichert und mißtrauisch.

»Na so was«, sagte Stacy nur und schaute den jungen Hauptmann neugierig an. »Wollen Sie nicht noch einmal *genau* nachsehen?« Der Däne beugte sich wieder über die Liste. »Tut mir leid, Sirs, Sie sind nicht drauf«, sagte er nach einer Weile. Tom legte seinen UNO-Presseausweis auf den Tisch. »Ach, wie dumm«, sagte er ungerührt. »Dann setzen Sie uns doch bitte jetzt drauf.«

Der junge Sicherheitsoffizier schaute auf den Presseausweis, trat einen halben Schritt zurück und rang um Fassung. »Tut mit leid, Sir«, sagte er fast beleidigt. »Aber das darf ich nicht machen. Journalisten dürfen grundsätzlich nicht ...«

»Moment!« unterbrach Tom gelassen, »wir gehören zur Begleitung. Das ist eine völlig andere Sache. Aber Sie haben Ihre Instruktionen. Ich verstehe.« Er trat an den Schreibtisch des Captains und griff zum Telefon. »Darf ich mal?« fragte er beiläufig und nahm schon den Hörer ab. Der Captain rang noch um Fassung, als ihn Tom fragte: »Ihr Vorgesetzter ist General Boysen?« »General Boysen, jawohl, Sir!« bestätigte der Captain.

Tom wählte Friedel Ungeheuers Nummer. »Good morning, General!« sagte er aufgeräumt, »hier ist Tom Stacy! Entschuldigen Sie die Störung. Ich bin gerade mit Dr. Elten am Flughafen. Und hier ist Hauptmann ... eine Sekunde bitte ...« Tom ließ den Hörer sinken und fragte den Captain: »Ihr Name, bitte?« Der Captain riß die Hacken zusammen: »Captain Sunder!«

»Hier ist Captain Sunder, der Sicherheitsoffizier vom Dienst. Er sagt, unsere Namen seien nicht auf dem Manifest. Könnten Sie bitte so liebenswürdig sein und mit ihm reden?«

Jetzt sprach Friedel Ungeheuer, und Tom hörte aufmerksam zu. »Okay«, sagte er schließlich, »Besten Dank auch, General ... Ich übergebe«, und er hielt dem Hauptmann den Hörer hin: »Der General möchte mit Ihnen sprechen!«

Captain Sunder nahm Haltung an: »Hier Captain Sunder!« rief er ins Telefon.

Kurze Pause. Jetzt sprach Friedel seinen Satz: »Captain Sunder, I suggest you to put these two Gentlemen on the Manifest!«

Der Captain protestierte: »Aber die Herren haben Presseausweise, ich dachte Journalisten ...« Offenbar ließ ihn Ungeheuer nicht ausreden. Wir konnten nicht verstehen, was er dem dänischen Hauptmann sagte. Jedenfalls schlug der plötzlich die Hacken zusammen und schnarrte: »Eine Ausnahmeregelung. Ich verstehe, Sir. Jawohl, Sir. Guten Morgen, Sir. Ich übergebe ...« Und er reichte den Hörer an Tom Stacey zurück. »Yes, Sir?« sagte Tom, und ich konnte Friedels Gelächter hören ... Die beiden unterhielten sich noch eine Weile, und der Captain mußte den Eindruck gewinnen, daß hier zwei Freunde plauderten. Respektvoll beugte er sich über die Passagierliste und trug unsere Namen ein.

Schließlich legte Tom den Hörer auf. »Na, dann ist ja alles in Ordnung«, sagte er gutgelaunt. »Tut mir leid, Captain, daß wir Umstände gemacht haben.« Er griff nach seiner Reisetasche, und ich folgte ihm zur Tür. Dort drehte sich Tom noch einmal um, winkte mit der schlanken Rechten und rief ein fröhliches »Cheerio, old chap!«

Als wir außer Sicht waren, schlugen wir uns gegenseitig auf die Schulter und freuten uns wie die Lausbuben. Als wir zu Hammarskjölds Flugzeug kamen, fiel uns auf, daß die Maschine gar nicht bewacht war. Die Tür zum 1.-Klasse-Abteil stand offen, aber kein Mensch war zu sehen. »Hallo!« rief ich. »Ist da jemand?«

Keine Antwort. Wir kletterten die Gangway hinauf und warfen unsere Reisetaschen auf die Sessel. Niemand an Bord, und in weniger als einer halben Stunde sollte Hammarskjöld abfliegen! Wir hätten eine Bombe unter seinen Sitz legen und unbemerkt verschwinden können. Damals gab es noch keinen international organisierten Terrorismus, und selbst ein UNO-Generalsekretär reiste unbesorgt wie ein Privatpassagier.

Tom und ich berieten: Sollten wir es uns in der 1. Klasse bequem machen und den Generalsekretär freundlich an Bord willkommen heißen? Oder sollten wir uns in der Bordtoilette verstecken, bis das Flugzeug in der Luft war? Zehn Minuten nach dem Start würden wir auftauchen und den Generalsekretär ganz naiv um Entschuldigung dafür bitten, daß wir seine Gastfreundschaft auf eine so harte Probe stellten. Das war der sicherste Trick, wenn wir unbedingt mitfliegen wollten. Wir versteckten unsere Taschen schon mal in den hinteren Toiletten. Aber dann kam uns der Trick doch zu albern vor, und wir fanden, daß wir uns lieber wie Gentlemen benehmen sollten.

Kurz bevor die Hammarskjöld-Begleiter am Flugzeug vorfuhren, trugen wir unsere Taschen wieder die Gangway herunter und erwarteten die Herren draußen unter der tropischen Mittagssonne. Hammarskjölds Pressechef, John Coruthers, begrüßte uns freundlich, aber mißtrauisch: »Was macht *Ihr* denn hier?«

»John, alter Freund«, sagte Tom leichthin. »Wir dachten, daß es eine gute Idee wäre, wenn wir den Generalsekretär auf dem Flug begleiten.« Der UNO-Pressechef zog die Augenbrauen hoch. »Tut mir leid, Tom«, sagte er und schien ein wenig ungehalten. »Ich würde euch gerne einen Gefallen tun. Aber jeder weiß, daß die UNO keine Presse mitnimmt. Wenn die Kollegen erfahren, daß ich euch an Bord gelassen habe...«

»Die Kollegen...«, unterbrach Tom. »Es ist doch kein Mensch hier, und wir werden natürlich den Mund halten.«

John war selber ein alter Reporter, und ich merkte, daß er unserer Frechheit eine gewisse Hochachtung nicht versagen konnte. Jedenfalls lächelte er. »John«, sagte ich, »tut mir leid, daß wir Sie hier in eine schwierige Situation bringen. Können wir es nicht einfach so machen, daß wir dem *Generalsekretär* die Entscheidung überlassen, ob er uns mitnehmen will?«

John war mit meinem Vorschlag einverstanden. Eine Minute später fuhr Hammarskjöld vor, stieg aus dem Wagen und lächelte Tom und mir freundlich zu. Wir stellten uns vor. »Wir würden Sie gerne nach Elisabethville begleiten, Sir!« sagte Tom. Hammarskjöld lächelte liebenswürdig und schien zu überlegen. »Das muß ich John überlassen«, sagte er schließlich. »Sie entschuldigen mich?« Wir traten enttäuscht zur Seite,

Hammarskjöld ging die Gangway hinauf. John Coruthers trat auf uns zu: »Tut mir leid«, sagte er. »Das bedeutet ›Nein‹. Ich kann hier unmöglich einen Präzedenzfall schaffen. Ich hoffe, Ihr versteht das?«

»Don't worry, old chap. Gute Reise!« sagte Tom. John nahm zwei Stufen auf einmal, als er Hammarskjöld folgte. Unter der Flugzeugtür drehte er sich noch einmal nach uns um. Wir winkten ihm freundschaftlich zu.

Anderthalb Stunden später stürzte die Maschine bei Ndola ab. Keiner an Bord überlebte.

3

Sie schrieb mir mindestens einmal in der Woche. Oder sie besprach mit ihrer hohen, kindlich klingenden Stimme Tonbänder für mich – 60 Minuten lockerer Small talk über Fernsehsendungen, die sie beeindruckt oder geärgert hatten, über die internationale Lage und vor allem über ihre geliebten Ärzte, die auf Kosten der Allgemeinen Ortskrankenkasse nett zu ihr waren. Dann blieben die Tonbänder aus. Meine Mutter kam mit der Aufnahmetechnik nicht mehr zurecht, und ihre Briefe wurden immer unverständlicher.

Ich flog von Kalifornien nach Hamburg, um nach dem Rechten zu sehen. Es war höchste Zeit. Als sie mir die Tür öffnete, traf mich ein feindseliger Blick. »Ich bin es!« sagte ich und wollte sie in die Arme nehmen, aber sie wich erschreckt zurück. Dann ein unsicherer Schimmer des Erkennens. Sie zitterte, als sie mich umarmte, und ich erschrak darüber, wie alt und gebrechlich sie in den zwei Jahren geworden war, die wir uns nicht gesehen hatten. Mit 70 hatte sie noch ausgesehen wie 50. Aber nun, mit 86, hatte sie das Alter eingeholt.

Im Kühlschrank fand ich eine Pfanne mit verschimmelten Bratkartoffeln. Alle Töpfe waren durchgebrannt. Unter dem Tisch keimten Kartoffeln. Mehr als 60 faule Eier, über 300 Lipton-Teebeutel, aber keine Butter, kein Brot, nichts, was man essen konnte, ohne krank zu werden. Und kein Mensch kümmerte sich um sie.

Sie bewohnte das Gartenappartement eines schönen Eppendorfer Mietshauses. Durch die Patio-Tür trat sie unter einen Apfelbaum. Auf dem Isekanal zogen die Schwäne vorbei, und wenn es auf der Elbe stürmte, fielen die Möwen in die Häuserschlucht ein, ließen sich auf dem Kanal nieder und kreischten aufgeregt. Meine Mutter liebte ihre Wohnung. Es war romantisch hier – und einsam. Der Nachbar zur Linken war meistens verreist, und die Wohnung über ihr wurde als Büro genutzt. Es wollte freilich sowieso niemand etwas mit ihr zu tun haben, denn letzthin litt sie unter Verfolgungswahn und Streitsucht. Wenn sie hier stürzen und nicht mehr bis zum Telefon kommen sollte, würde niemand ihre schwachen Hilferufe hören, und sie würde elend zugrunde gehen.

Gottlob war sie noch wach genug, um zu begreifen, daß sie hier nicht bleiben konnte. Es gelang mir, sie in einem gut geführten Altersheim unterzubringen. Dann flog ich mit unguten Gefühlen nach Kalifornien zurück. War es nicht engherzig von mir, sie einfach in ein Altersheim abzuschieben? Hätte ich sie nicht mit nach Kalifornien nehmen müssen?

Mein schlechtes Gewissen war völlig müßig, denn sie haßte Amerika und wäre um keinen Preis bereit gewesen, nach »drüben« zu gehen. Meine Selbstvorwürfe tauchten mit der Zuverlässigkeit eines Computerprogramms auf, das auf Knopfdruck auf den Bildschirm springt. Als ich noch ein Kind war, hatte sie mich dazu abgerichtet, auf sie »Rücksicht zu nehmen« – wegen ihrer »fragilen Konstitution«. Später, während der Internatsferien, schlich ich morgens auf Zehenspitzen in die Küche und bereitete das Frühstück für sie zu. Wenn ich mit dem Tablett an ihr Bett trat, empfing sich mich, je nach Laune, entweder mit stürmischer Umarmung, oder sie führte ihre schöne Hand an die Stirn, setzte eine Leidensmiene auf und sagte mit einer Festigkeit in der Stimme, die angesichts ihrer Qualen erstaunlich war: »Kannst du nicht wenigstens *einmal* ein bißchen *Rücksicht nehmen*?« Ich hätte schon wieder mit dem Geschirr geklappert oder (eine ihrer Lieblingsbehauptungen!) »mit den Türen geknallt«. Ihre »Migräne« habe sie erst gegen Morgen einschlafen lassen, und ich wüßte doch, daß sie eine so fragile Konstitution habe.

Ich liebte sie maßlos und hatte ein furchtbar schlechtes Gewissen, daß ich sie so quälte. Sie war eine sehr schöne Frau. Immer wenn ich am Ende der Ferien abreiste, klaute ich ihr ein Taschentuch aus der Handtasche, und wenn ich dann nachts – einer unter hundert Schülern – im Schlafsaal lag, zog ich mir die Bettdecke über den Kopf, preßte das Taschentuch an mein Gesicht, sog gierig den Duft ihres Parfüms ein und weinte vor lauter Sehnsucht nach ihr.

Am Ende ihrer irdischen Reise war das Heim für sie zwar keine ideale, aber die beste Lösung. Sie bewohnte dort ein kleines Appartement mit Kitchenette und lebte mit ihren vertrauten Möbeln. »Gefällt es dir denn hier auch wirklich?« fragte ich sie vor meiner Abreise, und sie antwortete mit der für sie typischen, koketten Leidenslust: »Ach mein Herzchen, mach dir nur keine Sorgen um mich. Für die paar Jahre, die mir noch bleiben, ist es doch gut genug ...« (Ein paar Jahre früher hätte sie noch hinzugefügt: »Hauptsache, *du* hast es schön!«) Fortan ließ sie meine Post unbeantwortet. Sie zog sich von der Welt zurück.

Seit meinem achten Lebensjahr hatte ich nicht mehr mit ihr zusammengelebt, und über die Jahre hatten wir uns immer weiter voneinander entfernt. Ich kannte diese Frau also kaum. Ich nenne sie in diesem Buch bei ihrem Vornamen Nora. In Wirklichkeit nannte ich sie Mutti, wie es in bürgerlichen Kreisen üblich war. Unser Verhältnis sah so aus, daß ich den guten Sohn spielte und Nora die herzensgute Mutter. Die Rolle gefiel ihr.

Ich fürchtete mich vor ihrem Tod, weil ich mir geschworen hatte, bei ihr zu sein, wenn ihre Stunde gekommen war. Zum erstenmal in meinem Leben würde ich dem Tod wirklich ins Auge schauen. Ich war ihm bisher vor allem im Krieg begegnet. Angriff, Flucht, Lärm, Blut, Schweiß, Panik ... immer ging es nur ums nackte Überleben, also um eine Verdrängung des Todes. Was wir verdrängen, können wir aber nicht kennenlernen. Ich war sowieso ein großer Verdränger. Wahrscheinlich bin ich nur deshalb ein berufsmäßiger Beobachter geworden, weil ich Angst hatte, Gefühle an mich heranzulassen, und weil mir der Beruf des Reporters den Vorwand lieferte, mich nicht einzulassen, nicht mitzuspielen, meine Gefühle zu unterdrükken, mich vor Verletzungen zu bewahren und mich hinter der Maske des coolen Profis zu verstecken. Ich war der geborene Beobachter. Ich lebte nicht wirklich, ich beobachtete, was andere mit ihrem Leben machten.

Vor der Auseinandersetzung mit dem Tod hatte ich mich bisher gedrückt, weil ich ahnte, daß es mit dem Tod so sein würde wie mit der Liebe: Du mußt dich ausliefern, um sie zu erfahren. Sie wird dich im Kern deines Wesens treffen, und nichts wird so sein, wie es vorher war. Noras Uhr lief ab, und mein Encounter mit dem Tod stand unmittelbar bevor. Ich wollte die Chance nutzen, wollte mir am Sterbebett meiner

Mutter viel Zeit nehmen, wollte erfahren, wie der Tod aussieht, wie er riecht und schmeckt, und wie es sich anfühlt, wenn er näher kommt, immer näher ...

Es war so, als hätte mich meine Mutter telepathisch gerufen, denn eines Tages spürte ich, daß ich so schnell wie möglich zu ihr nach Hamburg zurückkehren mußte. Nach der Landung rief ich sie vom Flughafen aus an und sagte ihr, daß ich am nächsten Tag zum Tee kommen wollte; den Kuchen würde ich mitbringen.

Als ich ins Heim kam, hatte sie das Telefonat schon vergessen. Sie schaute mich fassungslos an, war unfähig, mich zu begrüßen, stand in der Mitte ihres Zimmers, drehte sich langsam im Kreis, murmelte Unverständliches und brauchte fast eine Stunde, um ihr seelisches Gleichgewicht wiederzufinden. Ich verteilte den Kuchen und beobachtete erschreckt, daß sie kaum noch fähig war, ohne Hilfe zu essen. Die Sahnetorte fiel ihr in kleinen Brocken von der Gabel; sie hob sie mühsam mit spitzen Fingern vom Teppich auf und steckte sie in den Mund. Als ich ihr helfen wollte, wehrte sie ab. »Laß mich mal machen«, murmelte sie. Dann, ganz plötzlich laut und klar: »Ganz schön beschissen, wenn man alt und klapprig wird! Ich sag's dir ...«

Nach dem Tee fuhr ich mit ihr an die Elbe, wo sie immer so gerne spazierenging. Aber nun konnten wir uns kaum hundert Schritte vom Auto entfernen. »Laß uns hier sitzen«, flüsterte sie und setzte sich auf eine Bank am Ufer. »Ich bin müde.« Am Abend nahmen wir das Essen gemeinsam mit den anderen Heimbewohnern im Speisesaal ein. Als die Heimleiterin das Tischgebet sprach und alle den Kopf über die gefalteten Hände senkten, straffte Nora den Rücken und starrte mit undurchdringlichem Blick auf den Kronleuchter.

Sie war kein frommer Mensch. Die Kirchen hielt sie für Schwindelunternehmen, die aus der Religiosität der Massen ihr Kapital schlagen, und die Pfarrer nannte sie nur »diese Schleimscheißer«. Sie hatte es mit der Wissenschaft und versäumte keine wissenschaftliche Sendung im Fernsehen, besonders, wenn es um Astronomie ging. Sie wurde noch vor dem Ersten Weltkrieg ins Gymnasium eingeschult und erhielt dort ein Weltbild vermittelt, das von der physikalischen Mechanik des Isaac Newton und von der Vernunftphilosophie des René Descartes geprägt war. Auch den lieben Gott im Himmel hielt sie für einen ausgemachten Schwindel, bestenfalls ein Kindermärchen. Der Mensch ist Materie und vergeht, Staub zu Staub. Sie glaubte nicht, daß es in diesem Universum eine Macht gab, die sich um das Schicksal des einzelnen kümmerte. Deshalb konnte sie manches verstehen, was ich ihr über meinen Weg als spiritueller Sucher erzählte. Was mich mit meiner atheistischen Mutter verband, war die Gewißheit, daß wir allein und für uns selbst verantwortlich sind. Für mich ist Gott eine Metapher für kosmisches Bewußtsein, für die Wahrheit, für die allumfassende ordnende Energie im Universum, und ich glaube daran, daß es dem Menschen bestimmt ist, auf dem Weg vom Tier zum Gott alle psychischen Hürden zu beseitigen, die seiner Verschmelzung mit dem kosmischen Bewußtsein im Wege sind. Meine Mutter glaubte an gar nichts.

Manchmal versuchte ich ganz vorsichtig, mit ihr über das zu sprechen, was *nach* dem Tod kommt. Aber solche Versuche schmetterte sie gereizt ab: »Das ist doch alles *Quatsch*! Ich bin *Realist*!« Nach dem Tod kam ihrer Meinung nach gar nichts mehr. Punkt. Schluß. Aus. Basta.

Sie hatte offenbar keine Angst vor dem Tod. Schon vor Jahren hatte sie mir von ihrem Besuch bei dem »Herrn Direktor« des Krematoriums im Hamburger Friedhof Ohlsdorf erzählt. Sie wollte von ihm wissen, was die Sache kostet (»Für mich kommt nur die einfachste Version in Frage!«), ob man rechtzeitig buchen muß, und wie so eine Leichenverbrennung überhaupt abläuft. Der Krematoriumsdirektor (sie hatte es immer mit den Direktoren; mit einfachen Angestellten wollte sie nicht ihre Zeit verschwenden), der Herr Direktor also, hatte ihr die Technik der Einäscherung erklärt, hatte schließlich sogar die Brennkammer für sie geöffnet, damit sie ihre Nase da hineinstecken konnte. Und während sie sich in der Kammer umsah, kommentierte der Direktor: »Sie kommen aus dem Kühlraum direkt hier auf den Rost. Wir brennen Gas und erhitzen auf mehrere tausend Grad. Die Asche wird dort unten in einem Behälter aufgefangen – von hier aus können Sie den nicht sehen. Das meiste fällt durch den Rost, aber ein paar Knochenreste bleiben immer übrig ...« An dieser Stelle zog Nora pikiert den Kopf zurück und unterbrach den Herrn Direktor: »*So* genau wollte ich's nun auch wieder nicht wissen!«

Meine spirituellen Neigungen tolerierte sie, ohne sie zu hinterfragen. Die beiden fundamentalen Fragen des spirituellen Suchers »Wer bin ich?« und »Warum bin ich auf dieser Welt?« interessierten sie nicht. Sie begriff sich als ein Zufallsprodukt der Natur, als ein höchst nebensächliches und vergängliches Phänomen in der unermeßlichen Raumzeit des Universums. Und weil sie einen regen Verstand hatte, fielen ihr mitunter originelle Vergleiche ein, die ein Weiser über das menschliche Ego hätte formulieren können. »Ich bin wie eine Seifenblase«, sagte sie einmal. »Je größer ich werde, desto schwächer werde ich. Ich schillere bunt, aber ein kleiner Hauch genügt und – puff! – bin ich verschwunden.«

Frau Kosanke, die Heimleiterin, versprach mir, auf Nora besonders gut zu achten. »Ihre Frau Mutter macht es uns aber leider gar nicht leicht«, klagte sie und hob den Blick vielsagend himmelwärts. »Seit Wochen schon gibt sie keine Wäsche mehr zur Wäscherei. Sie glaubt, sie wird ihr gestohlen. Und jetzt hat sie sich auch noch ein Sicherheitsschloß einbauen lassen, und wir kommen mit dem Nachschlüssel nicht mehr in ihr Zimmer rein. Können *Sie* nicht mal mit ihr darüber reden? Auf *uns* hört sie ja nicht.«

Als ich Nora auf das Schloß ansprach, schaute sie sich mißtrauisch um und flüsterte eindringlich: »Die Kosanke hat mir meine Brillantbrosche gestohlen, erinnerst du dich an die schöne alte Brosche, die französische?« – »Ja, natürlich«, sagte ich. Und Nora, mit einem Funkeln im Blick: »Die Brosche ist weg! Gestohlen! Die Kosanke war's. Ich weiß es genau. Seitdem wagt die es auch nicht mehr, mir in die Augen zu gucken. Und seit der Hausmeister hier drin war, fehlen mir zwei silberne Löffel. Den mache ich fertig, wenn der hier noch mal rein will!«

Ich konnte mir das Lachen kaum verbeißen, als ich mir vorstellte, wie sie den Hausmeister fertigmachen würde, diesen Kerl mit einem Kreuz wie ein Kleiderschrank. Und um ihr zu zeigen, wie ernst ich den Kriminalfall nahm, sprang ich vom Sessel hoch und rief empört: »Das ist ja unerhört!« Ich zog die Schublade mit dem Silberbesteck auf. Die beiden »gestohlenen« Löffel lagen im Gabelfach. Und die Brillantbrosche fand ich im Badezimmer, wo Nora sie auf dem Boden einer Puderdose verscharrt hatte.

»Sag mal«, fragte ich vorsichtig, »findest du es nicht ein bißchen gefährlich, wenn du dich hier einschließt? Wenn dir was zustoßen sollte, kann dir doch niemand zu Hilfe kommen!« Nora rückte von mir ab: »Das ist mir egal! Jedenfalls lasse ich diese Verbrecher nicht an meine Wertsachen ran!« Damit war das Thema erledigt, und es blieb mir nichts anderes übrig, als den Sicherheitsschlüssel diskret einzustecken, bevor ich mich von ihr verabschiedete. Am nächsten Morgen reiste ich nach Rom zu meinen Töchtern.

Der Anruf von Frau Kosanke kam schon nach zwei Tagen. »Ihre Frau Mutter ist im Badezimmer gestürzt. Sie hat sich nur leicht verletzt, aber wir vermuten, daß es ein Schlaganfall war.« Ich erfuhr, daß man Nora in ein Krankenhaus am Stadtrand von Hamburg eingeliefert hatte. Es ginge ihr den Umständen entsprechend gut. »Sie fragt sehr häufig nach Ihnen. Wann kommen Sie denn wieder?«

»Wie eilig ist es?« fragte ich. Frau Kosanke sagte: »Ich glaube, Sie sollten bald kommen.«

Am nächsten Tag trat ich in Noras Krankenzimmer. Sie lag in dem Bett gleich hinter der Tür. Ihre Augen waren geschlossen. Die beiden alten Damen, die in den anderen Betten lagen, schauten mich neugierig an und freuten sich: »Das muß der Herr Sohn sein!« schrillte die Dame am Fenster. Nora öffnete die Augen und brauchte eine Weile, bis sie mich erkannte. Ihr Gesicht hellte sich auf, sie atmete tief ein, schloß die Augen und flüsterte kaum hörbar: »Mein Herzchen ... endlich!« Ich beugte mich über sie. Die Dame am Fenster schrillte: »Jeden Tag hat sie uns von Ihnen erzählt!« Dann wandte sie sich an Nora: »Jetzt sind Sie aber froh, was, Frau Elten?« Und Nora lächelte.

Ich ging noch einmal hinaus, um eine Vase für meine Blumen zu besorgen. »Geben Se mal her!« rief Schwester Gerda, die blonde Beauty von Station B, und schnappte mir die Blumen im Vorbeigehen aus der Hand. Als ich in das Krankenzimmer zurückkehrte, hatte Nora die Augen geschlossen und lächelte selig. Ich setzte mich an ihr Bett und legte meine Hand auf ihre.

»Sie kommen aus Kalifornien?« rief die Dame am Fenster. »Immer gutes Wetter, was?« Die Tür flog auf, und Schwester Gerda kam mit meinen Blumen. »Na, Frau Elten, da freuen wir uns aber, daß Ihr Sohn da ist, was?« rief sie und stellte die Vase auf den Nachttisch. Nora rührte sich nicht, aber der gelöste Ausdruck auf ihrem Gesicht verschwand. »Gucken 'Se doch mal, Frau Elten!« rief Gerda. »Gucken 'Se doch mal die schönen Blumen! Die hat Ihr Sohn mitgebracht!« Ein kaum merkliches Zucken um die Stirnfalte signalisierte, daß Nora ungehalten war, aber sie öffnete die Augen nicht. Und ehe ich mich's versah, beugte sich Schwester Gerda über das Bett und gab der Sterbenden zwei Klapse auf die Backen. »Frau *ELTEN*! Hören Sie mich?«

»Moment mal!« sagte ich und zog die Schwester an ihrem Gürtel zurück. »Lassen Sie's mal gut sein, Schwester, okay?« Schwester Gerda drehte sich überrascht nach mir um, zog beleidigt die Schultern hoch und verschwand. »Die gute Schwester Gerda!« rief die Dame am Fenster. »Immer so fleißig und so tüchtig!«

Nora schlief wieder ein. Ich blieb bei ihr, und die Gedanken reisten zurück in die Vergangenheit. Seit Sigmund Freud den Ödipuskomplex als die Ursache vieler unserer Neurosen bezeichnet hat, sagen die Psychoanalytiker, daß alle Knaben mit ihren Müttern und alle Mädchen mit ihren Vätern schlafen wollen. Die Rivalität mit dem gleichgeschlechtlichen Elternteil steigert sich – dem Muster der Ödipus-Sage folgend – zur Mordlust. Phantasien schießen ins Kraut: Der Vater möchte den Sohn ermorden, der Sohn will den Vater umbringen, die Tochter die Mutter und umgekehrt. Aber in zivilisierten Familien kommt es gottlob nicht zu Mord und Totschlag. Die Mordgelüste werden verdrängt. Bedürfnisse tabuisiert, Gefühle unterdrückt. Die Eltern weisen die Sexualität ihrer Kinder zurück und hängen ihnen ein schlechtes Gewissen an. Die Knaben fürchten, daß sie von rachsüchtigen Vätern kastriert werden, die Mädchen fürchten sich vor dem Haß ihrer Mütter. So entsteht der fruchtbare Boden, auf dem unsere Neurosen gedeihen: Angst vor Zurückweisung, Angst vor der Liebe, vor der Sexualität, vor authentischen Gefühlsausbrüchen und so weiter und so fort. Keiner hat die Chance, dem Ödipuskomplex zu entgehen – oder doch?

Wie war das mit uns beiden – mit Nora und mir?

Ödipus-Schnödipus ... Ich glaube, es stimmt! Ich war verliebt gewesen in meine Mutter! Ich kann mich noch genau daran erinnern, wie herrlich ich sie fand, wenn ich, drei oder vier Jahre alt, neben ihr im offenen Auto saß. Mein Vater – Ingenieur und Technik-Freak – hatte einen champagnerfarbenen »Röhr« gekauft, eines der ersten stromlinienförmigen Kabrioletts der Welt, und meine Mutter hatte in meinem Geburtsjahr den Führerschein gemacht. Sie saß am Steuer, den Kopf ein wenig zurückgeneigt, ein triumphierendes Lächeln auf dem Gesicht. Ihre blonden Haare glänzten wie ein Kometenschweif im Sonnenlicht, und ich war berauscht von ihrer Schönheit, vom Tempo des Autos, vom Wind, der mir um die Ohren pfiff. Ich saß neben ihr und bewunderte sie, mehr noch: ich war in Ekstase!

Diese Autofahrten mit ihr waren noch schöner und aufregender als die Stunden, die wir zusammen im Bett verbrachten. Ich kuschelte mich an ihren kleinen Busen, und sie las mir aus »Bambi« vor. Vielleicht machte sie mich auch ein bißchen scharf – es wäre, laut Sigmund Freud, so gut wie selbstverständlich gewesen, aber daran kann ich mich beim besten Willen nicht erinnern. Ich erinnere mich nur an die Wärme ihres Körpers, an den Duft ihres Parfüms, an ihren kleinen Busen, auf den ich meinen Kopf so gerne bettete. Ich erinnere mich auch daran, daß sie mich manchmal heftig an sich zog und mich mit herzhaften Küssen und einem »Jetzt-mußt-du-aber-schleunigst-ins-Bett« in mein Zimmer entließ, und ich erinnere schließlich, daß ich sie in einen Ringkampf verwickelte und so lange an der feinen Spitze ihres Nachthemds zerrte, bis sie schließlich aufstand und mich zu Bett brachte.

Wie dem auch sei: Schuldgefühle, Angst vor der Rache des Vaters, Angst vor Sexualität und Kastration, all diese Begleiterscheinungen des ödipalen Konflikts sind mir erspart geblieben. Mein Vater kam in der Beziehung zwischen meiner Mutter und mir überhaupt nicht vor, wenn ich das recht erinnere. Er war wohl zu der Zeit schon auf andere Frauen fixiert, und ich glaube, daß das Sexuelle in seiner Beziehung zu meiner Mutter nur eine nebensächliche Rolle gespielt hat. Ich kann mich jedenfalls nicht daran erinnern, meinen Vater als Rivalen empfunden zu haben.

Er war stolz auf mich, wenn ich keine Angst hatte und mir bei Schlägereien mit älteren Jungs eine blutige Nase holte. Und er war nicht nur enttäuscht, sondern richtig böse darüber, daß ich seine Leidenschaft für technische Basteleien nicht teilte. Ich fürchtete seinen Jähzorn, aber er konnte auch sehr warmherzig sein. Und sentimental war er natürlich auch – wie die meisten Patrioten der Kaiserzeit. Er war in einem bismarckianisch-konservativen Haus aufgewachsen. Sein Vater, ein Landarzt, der den Titel »Geheimrat« führte, besaß eines der ersten Automobile in Norddeutschland, und mein Vater saß oft am Steuer, wenn der Alte über die Feldwege rumpelte, um seine oft schwermütigen Patienten in den Einödhöfen der Stader Marschen zu besuchen. Das Daimler-Vehikel war oft kaputt, und mein Vater reparierte es, und wenn es diese technische Herausforderung für ihn nicht gegeben hätte, wäre er wahrscheinlich Marineoffizier geworden. Nach dem Abitur schickte ihn sein Vater nämlich auf die Kaiserliche Seekadettenschule nach Kiel. Er segelte mit dem Schulschiff »Passat« um die Welt und war Kaiser Wilhelms Balljunge, wenn Seine Majestät zur Kieler Woche anreiste und gelegentlich den Tennisschläger schwang.

Trotz dieser Höhepunkte in seiner militärischen Laufbahn hat mein Vater die Kadettenschule verlassen, um auf der Technischen Hochschule in Hannover Maschinenbau zu studieren und sich auf den Fechtböden der schlagenden Verbindungen mit schweren Degen zu prügeln. Sein Gesicht war von Schmissen gezeichnet, und ich glaube, er war sehr stolz darauf, als ihm bei einer schweren Mensur das halbe Ohr abgehackt wurde und auf den Fechtboden fiel. Wegen Teilnahme an einem verbotenen Duell saß er ein paar Wochen Festungshaft ab. Er und ein paar andere Kommilitonen hängten sich Eisenkugelattrappen an die Beine, bestellten einen Fotografen in den Knast und formierten sich stolz zum Gruppenfoto. Gut, daß sie nicht ein paar Generationen später auf die Welt gekommen sind, sonst hätten sie ihre Aggressionen vielleicht in der Baader-Meinhof-Gruppe ausgelebt.

Meine Mutter hat mir diesen Mann weitgehend vom Hals gehalten. Wahrscheinlich war ich ein Muttersöhnchen und wäre es mein Leben lang geblieben, wenn meine Eltern sich nicht hätten scheiden lassen und wenn das Sorgerecht (ungerechterweise, muß ich sagen) nicht meinem Vater zugefallen wäre. So landete ich mit neun Jahren auf der Napola, und aus dem Muttersöhnchen wurde ein »Jungmann«.

Ich weiß nicht, wie lange ich in Gedanken versunken am Bett meiner Mutter saß. Ihr Abendessen blieb unberührt und wurde schließlich abgeräumt. Ich vertrat mir auf dem Korridor die Beine, und die Nachtschwester Erika, eine rundliche, sanfte Frau, leistete mir für eine Weile Gesellschaft. Wir standen vor dem Fenster und schauten in die Nacht. Erika sagte: »Ihre Mutter hat immer wieder nach Ihnen gefragt. Sie wollte Ihnen gewiß etwas Wichtiges sagen?« Sie schaute mich nachdenklich von der Seite an. »Ich dachte, daß da etwas war, was sie nicht mit ins Grab nehmen wollte.«

»Schon möglich«, sagte ich und dachte darüber nach, was Nora wohl auf dem Herzen haben mochte. Meine Gefühle für sie hatten sich längst in ihrer kühlen Aura verflüchtigt. Seit vielen Jahren behandelte ich sie wie eine Fremde – höflich, aber auf herzlose Weise herzlich. Dennoch blieb ich ihr immer nahe, und ich fühlte mich nicht wohl, wenn ich ihr länger als zwei Wochen nicht geschrieben hatte. Als ich noch in Hamburg lebte, besuchte ich sie jede Woche einmal zum Tee. Unter der Tür nahm sie mir die Blumen mit den immer gleichen Worten aus der Hand: »Diese-wunderschönen-Blumen-was-hast-du-denn-bloß-wieder-für-Geld-ausgegeben!« Von dem Augenblick an redete sie und redete, und wenn ich anfangs noch gelegentlich versuchte, einen Dialog zustande zu bringen oder wenigstens ein Wort einzuwerfen, funkelte sie mich empört an: »*Unterbrich* mich doch nicht dauernd!«

Schließlich gewöhnte ich mich daran, einen doppelten Kognak zu kippen, bevor ich in ihren schwarzen Kunstledersessel sank und abschaltete. Ich hätte mich mit ihr auseinandersetzen müssen, anstatt sie wie ein sprechendes Möbelstück zu behandeln, obwohl ihr das wahrscheinlich gar nicht bewußt wurde, denn sie war total mit sich selbst beschäftigt. Aber ihr Unterbewußtsein muß aufgenommen haben, daß ich den eisernen Vorhang heruntergelassen hatte, daß ich vor ihr saß wie ein Banktresor – kalt und verschlossen. Tief drinnen spürte sie wohl, daß sie meiner Liebe nicht sicher sein konnte, und aus dieser Unsicherheit kam gewiß ihre Angewohnheit, mich wie einen Säugling zu behandeln. »Paß auf, wenn du über die Straße gehst, es gibt so viele Verrückte am Steuer, erkälte dich nicht, zieh den Bauch ein, putz dir doch mal die Nase«, und so weiter.

An ihrem Sterbebett wollte ich Nora zeigen, daß ich sie liebte. Und was hatte *sie* mir zu sagen? Hatte sie entdeckt, daß ihre Liebe zu mir in Wirklichkeit Eigenliebe war?

»Als Nachtschwester sieht man viel und hört man viel«, sagte Schwester Erika und beobachtete die Regentropfen, die träge an der Scheibe herunterrieselten. »Viele Mütter sterben allein. Sie fragen nach ihren Kindern. Aber die lassen sich nicht sehen. Und dann höre *ich* zu. Manchmal sitze ich stundenlang, und die Mütter erzählen mir, was sie falsch gemacht haben, mit sich und mit dem Mann und mit den Kindern. Und dann weinen sie und wollen alles wieder gut machen. Aber es ist zu spät. Die Kinder wollen nichts mehr von ihnen wissen ...«

Erika hatte natürlich recht. Ich war vor allem auch deshalb bei meiner Mutter, weil ich mit ihr aufarbeiten wollte, was zwischen uns unerledigt geblieben war. Nichts sollte ihren Frieden stören, und ich wollte darauf achten, daß meine Beziehung zu dieser Frau vor ihrem Ende harmonisch aufgelöst wurde. Ungute Gefühle, Verletzungen, schlechtes Gewissen, Zorn, Sehnsüchte und Wünsche verschwinden nicht, wenn man sie mit ins Grab nimmt. Sie sind psychische Energie, und die Physiker sagen uns, daß Energie nicht verschwindet, sondern umgewandelt wird. Die Energie des Unerledigten existiert also weiter. Wo bleibt sie? Wahrscheinlich treffen sich die Hindus gedanklich mit den Physikern, wenn sie sagen, daß die Energie, die in unerledigten Konflikten steckt, uns in die nächste Inkarnation katapultiert. Erst wenn alle Konflikte aufgearbeitet sind, so sagt der Osten, wenn sich die Konfliktenergie in Bewußtseinsenergie umgewandelt hat, sind wir mit dem Universum in Einklang und springen aus dem Samsara heraus, aus dem sich ewig drehenden Rad von Tod und Geburt.

Ob ich wohl meiner alten Dame schon einmal in einem früheren Leben begegnet bin? Und wer weiß – vielleicht werde ich im nächsten Leben *ihre* Mutter sein, oder gar ihr Liebhaber! Die Vorstellung, daß wir uns das nächste Mal als Liebespaar begegnen könnten, amüsierte mich. Ich würde ihr ganz schön auf die Nerven gehen!

»In der Weihnachtszeit wird es hier immer schlimm«, sagte Schwester Erika. »Dann laden die Leute ihre Kinder hier ab, damit sie ungestört in den Ski-Urlaub fahren können.«

»Soll das ein Witz sein?« fragte ich ungläubig. Erika schüttelte langsam den Kopf. »Kommen Sie zu Weihnachten und sehen Sie selbst!«

Das Krankenhaus lag in einem Feine-Leute-Vorort, in dem ich vor vielen Jahren auch mal gewohnt hatte. Ich kannte das Gefühlsklima in dieser Gegend, aber Eltern, die ihre Kinder ins Krankenhaus stecken, damit sie sich im Urlaub besser amüsieren können, waren mir damals nicht begegnet. Das mußte ein neuer Trend sein. Wichtiger noch als die Emanzipation der Frau ist die Emanzipation der Kinder. Erst wenn sie sich gegen Unterdrückung und Folter erheben, kann sich die Welt verändern.

Lieblose Eltern ziehen lieblose Kinder auf, die ihre Lieblosigkeit dann wieder an *ihre* Kinder weitergeben. So vererbt sich psychisches Leid seit vielen Jahrhunderten von einer Generation auf die nächste, bis die Lieblosigkeit für viele Menschen schließlich unerträglich wird und in roboterhafte Gefühllosigkeit ausartet. Der Mensch als Automat.

Es war kurz vor Mitternacht. Ich fuhr mit dem letzten Bus nach Eppendorf, wo ich bei Freunden wohnte. Am frühen Morgen kehrte ich ins Krankenhaus zurück. So ging es nun Tag für Tag. Und mit jedem Tag wurde die Spannung am Sterbebett meiner Mutter größer, denn Nora aß nicht und wollte auch nicht künstlich ernährt werden.

Schon einen Tag nach meiner Ankunft hatte ich bemerkt, daß sie immer wieder versuchte, die Kanüle zu entfernen, durch die ihr intravenös eine Ringer-Lösung zugeführt wurde, ein Mittel, das die Austrocknung des Körpers verhindern sollte. »Mach den Tropf weg!« flüsterte sie immer wieder, und ich wußte nicht, was ich tun sollte, bis ich endlich begriff, daß sie glaubte, man flöße ihr Traubenzuckerlösung ein. Ich erinnerte mich an einen herbstlichen Nachmittag, als wir in ihrer Wohnung Tee tranken. Sie stocherte versonnen mit der Kuchengabel in einem Stück Sachertorte und sagte: »Nach dem ersten Schlaganfall mache ich Schluß!« Ich spürte, daß sie es ernst meinte und es wichtig fand, daß ich genau zuhörte.

»Sag mal, ist das nicht ein bißchen übertrieben?« gab ich zu bedenken. »Ich kenne eine Menge Leute, die nach dem ersten Schlaganfall sehr munter weiterleben.«

»Alles Fassade«, sagte sie fest. »Früher oder später landen sie im Pflegeheim. Und das ist nichts für mich. Ich habe keine Lust, wie eine Gurke im Rollstuhl zu sitzen.«

»Und *wie* willst du Schluß machen?« fragte ich. Sie lächelte triumphierend, so als freue sie sich schon darauf, den Ärzten und Schwestern ein Schnippchen zu schlagen: »Ganz einfach! Ich höre auf zu essen. Und wenn sie mir das Essen reinwürgen wollen, mache ich einfach die Klappe zu. Nach einer Woche bin ich tot. Das geht ganz schnell.«

Ich hatte ihr damals versprochen, daß ich ihr dabei helfen würde, nun war es so weit. »Das ist kein Traubenzucker«, flüsterte ich ihr ins Ohr. Sie atmete auf und verzog das Gesicht zu einem kleinen, kindlichen Lächeln. »Dann ist es gut«, wisperte sie.

Man hatte ihr das künstliche Gebiß herausgenommen, so daß die Lippen keinen Halt mehr fanden und der Mund sich zu einer kleinen Öffnung verengte. Als mir auffiel, daß das Gebiß verschwunden war, fragte ich Gerda danach. Die tüchtige Schwester zupfte mich kokett am Ärmel und sagte: »Aber Herr Elten, das braucht sie doch nicht mehr!« Das Gebiß war im Mülleimer gelandet. Niemand auf Station B zweifelte daran, daß Nora Elten ausgebissen hatte.

Um so merkwürdiger erschien mir der unnachgiebige Eifer, mit dem Schwester Gerda die Sterbende zum Essen veranlassen wollte. Immer wieder rauschte sie mit dem Tablett ins Zimmer und rief noch auf der Schwelle: »Jetzt kommt das feine Happihappi, Frau Elten! Das wird uns aber schmecken!« Allmählich nervte es mich, daß die Schwestern ihre Patienten wie Säuglinge behandelten.

Meine Mutter schloß die Augen und zog den Mund zusammen. Es war ein Machtkampf zwischen Schwester und Patient. Anfangs beobachtete ich ihn mit einer fast perversen Genugtuung: Ich war sicher, daß selbst ein so hartes Kaliber wie Schwester Gerda sich an meiner Mutter die Zähne ausbeißen würde. Aber als Schwester Gerda eines Tages versuchte, meiner Mutter den Löffel gewaltsam zwischen die Kiefer zu rammen, fiel ich ihr in den Arm und machte dem Krieg mit einem energischen »Schluß jetzt!« ein Ende. Schwester Gerda schaute mich fassungslos an: »Wollen Sie ihre Mutter denn *verhungern* lassen?«

Sie gehorchte dem Ethos ihres Berufs. Für eine tüchtige Krankenschwester ist der Tod das letztendliche Übel, das man mit allen Mitteln bekämpfen muß. Ein Patient, der sterben *will*, gilt als nicht ganz zurechnungsfähig. Und so wird er in einen Kriegsschauplatz verwandelt, auf dem der Kampf gegen den Tod auch gegen seinen Willen bis zum bitteren Ende fortgeführt wird – einen Waffenstillstand gibt es nicht.

Es wäre sinnlos gewesen, Gerda davon überzeugen zu wollen, daß meine Mutter ein Recht darauf hatte, zu ihren eigenen Bedingungen zu sterben. Die vielbeschäftigte Schwester hätte kein Verständnis dafür gehabt. Es war an der Zeit, mit den Ärzten zu verhandeln. Aber der Stationsarzt für die Station B war verschwunden, noch bevor ich ihn kennenlernte. Er war einfach nicht mehr zum Dienst erschienen, und niemand wußte, wo er abgeblieben war. Im Schwesternzimmer ging das Gerücht um, er habe eine besser bezahlte Stelle in einem anderen Krankenhaus angenommen. Ein paar Tage lang war niemand zuständig, dann übernahm Frau Dr. Lange, Chefin auf Station C, die Station B zusätzlich – eine schlanke, schöne Frau, 40 Jahre alt, früh ergraut, aber mit frischem, neugierigem Blick.

Als sie zum erstenmal zur Visite kam, bat ich sie um ein Gespräch unter vier Augen. Sie holte mich nach ihrem Rundgang an Noras Bett ab. Wir gingen über das blankpolierte Linoleum des Korridors. Ich erzählte ihr, was Nora mir vor Jahren anvertraut hatte, und bat sie, mit den Schwestern zu sprechen. »Die Frau will sterben«, sagte ich. »Und die Schwestern sollten sich da nicht einmischen!«

Frau Dr. Lange beobachtete mich scharf, so als wollte sie meine Motive erforschen. Schließlich versprach sie, den Schwestern Bescheid zu sagen. Sie blieb stehen und strich sich mit der Hand über die Augen. Zwölf Stunden Nachtdienst lagen hinter ihr, und sie sah erschöpft aus. »Die meisten Angehörigen wollen den Tod ihrer Lieben so lange wie möglich hinauszögern«, sagte sie und lächelte müde. »Viele erwarten Wunder von uns. So tun wir manches, was den Patienten wenig hilft; aber es beruhigt die Angehörigen, verstehen Sie?«

Ich war erleichtert: »Mir brauchen Sie nicht zu imponieren!«

»Wir bewegen uns auf dünnem Eis«, sagte die Ärztin wie zu sich selbst. »Wir unternehmen nichts, was den natürlichen Prozeß des Sterbens aufhält. Aber es kommt vor, daß die Lebensgeister zurückkehren – manchmal nur für Tage. Und dann wird es schwierig, den Willen der Patientin zu respektieren. Unterlassene Hilfeleistung ist strafbar, das wissen Sie ja wohl?«

»Keine Sorge«, sagte ich, »meine Mutter wird Ihnen schon deutlich machen, daß sie keine Hilfeleistung erwartet.« Die Ärztin lächelte: »Viel Glück!« Sie war auf meiner Seite, aber was würde der Chefarzt sagen, und wie würde die Stimmung im Schwesternzimmer sein?

»Übrigens legen wir Ihre Mutter ins Ärztezimmer«, sagte Frau Dr. Lange. »Bis ein neuer Stationsarzt kommt, können Sie da mit ihr allein sein.«

Eine halbe Stunde später manövrierte David, der junge Krankenpfleger, das Wasserbett der Sterbenden durch die Tür des Ärztezimmers. »Mit der Wassermatratze haben 'Se Glück gehabt. Wir haben nämlich nur zwei«, sagte er kurzatmig, denn das Bett wog schwer. »Wenn die Frau Bayer heute morgen nicht gestorben wäre, hätten 'Se noch lange darauf warten können.« Ich dachte: O Gott, ob Nora das wohl gehört hat? Aber wahrscheinlich hätte ihr der Tod von Frau Bayer gar nichts ausgemacht. »Die andere Wassermatratze hat der alte Hinrichs«, keuchte David und zog die Bremsen des Sterbebetts an. »Und unser Opa Hinrichs denkt gar nicht daran, zu sterben.«

Die Wassermatratze tat Nora gut. Sie war nun schon seit drei Wochen bettlägerig und ihre Haut wurde wund. Da sie keine Nahrung mehr aufnahm, zehrte der Körper sich selbst auf. Sie wurde von Tag zu Tag weniger. Manchmal öffnete sie die Augen, und ich beugte mich über sie, um ihren Blick auf mich zu ziehen. Aber sie schien mich nicht zu bemerken. Sie schaute in eine unbestimmte Ferne, ernst und von einer ergreifenden, freundlichen Unnahbarkeit. Manchmal vergingen Stunden, bis sie die Augen wieder schloß.

Das Ärztezimmer bildete für das Drama des Todes eine unromantische Kulisse, und ich bemühte mich, den Raum ein wenig wärmer und lebendiger zu machen. Wenn es dunkel wurde, zog ich die Lampe herunter, die an dem Büroschreibtisch angeschraubt war, und richtete sie auf den goldenen Fenstervorhang. So entstand ein freundliches Licht. Auf dem Sideboard zur Linken hatte ich eine Kerze aufgestellt, und auf einem Tonbandgerät spielte ich Musik von Georg Deuter ab – das tiefe Echo heller Sphärenklänge, der monotone Atem der Meeresbrandung, das quirlige Gezwitscher tropischer Vögel, der sanfte, eindringliche Ton einer tanzenden Flöte ...

Das Sterbebett stand mitten im Raum zwischen dem Sideboard und einer mit grünem Kunstleder bezogenen Untersuchungspritsche, auf der ich mich nachts ausstreckte. Am Kopfende befand sich ein Büroschrank mit offenen Fächern für medizinische Bücher. »Die Therapiefibel der Inneren Medizin« von Moeschlin und Kümmerle und Goessens. Und die »Therapie der Nebenwirkungen«, 2. Auflage. In dem Fach darüber eine blütenförmige Vase aus Gußglas, in der eine Osram-Birne aufbewahrt wurde. An der Wand hinter dem Schreibtisch hing ein übersichtlicher Jahreskalender, das Werbegeschenk einer pharmazeutischen Firma, die ein Mittel gegen hohen Blutdruck anpries: »Capozide: Bei Hochdruck lieber gleich!« Es gab noch einen zweiten Kalender, aber der stammte vom vorigen Jahr und war das einzige Schmuckstück im Ärztezimmer: auf seinem Dezemberblatt war die von Heiligen und Engeln eingerahmte Sonnenuhr auf der Fassade des Prager Rathauses abgebildet. Neben dem schönen Farbdruck hing ein Nachrichtenbrett mit dem ärztlichen Dienstplan. Durch die Thermopanescheiben des Klappfensters fiel der Blick auf die herbstliche Farbenpracht hoher Eichen. Hinter dem bewaldeten Hügel navigierten Ozeandampfer durch die Untiefen der Elbe, und manchmal war der dumpfe, langgezogene Ruf eines Nebelhorns zu hören.

Warum gibt es in unseren Krankenhäusern keine Sterbezimmer, in denen wir den Übergang vom Diesseits ins Jenseits als ein festliches Ereignis erleben können? Ich stelle mir einen freundlichen Raum mit gewölbter Decke vor – Kerzenlicht, der Geruch von Räucherstäbchen, leise Musik aus Stereolautsprechern, magisch beleuchtete Aquarien mit bunten, exotischen Fischen, viele Blumen ... Das Bett der Sterbenden steht in der Mitte des Raums. An der Decke glitzern kleine Halogenbirnen wie Sterne in einer klaren Tropennacht. Die Angehörigen und Freunde sitzen im Kreis um das Bett, erzählen Anekdoten aus dem Leben der Sterbenden, lesen Geschichten vor, machen Musik, singen, lachen, tanzen sogar. Keine Beichte, keine Heiligtuerei, kein Wehklagen, keine sorgenzerfurchten Ärztegesichter, keine bedrückte Sprachlosigkeit. Der Tod wird gefeiert wie das Leben.

Ich erinnerte mich an einen Tag in der nepalesischen Tempelstadt Pashupatinath. Ich saß am Fluß im Schatten eines Banjam-Baumes. Am anderen Ufer breitete sich die Tempelanlage des Gottes Shiva aus. Mannshohe, in grauen Stein gehauene Phallussymbole ragten aus üppigen Marihuanabüschen hervor. Es war ein milder Morgen. Geier kreisten in einem tiefblauen Himmel. Die Sonne stand noch dicht über dem Horizont, und vom Fluß her kam ein angenehm kühler Wind. Ein nackter Saddhu stand am Ufer, schön wie ein Gott. Er schöpfte Wasser mit einem Blechnapf, goß es über seinen dunkel glänzenden Körper, seifte sich ein, spülte sich ab, hängte seine zottigen, langen Haare in den Fluß, trocknete sich mit einem weißen Fetzen ab und rieb seinen Leib, das Gesicht und die Haare mit weißer Asche ein. Er bewegte sich langsam, fast träge, aber mit präziser Bewußtheit, wand ein Tuch um seine Hüften, stopfte den Blechnapf in einen Leinensack, warf ihn über die Schulter, hob einen knorrigen Stock vom Boden auf und ging mit langen, elastischen Schritten davon.

Ein paar Frauen kamen zum Fluß, balancierten Wäschekörbe auf dem Kopf, schnatterten fröhlich, ließen sich am Ufer nieder, hoben die Röcke hoch, knoteten sie an der Hüfte fest, stiegen bis zu den Knien ins Wasser und begannen zu waschen. Von einer Steinbrüstung sprangen nackte Kinder ins Wasser, planschten, lachten, balgten sich – und keine zehn Schritte entfernt stellten zwei junge Männer eine Bambuspritsche am Ufer ab. Auf der Pritsche lag ein alter Mann, nur mit einem Laken bedeckt, und starb. Die beiden jungen Männer, wahrscheinlich seine Söhne, hockten sich neben die Pritsche und fächelten dem Sterbenden mit einem Palmenwedel die Fliegen vom Gesicht. Das Lachen der Kinder, das Geschnatter der Wäscherinnen, hin und wieder das »Kraa Kraak« der kreisenden Geier – sonst war es ganz still.

Nach etwa einer Stunde kamen noch mehr Angehörige des Sterbenden mit einem Ochsenkarren zum Fluß. Der Karren war mit Brennholz beladen. Die Angehörigen luden die Scheite ab und schichteten sie neben dem sterbenden, alten Mann kunstvoll zu einem Scheiterhaufen auf. Die Kinder spielten weiter. Die Frauen wuschen ihre Wäsche. Der alte Mann starb. Die beiden jungen Männer hoben die Leiche von der Pritsche und legten sie auf den Scheiterhaufen. Frauen streuten Blumen über den Toten, dann wurde er mit Scheiten zugedeckt. Ein hagerer, grauhaariger Mann, wahrscheinlich der Bruder, goß Kerosin über das Holz. Einer der Söhne tauchte einen Stoffballen, der an einem Stock befestigt war, in die Kerosinkanne. Der andere Sohn zündete den Ballen an, und dann züngelten auch schon die Flammen aus dem Scheiterhaufen hervor und schickten eine graue Wolke über die badenden Kinder im Fluß. Ich saß am Ufer ohne Gedanken. Die Zeit war stehengeblieben und verlor sich in einer hellen, friedlichen Ewigkeit.

Einen solchen Tod hätte ich meiner Mutter gewünscht. Aber nun war ich schon froh darüber, daß ich mit ihr wenigstens in diesem Ärztezimmer allein sein konnte. Freilich kam ich mir auch wie abgeschoben vor. Frau Dr. Lange wollte mir etwas Gutes tun, gewiß, aber sicher hatte sie meine Mutter auch isoliert, weil sie den anderen Patienten den Anblick einer sterbenden Frau ersparen wollte. Der Tod als peinliches Ereignis, als medizinische Panne, als eine unangenehme Erfahrung menschlicher Gebrechlichkeit. Mußte das sein?

Während ich die Hand der Sterbenden hielt und aus dem Fenster in das bunte Laub der Eichen schaute, tauchte immer wieder ein anderes Erlebnis in der Erinnerung auf, ein Erlebnis, das mit der Erfahrung des Sterbens im Hier und Jetzt geheimnisvoll verbunden schien: Ich fühlte mich zurückversetzt in den Kreißsaal des Anglo-American Hospital in Kairo und durchlebte noch einmal die Geburt meiner Tochter Petra. Es war eine komplizierte Geburt gewesen. Das Baby hatte Steißlage, die Wehen zogen sich über Tage hin, und der kleine drahtige Dr. Salah mußte seine ganze Kunst aufwenden, um Isis, meine ägyptische Frau, über die Runden zu bringen. Es schien so, als ob Petra keine Lust hatte, geboren zu werden. Schon vor ihrer Geburt gab sie uns eine Kostprobe ihrer orkanhaften Energie; sie sträubte sich mit Händen und Füßen dagegen, in das irdische Jammertal verstoßen zu werden. Sie wollte und wollte nicht, und später schien es manchmal so, als ob sie sich von ihrer Mutter verraten fühlte, weil sie nicht in ihrem schönen, warmen Bauch bleiben durfte.

Ich hatte mir im Krankenhaus ein Zimmer gemietet und

konnte die Geburt in allen Einzelheiten verfolgen, denn Dr. Salah war ein persönlicher Freund und hatte nichts dagegen, daß ich mich im Kreißsaal herumtrieb und Isis die Hand hielt. Ich war schrecklich aufgeregt. Wenn die Wehen kamen, gellten Isis' Schreie durch den Saal, und ich glaubte, sie würde sterben und mit ihr das Kind. Aber Salah blieb ganz entspannt und zuversichtlich. Ich hatte eine Flasche Whisky unter meinem Klappstuhl und beobachtete mit angehaltenem Atem, wie er mit seiner unglaublich schmalen Hand in die Gebärende eindrang und das Kind im Mutterleib umdrehte, so daß es mit dem Kopf zuerst herauskommen konnte. Endlich war es so weit: Salah hob das Baby an den Füßen hoch, ein glitschiges, blau angelaufenes Etwas. Die Nabelschnur faszinierte mich, weil sie viel kräftiger war, als ich sie mir vorgestellt hatte. Mein Herz hämmerte. Salah gab dem Kind einen Klaps. Und dann der erste Schrei: Ein Protest! Eine Fanfare! Ein wahrer Urschrei! Die Energie des Universums manifestierte sich in diesem winzigen Wesen lautstark, energisch, kühn!

Am Sterbebett meiner Mutter empfand ich, wie eng Tod und Geburt zusammenhängen. Bei der Geburt atmet das Universum aus, beim Sterben atmet das Universum ein. So wie ich damals in Kairo die Energie des Universums in den auf- und abschwellenden Wehen beobachtet hatte, so spürte ich sie nun in den Rhythmen des Todes. Manchmal schien der Tod greifbar nahe zu sein, so daß ich glaubte, meine Mutter habe sich ihm schon in den Arm geworfen. Dann zog er sich wieder zurück, und meine Mutter brachte mit schwachen Signalen zum Ausdruck, daß sie sich noch in dieser Welt befand. Aber das Jenseits schien mit dem Diesseits zu verschmelzen. Der hauchdünne Schleier, der die beiden Welten bisher für mich noch getrennt hatte, verschwand, und zum erstenmal erlebte ich die fundamentale Einheit von Leben und Tod.

Nora pendelte zwischen den beiden Ufern hin und her, und manchmal glaubte ich, daß sie auf der anderen Seite bleiben würde. Dann beugte ich mich über sie, um ihren Atem zu spüren. Die Atmung war so flach, daß ich sie nicht mehr wahrnehmen konnte. Ich legte meinen Kopf auf ihre Brust und lauschte: da war es, das starke Herz, und schlug kräftig und regelmäßig 64mal in der Minute!

Tagelang gab Nora mir kein Zeichen dafür, daß sie noch bei mir war, und dann überraschte sie mich mit einer geradezu sensationellen Präsenz: Gerda kam mit dem Fieberthermometer, als ich gerade im Begriff war, zu einem Spaziergang aufzubrechen. »Ich gehe einen Moment an die frische Luft!« sagte ich zur Schwester, und fast im selben Augenblick hörte ich die Stimme meiner Mutter – laut und klar: »Wenn's draußen kalt ist, kommst du aber sofort zurück!« Die Schwester kommentierte trocken: »Mensch, das kann ja wohl nicht wahr sein!«

Als ich vom Spaziergang zurückkehrte, hatte Gerda sich hinterrücks mit einer Schnabeltasse angeschlichen und versuchte gerade, meiner Mutter eine hochkarätige »Astronautensuppe« einzuflößen. Meine Mutter machte den Mund nicht auf, die Suppe lief in den Kragen ihres Nachthemds, und ich mußte ziemlich energisch werden, um Gerda zur Aufgabe zu zwingen. Im Schwesternzimmer war die Sache nun klar: Ich wollte meine Mutter so schnell wie möglich ins Grab bringen, um endlich an die Erbschaft heranzukommen! Und Frau Dr. Lange steckte mit mir unter einer Decke!

Ich übernachtete jetzt im Krankenhaus und schlief auf der grünen Untersuchungspritsche. Manchmal wachte ich auf, schaltete das Nachtlicht an und sah, daß Nora nicht schlief. Ihre Augen waren blau und unergründlich wie die Tiefen des Roten Meeres, die ich auf meinen Tauchexpeditionen in Ägypten bestaunt hatte. Ich sprach sie an, aber sie reagierte nicht. Kannte ich diese Frau überhaupt, die da neben mir lag und seit 29 Tagen die Nahrung verweigerte? Sie schien nicht zu leiden. Woher nahm sie die Kraft für diesen selbstmörderischen Hungerstreik?

Morgens kam Frau Dr. Lange zur Visite. Sie schaute auf die Fieberkurve. Die erhöhte Temperatur der vergangenen Woche war auf normale 36,8 Grad abgeflaut. Der Blutdruck war stabil. Das Herz schlug kräftig. »Das ist ja 'n Ding«, sagte die Ärztin und lächelte hilflos. Ich spürte, daß sie von Tag zu Tag unsicherer wurde. Nichts ist für einen Arzt schwerer, als gar nichts zu tun und der Natur ihren Lauf zu lassen. »Wenn sie essen will«, sagte sie, »müssen wir ihr natürlich was geben.«

»Aber sie will doch nicht!« sagte ich. Frau Dr. Lange schaute nachdenklich auf meine Mutter herab. »Ja, das ist es ja«, sagte sie wie zu sich selbst. »Aber wir müssen sie immer wieder fragen.«

»Und was hätte sie davon, wenn wir sie wieder aufpäppeln?« Frau Dr. Lange blieb die Antwort schuldig. Sie tippte mit dem Finger auf das Tonbandgerät: »Schöne Musik haben Sie! Am liebsten würde ich hierbleiben.« An der Tür wandte sie sich noch einmal um: »Tschüß!«

Ich setzte mich an Noras Bett und beugte mich dicht an ihr Ohr. »Hast du Hunger?« fragte ich. Sie runzelte die Stirn und bewegte ganz langsam den Kopf hin und her. Also keinen Hunger!

Sie atmete tief durch, versuchte, mich anzuschauen, konnte aber ihren Blick nicht fixieren. Ihre Lippen zitterten kaum merklich. Sie wollte etwas sagen, sammelte sich, nahm einen neuen Anlauf. Ich legte mein Ohr an ihre aufgesprungenen Lippen, und dann hörte ich sie ganz leise, aber klar: »*Ich mache den Laden jetzt bald dicht*!«

Als ich meine Fassung wiedergefunden hatte, mußte ich lachen. Das Eis war gebrochen! Von diesem Augenblick an entspannte ich mich – keine ängstliche Betulichkeit mehr, kein falsches Pathos, kein ergriffenes Schweigen, kein bedeutungsschwangerer Ernst! Meine Mutter wollte den Laden dichtmachen, einfach so, und warum sollte *ich* daraus ein erhabenes Drama machen? Wenn ich mit der Sterbenden im Einklang bleiben wollte, mußte ich dem Tod etwas lockerer begegnen. Ich lachte ihr ins Gesicht und sagte: »Mach' den Laden ruhig dicht. Ich passe auf, daß dich niemand belästigt!« Sie nahm noch einmal all ihre Kraft zusammen, verzog das Gesicht zu einem Lächeln und hauchte ein winziges »Dank dir, mein Herz!«

Die Schwestern und sogar Frau Dr. Lange wurden von Tag zu Tag nervöser, weil Nora ihren Hungerstreik unbeirrt fortsetzte. Ich aber fühlte mich immer wohler bei ihr. Während sich ihr Körper ins Nichts auflöste, fand ich, daß sie immer schöner wurde. Alle Masken waren abgefallen. Ihr Gesicht – hager und durchsichtig wie zartes Porzellan – strahlte Ruhe und emotionslose Klarheit aus. Endlich konnten wir zusammen schweigen, und es gab keine Kleinlichkeiten mehr zwischen uns. Manchmal, immer seltener, vertieften sich die Falten an der Nasenwurzel, ihre Augenlider flatterten, und der Blick nahm einen besorgten oder traurigen Ausdruck an. Der Verstand arbeitete und gewann die Oberhand über das Bewußtsein.

Der Konflikt zwischen Verstand und Bewußtsein hatte sie ihr ganzes Leben lang begleitet, und nun focht sie ihn zum letzten Mal auf dem Sterbebett aus. Der Verstand ist Sorge, Traurigkeit, Widerstand – das Bewußtsein ist Harmonie, Freude, Hingabe. Ihr lebhaftes Gehirn hatte sie immer wieder in die Irre geführt. Wenn Kopf und Herz im Widerstreit lagen, blieb der Kopf bei ihr gewöhnlich der Sieger, und damit auch Mißtrauen, Angst, Neid, Zorn.

Sie war ein Weltmeister im Sich-Sorgen-Machen. Überall lauerten Gefahren, hinter jedem Busch verbarg sich ein Verrückter, der ihr nach der Handtasche, dem Leben oder gar der Unschuld trachtete. Sie traute niemandem, sagte immer nein, auch wenn ein Ja ihr besser bekommen wäre und zweifelte das Gute im Menschen grundsätzlich an. Jetzt, sozusagen in letzter Minute, hatte sie Gelegenheit, Versäumtes nachzuholen und ihrem Herzen zu vertrauen. Ich hielt ihre Hand und redete auf sie ein: »Wir wissen, daß du uns lieb hast. Wir haben dich auch lieb. Es geht uns gut. Mach dir keine Sorgen um uns. Laß einfach los. Bald bist du tot, und in ein paar Jahren folge ich dir . . .«

Sie entspannte sich. Keine Gedanken mehr. Hingabe. In diesem Zustand der Unterwerfung strahlte sie eine Würde und eine Kraft aus, die selbst Schwester Gerda nicht unbeeindruckt ließen. Die flog plötzlich mit dem Ruf durch die Tür: »Na, Frau Elten, wir sind ja schon wieder mopsfidel, was?« Aber dann blieb sie stehen, trat einen halben Schritt zurück und legte erschreckt die Hand auf ihren vorlauten Mund. Sie hatte wohl gespürt, daß ihr Geplapper in Gegenwart dieser Frau, die mit der Würde eines Zen-Meisters starb, unerträglich geworden war.

Im Laufe der Wochen wurde das Ungewöhnliche gewöhnlich. Die Nähe des Todes wurde mir vertraut. Ich spürte seine Anwesenheit im Raum, wie eine auf- und abschwellende Welle – kühl, freundlich, angenehm. Der Tod hielt sich in der Ecke neben dem Fenster auf, jedenfalls kam mir das so vor, denn wenn ich mich auf ihn einstellte, wurde mein Blick unwiderstehlich von dieser Ecke angezogen, und ich spürte seine Energie. Es war merkwürdig, daß die Energie verschwand, sobald sich Noras Lebensgeister verflüchtigten. Minuten später waren die Lebensgeister wieder da und mit ihnen der Tod.

Die Tage flossen ineinander. Das Zeitgefühl verschwand.

Wenn ich auf den neonbeleuchteten Korridor ging, um mir die Beine zu vertreten oder im Schwesternzimmer eine Flasche Mineralwasser zu holen, schrien mir die Schlagzeilen der BILD-Zeitung, die auf dem Besuchertisch lag, entgegen: »*Krenz am Ende*!« In der Nacht waren wieder zwölftausend DDR-Bürger in die Bundesrepublik geflohen. Ich hatte es schon in den Nachrichten gehört, als ich mit dem »Walkman« neben der Sterbenden auf der Kunststoffpritsche lag.

Das kommunistische Regime im anderen Deutschland löste sich auf. Die Medien sprachen von »historischen Wochen«. Aber auch historische Ereignisse verblassen im Angesicht des Todes. Die Vergänglichkeit allen irdischen Tuns war mir mehr denn je bewußt, und ich interessierte mich weniger für die Fakten, als für die vertikale Dimension des Geschehens: War der Untergang der DDR ein Signal, das den Übergang vom Zeitalter des Materialismus in das Zeitalter der Spiritualität anzeigte? War der Blick endlich frei geworden für die Bedeutung des Geistigen in unserer Existenz? Erlebten wir den Beginn einer neuen Religiosität? Würde das Elend unserer »Brüder und Schwestern« uns aufrütteln und uns begreiflich machen, daß keine Form des Materialismus, sondern nur die Kraft der Liebe uns helfen kann – daß wir *teilen* müssen, wenn wir menschenwürdig leben wollen?

Eines Morgens kam Frau Dr. Lange mit der Botschaft zur Visite, daß die Krankenkasse die Hospitalkosten für meine Mutter nicht mehr bezahlen wollte. Sie sei keine Patientin, sondern eine Sterbende. Logisch. Aber wohin mit der Sterbenden? Frau Dr. Lange hatte schon mit Frau Kosanke telefoniert. Nora hatte noch ihr Zimmer im Altenheim, nun sollte sie in das Pflegeheim kommen, das dem Altenheim angeschlossen ist. »In ein paar Tagen wird wahrscheinlich ein Platz im Pflegeheim frei«, sagte Frau Dr. Lange verlegen. Es war ihr peinlich, daß meine Mutter aus dem Krankenhaus herausfliegen sollte. »Solange kann Ihre Mutter noch hier bleiben.«

Nun sollte also doch geschehen, was Nora unter allen Umständen, sogar um den Preis ihres Hungertodes, vermeiden wollte: die Einweisung ins Pflegeheim. Und ich war hilflos! Ich konnte nur hoffen, daß sie die Verlegung nicht mehr bewußt erleben würde. Seit fünf Tagen schien sie überhaupt nichts mehr wahrzunehmen. Alle drei Stunden drehte ich ihren vogelhaft zarten Leib mit Hilfe der Schwester in eine andere Lage. Sie ließ das über sich ergehen, so als spürte sie es gar nicht. Auch wenn sie gewaschen und mit Fissan-Babycreme eingesalbt wurde und die Schwestern und ich manchmal etwas kräftig zufassen mußten, blieb sie seit Tagen passiv – kein Stirnrunzeln mehr, kein Klagen, kein Stöhnen. Nur das leise Röcheln des Atems war noch da – und das Herz schlug ruhig und unentwegt . . .

Ihr Hausarzt, der sie im Altenheim betreut hatte, war vor ein paar Tagen vorbeigekommen und entsetzt gewesen: »Diese Krankenhausärzte können einfach die Menschen nicht in Frieden sterben lassen!« schimpfte der junge Arzt leise, als wir auf dem Korridor auf und ab gingen. Ich fragte ihn, was er denn damit meine, und er sagte, daß es »ein totaler Blödsinn« sei, der Patientin Ringer-Lösung über den Tropf zuzuführen. Das war die Salzlösung, die Nora bekam, damit der Körper nicht dehydrierte. »Würden Sie meine Mutter denn einfach verdursten lassen?« fragte ich ihn. Er blieb stehen und schaute mir gerade in die Augen: »Ich begleite viele alte Menschen in den Tod«, sagte er. »Fast alle sterben friedlich und schmerzlos innerhalb von einer Woche, wenn man ihnen keine Ringer-Lösung gibt, das können Sie mir glauben. Einige wenige lassen erkennen, daß sie Durst haben – und die trinken dann auch aus der Schnabeltasse.«

Ich nahm den Doktor am Arm und sagte: »Kommen Sie mit! Wir gehen zu Frau Dr. Lange und verlangen, daß die Ringer-Lösung abgesetzt wird!« Aber der junge Hausarzt wich erschreckt zurück: »Moment mal!«, flüsterte er und schaute sich mißtrauisch um. »So geht das nicht. Die Lange tut doch schon, was sie kann. Hier geht es um die Politik des Hauses. Ein heißes Eisen!«

»Dann gehen wir eben zur Chefärztin«, schlug ich vor. Der Hausarzt schüttelte den Kopf. »Tut mir leid«, sagte er, »ich muß auf meinen Ruf achten. Wenn ich hier den Mund aufmache, heißt es gleich: ›Der junge Dr. Schröder betreibt Euthanasie!‹ Und dann bin ich weg vom Fenster.«

Ich war verzweifelt. Frau Dr. Lange hatte sich für ein paar Tage beurlaubt. An ihrer Stelle kam die Chefärztin zur Visite, eine respekteinflößende Erscheinung. Alles war groß an ihr: die breitschultrige Statur, der weißumlockte Kopf, das Gesicht, das rot angelaufen war, so als leide sie unter hohem Blutdruck, die schweren Hände. Sie rauschte mit einem stummen Gefolge von Schwestern und Assistenzärzten durch das Krankenhaus. Als sie ins Zimmer trat, riß sie ihre großen, blauen Augen auf, erforschte mit zwei knappen Kopfbewegungen nach links und rechts den Raum, nahm das Tonband wahr, die Deuter-Kassetten, die Titel meiner Bücher, die auf dem Sideboard lagen, richtete den Blick auf mich wie einen gebündelten Laserstrahl, gab mir eine Sekunde, um mich vorzustellen, wandte sich von mir ab und sprach meine Mutter an. »Nun Frau Elten, wie geht es uns denn?« schnarrte sie. Nora öffnete langsam die Augen, schaute die Chefärztin an, atmete einmal tief durch und sagte laut und deutlich: »So weit ganz gut, Frau Doktor!« Ich dachte, ich hörte nicht recht! Selbst die Chefärztin schien verblüfft. Sie schaute mich fragend an, zog hilflos die Schultern hoch, trat einen Schritt vor, fühlte den Puls der Sterbenden, schüttelte langsam den Kopf und sagte: »Das freut mich aber, Frau Elten!«

Ich folge ihr auf den Korridor. »Hier kann ja wohl von Sterben keine Rede sein!« sagte sie zu mir, und es klang fast wie ein Vorwurf. »Sie müssen eben die Ringer-Lösung absetzen«, sagte ich und wollte noch hinzusetzen, daß meine Mutter sicher aus der Tasse trinken würde, wenn sie Durst hätte, aber die Chefin kam mir zuvor. »Ausgeschlossen! Wir können sie schließlich nicht verdursten lassen!« sagte sie barsch und warf mir einen mißbilligenden Blick zu.

Die Chefärztin sagte: »Es sieht fast so aus, als ob Ihre Frau Mutter sich erholt.«

»Sie wissen so gut wie ich, daß sie sterben will«, sagte ich. Die Chefin straffte sich zu voller Höhe, hob das Kinn an, schaute nachdenklich aus dem Fenster und sagte zögernd, so als spreche sie zu sich selbst: »Ja, aber das Herz, das Herz will doch nicht...« Dann wandte sie sich mit einem Ruck zu mir und deutete eine winzige Verbeugung an: »Auf Wiedersehen!« Und noch ehe ich etwas erwidern konnte, rauschte sie mit ihren Assistenten und Schwestern davon.

Im Pflegeheim wurde ein Zimmer frei, bevor die Chefärztin mit der Wiederaufrüstung meiner Mutter beginnen konnte.

Kurz vor der Verlegung klopfte es an der Tür und ein ernster, dunkel gekleideter Herr trat ein. »Ich bin Pfarrer Hempel«, sagte er laut und drückte seinen Hut auf die Brust. »Sie sind gewiß der Sohn ...« Ohne meine Antwort abzuwarten, trat er an das Bett, schob den Kopf vor und fragte eindringlich: »Frau Elten! Erkennen Sie mich?«

Nora reagierte nicht. »Frau Elten! Ich bin Pfarrer Hempel! Erinnern Sie sich?« Er verharrte eine Weile in seiner angestrengten Haltung, und als Nora nicht auf ihn reagierte, wandte er sich an mich. »Ich bin der Pfarrer vom Altenheim. Ich möchte gerne ein Gebet für Ihre Frau Mutter sprechen! Haben Sie was dagegen?«

Nora hatte an den Gottesdiensten des Pfarrers im Altenheim nicht teilgenommen und ihn auch nie in ihrem Zimmer empfangen. Wenn sie jetzt auch nicht reagierte, so war ihr vielleicht doch bewußt, daß er neben ihrem Bett stand, und sicher imponierte es ihr, daß der Herr Pfarrer zu ihr kam, obwohl sie ihn doch immer bestenfalls wie Luft behandelt hatte. »Beten Sie nur ruhig, Herr Pfarrer, wenn es Sie glücklich macht«, hätte sie wohl zu ihm gesagt, wenn sie die Kraft dazu gehabt hätte. »Beten Sie ruhig. Mir ist es egal. Ich bin Realist ...« Und so sagte ich zu Pfarrer Hempel: »Tun Sie, was Sie für richtig halten«.

Pfarrer Hempel legte seinen Hut auf das Sideboard, faltete die Hände und sprach ein Vaterunser. Wir standen uns gegenüber und schwiegen. Endlich sagte der Pfarrer: »Ich habe mit Schwester Martha gesprochen, der Leiterin des Pflegeheims. Sie richtet ein Zimmer für Ihre Frau Mutter her. Heute mittag kann sie umziehen. Wir freuen uns, daß wir sie wieder bei uns haben. Unser Heim ist ihr Zuhause.«

Ich bedankte mich bei dem bescheidenen Gottesdiener. Er nahm seinen Hut und wandte sich unter der Tür noch einmal um: »Wir erleben es nur noch ganz selten, daß die Angehörigen kommen und Anteil nehmen. Schön, daß sie sich so viel Zeit für Ihre Frau Mutter nehmen.« Im Umgang mit alten, schwerhörigen Menschen hatte er sich angewöhnt, langsam und laut zu sprechen. Er lüftete seinen Hut, wünschte einen guten Morgen und zog die Tür hinter sich zu.

Als meine Mutter im Pflegeheim ankam, dirigierte Schwester Martha das Rollbett ins Sterbezimmer der dritten Etage. Sie schaute Nora aufmerksam an, fühlte ihren Puls und sagte: »Noch eine Woche, höchstens ...« Kein Getue, wie ich es von

Schwester Gerda gewöhnt war, kein »Na-wir-sind-ja-schon-wieder-mopsfidel, was?« und kein »Nun-müssen-wir-aber-mal-wieder-schön-happihappi-machen, gell!« Schwester Marthas Mitgefühl äußerte sich in ehrlicher Sachlichkeit. Ich wollte wieder von der Ringer-Lösung anfangen, aber sie unterbrach mich sofort: »Ringer-Lösung ist natürlich gar nicht hilfreich!« Diese rundliche, warmherzige Frau brauchte die Meinung des Hausarztes nicht, der jetzt wieder für Nora zuständig war. Sie führte das Pflegeheim mit einer energischen Mütterlichkeit, der sich auch die Ärzte gerne unterwarfen. Sie war hier der Chef, und sie hatte – wie sie mir bald anvertraute – nichts übrig für Ärzte, die mit ihrer High-Tech-Medizin alten Menschen ein unwürdiges Ende aufdrängen.

Im Krankenhaus geht es um Erfolg und Ansehen. Alle sind darauf eingeschworen, die Patienten am Leben zu erhalten und als gesunde Menschen zu entlassen. Das Pflegeheim verläßt niemand lebend. Hier wird kein großes Geld verdient und kein Ruhm geerntet. Hier kann sich ärztliches Ego nicht in interessanten Experimenten entfalten. Wer zu Schwester Martha ins Pflegeheim kam, hatte die Endstation erreicht. Sie begleitete alte Menschen mit behutsamer Geduld in den Tod, nicht mehr und nicht weniger.

Ich war erleichtert: keine Ärzte in Gewissensnöten, und niemand schlich sich mit der Schnabeltasse an. Es gab keine pompösen Chefvisiten, kein Fiebermessen um fünf Uhr früh und keine Krankenkasse, die plötzlich nichts mehr zahlen wollte. Die Atmosphäre war entspannt, beinahe gemütlich, obwohl manchmal schrille Schreie durch den Korridor gellten. Dann wußte ich, daß die alte Bechtelmann, Zimmer 5, mal wieder durchdrehte. »Wer hat mir denn diesen blöden Scheitel gezogen?« kreischte sie empört, und Rolf, der Medizinstudent, der hier gelegentlich als Pfleger arbeitete, versuchte, sie zu beruhigen: »Aber was haben Sie denn, Frau Bechtelmann – ihr Scheitel sieht doch wunderschön aus!« – »Quatsch!« schrie die Bechtelmann.

Die meisten Klienten in diesem Hause waren bettlägerig. Wer sich noch bewegen konnte, schlurfte, von Rollgestellen gestützt, über den Korridor. Es gab zwei gesellige Zentren – den Eßtisch, der neben der Etagenküche auf dem Flur stand, und das

Fernsehzimmer. Am Tisch saßen alte Damen, sahen Mickymaus-Hefte an und warteten geduldig auf das Essen. Sie sprachen nicht miteinander, denn sie waren entweder so schwerhörig, daß sie sich nicht verständigen konnten, oder sie lebten weit weg in ihrer eigenen Welt. Manchmal sprachen sie mit Wesen, die niemand außer ihnen selbst wahrnahm, aber meistens schwiegen sie und schauten blicklos auf den Tisch.

Nachmittags zum Kaffee zündete die Küchenschwester die Adventskerzen auf dem Tisch an. Von irgendwoher kam Musik. »O Tannenbaum, O Tannenbaum ...« tönte es oder »Alle Jahre wieder kommt das Christuskind ...«, und die schmächtige Oma Beyer senkte den Kopf, und Tränen tropften auf ihre gefalteten Hände. Neben ihr beugte sich die wilde Hilde über den Tisch vor, holte hektisch Luft und versuchte, die Kerzen auszublasen. Es gelang ihr nicht, und so blickte sie wütend in die Runde und rief den anderen zu: »Nun los! Warum hilft hier denn keiner?« Aber die anderen alten Damen stierten nur auf ihre Teller und warteten, mit dem Lätzchen vor der Brust, auf den Kuchen.

Die Küchenschwester kam mit der Kaffeekanne an den Tisch und protestierte: »Oma Hilde! Wollen wir denn schon wieder die Kerzen ausblasen?« Die wilde Hilde wich erschreckt zurück, legte die Hand auf ihren Mund und hatte ein schlechtes Gewissen. Am Ende des Korridors saß Opa Kopper mit dem Krückstock zwischen den Beinen am Fenster und stierte unverwandt in den Park. »Na, Opa Kopper, genießen wir die schöne Natur?« rief ihm die Küchenschwester zu. »Nö«, sagte Opa Kopper, »eigentlich nicht.«

»Na dann können 'Se ja auch kommen und 'ne Tasse Kaffee mittrinken«, lud ihn die Küchenschwester ein. »Och nö«, sagte Opa Kopper und schaute wieder aus dem Fenster.

Im Fernsehzimmer gab es seit zwei Stunden eine Bildstörung. Auf der Mattscheibe war nur das bunte Symbol des Senders zu sehen. Aus dem Apparat tönte Musik. Sieben Heimbewohner saßen in ihren Sesseln und starrten unverwandt auf den Bildschirm. Vor einer Stunde schon hatte ich die Stationsschwester auf die Bildstörung aufmerksam gemacht. »Och, das macht doch nichts«, hatte sie gelacht. »Hauptsache, es kommt Musik aus dem Kasten und das Bild ist schön bunt.«

Ich war stolz auf meine Mutter, daß sie sich auf ihre alten Tage das Leben eines körperlichen und geistigen Krüppels erspart hatte, und ich war ihr dankbar dafür, daß sie es mir erspart hatte, sie hier im Fernsehzimmer oder am Kaffeetisch auf dem Korridor zu erleben. Ich bewunderte sie dafür, daß sie die Kraft und den Mut aufgebracht hatte, zu ihren eigenen Bedingungen zu sterben, zumal ihr doch die Tröstungen des Glaubens und die Hilfe der Pfarrer nicht zuteil wurden. Sie hatte nichts zu bekennen und nichts zu beichten. Sie trat ohne Hoffnung auf die Unsterblichkeit ihrer Seele an die Schwelle zum Jenseits.

Sie starb als Atheistin. Ihr Stolz und ihr Sinn für Ästhetik erlaubten ihr nicht, ihrem Ende als hilfloses Wrack entgegenzudämmern. Der Tod war für sie nicht das Tor zum Paradies, sondern die unwiderrufliche, totale Auslöschung ihrer Existenz. Aber sie sehnte ihn herbei, denn er war für sie das kleinere Übel: er bewahrte sie vor einem Ende, das sie nicht mehr mit ihrem unbeugsamen Willen gestalten und kontrollieren konnte. Vielleicht war es die Angst davor, die Kontrolle zu verlieren, die sie im Angesicht des Todes so mutig machte. Es würde mich nicht wundern, denn ich glaube, daß sie sich ihr ganzes Leben lang davor gefürchtet hat, ihre Passionen auszuleben, ekstatisch zu sein, den Kopf zu verlieren, sich den wilden, unberechenbaren Mysterien des Lebens hinzugeben.

Einmal fragte ich sie nach dem Sinn des Lebens, und sie antwortete mit lustig blitzenden Augen: »Aufpassen, daß man nicht im Gefängnis landet!« Ihre Grundhaltung war sarkastisch, und sie teilte mit den meisten anderen Menschen die Auffassung, daß das Leben keine tiefere Bedeutung hatte. Man lebte, um zu essen, zu trinken, zu schlafen, Geld zu verdienen, Kinder in die Welt zu setzen, Schmerz zu vermeiden, Glück zu suchen und von seinen Mitmenschen respektiert zu werden. Aber Glück und Erfüllung hatte sie dabei nicht gefunden, obwohl sie im Grunde eine lebenslustige Frau war, die sich gerne amüsierte und sich von spießigen Moralbegriffen nicht einengen ließ. Sie hatte Humor und lachte gerne, am liebsten allerdings auf Kosten anderer Leute. Sie ging gerne, aber selten aus, und sie liebte es, wenn einfache Leute sie für eine gebildete Dame aus der »Gesellschaft« hielten. Sie legte großen Wert auf Garderobe, aber ihre besten Sachen trug sie nie. Die wollte sie für den großen Anlaß

»schonen«. Nun hingen sie unbenutzt im Schrank, und in ein paar Tagen würde das »Rote Kreuz« sie abholen.

Ihr ganzes Leben lang wartete Nora auf den großen Anlaß, auf den richtigen Mann, auf das große Geld – auf das Glück. Viele interessante Männer hatten um sie geworben, aber keiner war ihr interessant genug gewesen. Am Ende lebte sie in eisiger Einsamkeit. Sie hatte sich dem Leben nicht in die Arme geworfen, sondern darauf gewartet, daß die Existenz sie mit angenehmen Überraschungen verwöhnte. Dafür »schonte« sie sich. Wenn das große Glück kam, wollte sie bereit und fit sein. Sie hatte es mit der Gesundheit, sie turnte, ging viel an der frischen Luft spazieren, schaffte sich noch mit 75 Jahren ein Paddelboot an, das sie unerschrocken auf den Hamburger Kanälen navigierte, ging zur Kur, wusch sich, wenn sie jemandem die Hand geschüttelt hatte, kurzum, sie war im wesentlichen damit beschäftigt, in physischer Hochform zu sein.

Ich machte mir Sorgen, weil ich sah, daß ihre narzißtische Art sie immer mehr von ihren Mitmenschen entfernte. Sie hatte ein dringendes Bedürfnis, »interessante Leute« kennenzulernen, aber die meisten Menschen hielt sie für »provinziell«, und wenn sie mal jemandem begegnete, der ihren hohen Anforderungen zu entsprechen schien, blieb es in der Regel bei einer kurzen Bekanntschaft, denn Nora redete und redete – und redete nur von sich selbst. Aber die meisten sogenannten »interessanten Leute« reden selber gerne von sich selbst und meiden deshalb Menschen, die ihrerseits nur von sich reden wollen.

Obwohl meine Mutter geistig rege und vielseitig interessiert war, blieb sie doch völlig unbewußt, das heißt, daß es ihr gar nicht in den Sinn kam, kritisch und ehrlich in sich selbst hineinzuschauen. Im allgemeinen war sie nicht feige, aber für die Reise nach innen fehlte ihr der Mut. Ich glaube, daß sie eine schreckliche Angst davor hatte, ehrlich mit sich selbst zu sein und ihre Eigenliebe, ihren Mangel an Herzenswärme, ihre Angst vor Nähe zu entdecken.

Das Risiko der Meditation war ihr zu groß. Sie hielt ihre Tagträume, ihre Vorstellung von einem glücklichen Leben, für die »Realität«. Aber es war diese Realität, die ihrem Glück im Wege stand. Sie konnte nicht sehen, daß Glück nur demjenigen beschieden ist, der seinen Eigennutz überwindet. Die Buddhisten nennen es die Transzendenz des Egos, für die Christen ist es die Hingabe an Gott.

Alle religiösen Traditionen sagen, daß das wahre Glück nicht von dieser Welt sei. Die Dogmatiker haben daraus den Kult der Armut und der Askese entwickelt. Ein Irrweg. »Nicht von dieser Welt« bedeutet lediglich: nicht im Vergnügen, nicht im Erfolg, nicht im Wohlstand, nicht im Prestige, nicht im Materiellen, im Prosaischen, im Verstand. Der Mensch – dieses mysteriöse Wesen auf dem Weg vom Tier zum Gott – braucht zu seinem Glück die Liebe, die Ekstase, die Schönheit und den Glauben daran, daß es ihm bestimmt ist, durch beharrliche Arbeit an sich selbst, seine Göttlichkeit zu manifestieren. Der glückliche Mensch ist einer, der die Verantwortung für sich selbst übernimmt, der den Mut zur Selbsterkenntnis aufbringt, der existentiell erfährt, daß er ein Kind des Universums ist und der seine Angst vor dem Tod im Vertrauen darauf überwindet, daß die Existenz ihn trägt und behütet.

Meine Mutter war von solchen Einsichten immer weit entfernt gewesen, und ihr platter Sarkasmus hatte mich oft abgestoßen. Aber in diesen letzten Tagen, als sie im Sterbezimmer des Pflegeheims lag und ihr Körper langsam von ihr abfiel, fühlte ich mich ihr so nahe wie seit meiner frühen Kindheit nicht mehr. Sie konnte nicht mehr sehen und nicht mehr sprechen, aber dennoch war sie ganz präsent für mich. Ich saß an ihrem Bett, und mein Herz floß über. Ich liebte sie tiefer denn je. Ich verzieh ihr alles, und ich bat sie um Verzeihung dafür, daß sie mir oft so fremd gewesen war. Ich sprach zu ihr, und ich wußte, daß sie mich hörte, denn sie reagierte auf das, was ich sagte, mit feinen Energiewellen, die ich deutlich wahrnehmen und auch deuten konnte.

Ich spürte, daß die Begegnung mit dem Tod sie verwandelte. Die Buddhisten sagen, daß Bewußtheit im Angesicht des Todes die Versäumnisse eines unbewußten Lebens aufwiegt. War es das, was sie in den letzten Stunden erlebte? Sie atmete nur noch ganz flach und kaum hörbar. Das Herz schlug zart und flirrig wie ein Libellenflügel. Seit Tagen war mir bewußt, daß sie die Verbindung zu ihrem Körper schon weitgehend gelöst hatte. Oft hielt sie sich stundenlang gar nicht in ihrem Körper auf. Dann nahm ich sie als ein Energiephänomen wahr, das über ihrem Körper schwebte oder sich manchmal auch im Raum bewegte, so daß ich unwillkürlich meinen Kopf wendete, wenn ich zu ihr sprach. Ihr Körper schien sich in Licht aufzulösen, und im Raum breitete sich eine unirdische Ruhe aus.

Ich lag in einem Liegesessel neben ihrem Bett. Auf dem Fensterbrett brannte eine Kerze. Vom Tonband erklangen Deuter, Kitaro, Vangelis, Vollenweider. Manchmal sang ich mit Inbrunst ein albernes Lied, das ich für sie komponiert hatte:

»In hohen Himmelssphären,
da singt ein Engelschor
ein Lied zu deinen Ehren,
so schön wie nie zuvor!«

Nora liebte es. Wir hatten manchmal richtig Spaß zusammen. Ich verließ den Raum nur noch für Minuten. Der Herbst war in den Winter übergegangen. Ein kalter Hamburger Regen schlug gegen das Fenster. Nachts versteckten sich die Sterne im Nebel oder hinter dicken Wolken.

Eines Morgens gegen sechs Uhr schreckte ich aus einem Halbschlaf auf. Nora lag reglos neben mir, und ich hörte das leise Röcheln ihres Atems. Ich legte mein Ohr an ihre Brust und hörte den Libellenschlag ihres Herzens. Scheinbar hatte sich nichts verändert, und doch war alles anders. Ich fühlte, daß der Tod aus dem Hintergrund getreten war und nun den ganzen Raum mit einer kühlen, klaren Energie beherrschte. Es war so weit! Ich nahm Noras Hand, eine kalte, unendlich zarte Hand, beugte mich über sie und küßte sie sanft auf die Stirn. »Du warst wunderbar!« flüsterte ich. »Ich liebe dich! Mach's gut . . . Bis auf bald . . . Tschüß!«

Ihre Brust hob sich leicht. Sie atmete tief ein, spitzte den Mund und entließ ihren letzten Atem mit einem leisen Lächeln. Ich schaute auf die Uhr. Es war sechs Minuten nach sechs.

4

Ich lag in einem weißgetünchten Raum auf einer Schaumgummimatratze. Durch die offenen Fenster wehte der Duft fleischiger Tropenpflanzen. Ein sanfter, warmer Regen triefte durch glänzendes Blattwerk. Sein monotones Rauschen untermalte den gleichmäßigen Wortstrom, der aus zwei Lautsprechern drang. Ein träger Decken-Ventilator wälzte feuchtheiße indische Monsunluft um. Nur mit einem leichten Baumwolltuch bekleidet, das ich um meine Hüften geschlungen hatte, lag ich auf dem Boden und tauchte in eine schwerelose Tiefenentspannung ein. Sorglos und neugierig überließ ich mich der Magie einer Hypnotherapie. Die einschmeichelnde Mikrofonstimme des Therapeuten versetzte mich in einen Tagtraum.

»Du bist drei Jahre alt«, tönte es sanft aus dem Lautsprecher. »Du spielst an einem einsamen Strand. Du spürst die Wärme der Sonne auf deiner Haut. Ein leiser Wind weht. Du läufst am Wasser entlang. Das Meer leuchtet. Du fühlst, wie sich deine Füße in den feuchten Sand pressen. Du findest eine weiße Muschel, hebst sie auf, spürst ihre glatte, warme Oberfläche ...«

Mit geschlossenen Augen hörte ich zu und unversehens wurde aus dem Zuhörer, der in einem indischen Meditationszentrum an einer Tiefenentspannung teilnahm, ein dreijähriger Knabe, der am Strand eine Muschel aufhob. Ich war nackt und gesund und freute mich des Lebens. Ich spürte die Sonne auf meiner Haut und den Wind, und ich kniff die Augen zusammen, denn das lichtsprühende Meer blendete mich. Aber schon bald verließ ich den Strand. Die Stimme aus dem Lautsprecher hatte mich in die Tiefen meines Unterbewußtseins geführt und eine Kette von Assoziationen ausgelöst. Plötzlich lag ich, der Dreijährige, mit rasendem Herzen in meinem Kinderbett. Ich war in meinem Elternhaus, einer weißen, viktorianischen Villa mit kupferbeschlagenem Turm, spitzen Giebeln und einem Wintergarten, der sich zu einem wildwuchernden Garten hin öffnete.

Es war dunkel. Ich war todtraurig. Mein pochendes Herz zog sich schmerzhaft zusammen, mein ganzer Körper verkrampfte sich, ich konnte nicht atmen, und endlich, als ich schon ersticken zu müssen glaubte, entrang sich meiner Brust ein befreiender Schrei.

Was war geschehen? Ich träumte, gewiß, aber dennoch war ich hellwach, und was mir hier widerfuhr, war mehr als eine schmerzliche Erinnerung. Die Vergangenheit wurde zur Gegenwart, und ich *durchlebte* mit aufwühlender Intensität noch einmal eine dramatische Episode meiner frühen Kindheit. Ich lag in meinem Kinderbett und weinte bitterlich, weil meine Mutter nicht gekommen war, um mich zu umarmen und mir einen Gute-Nacht-Kuß zu geben. Dieser Kuß vor dem Einschlafen gehörte zu den größten Glücksmomenten meines kindlichen Alltags. Er war ein köstliches Ritual, aber eine Selbstverständlichkeit war er nicht, denn immer wieder kam es vor, daß meine Mutter *nicht* am Bett erschien und es meiner Kinderschwester Dorothée überließ, mich in den Schlaf zu singen.

Ich liebte Dorothée inniglich, und sie liebte mich. Sie hatte rote Haare, grüne Augen und viele lustige Sommersprossen auf ihrem frischen Gesicht. Dorothée versuchte mich zu trösten, wenn meine Mutter nicht kam. Ich weinte herzhaft und wonnevoll an ihrem weichen Busen, und ihre wohlige, aufregende Weiblichkeit hat mich so tief beeindruckt, daß ich als junger Mann eine unwiderstehliche Leidenschaft für Mädchen mit roten Haaren, grünen Augen und Sommersprossen entwickelte. Aber bei all ihrer Liebe konnte Dorothée meine Mutter nicht ersetzen. Meine Mutter war die wichtigste Frau in meinem Leben. Keine andere Frau konnte mich so glücklich machen und so tief verletzen.

Als ich mich ausgeweint hatte, öffnete ich die Augen und kehrte von der Traumreise ins Hier und Jetzt zurück. Neben mir saß S., der gnomenhaft kleine Therapeut. Ich sah seine fragenden Augen und seine spitze Nase, der Rest des Gesichts war von langen Haaren und einem schwarzen Bart verdeckt, der sich in glänzenden Wellen über seine Brust ergoß. Wie aus einer Betäubung erwachend, richtete ich mich langsam auf. S. legte mir seinen Arm um die Schulter und gab mit ein Kleenex. »*Want to share something*?« flüsterte er. Ich erzählte ihm, was ich auf meiner Traumreise erlebt hatte. S. hörte aufmerksam zu, und als ich mit meiner Geschichte fertig war, fragte er: »Du hast viele Frauen in deinem Leben gehabt?«

»Einige«, sagte ich unbestimmt.

»Und *du* hast die Frauen verlassen, bevor *sie* dich verlassen haben?«

Meine Gedanken flogen in die Vergangenheit zurück – Doris, Inge, Hannelore, Christine ... Gesichter tauchten vor mir auf, manche trugen schon keinen Namen mehr, aber ich erinnerte mich an den Ausdruck ihrer Augen, an ihre Körper, an die Art, wie sie mich geliebt hatten, an ihre Hände, an ihre Lippen. Ich erinnerte mich an den Duft einer Frühlingswiese am Ammersee, an das ungelenke Getümmel in der dampfenden Enge eines Volkswagens, der in einer Waldschneise geparkt war, an das schrille Quietschen eines Messingbetts in einer billigen Pension des Quartier Latin, an den Sternenhimmel einer heißen Wüstennacht am Roten Meer. Ich erinnerte mich an die besinnungslosen Wonnen der Liebe, aber auch an den Schmerz der Trennung, und zum erstenmal wurde mir bewußt, daß *ich* mich von all diesen Frauen getrennt hatte. Nur wenige Ausnahmen hatte es gegeben, und eine erschien sogleich in meinem Bewußtsein. Sie hatte mir den größten Schock verpaßt – Lola!

Es ist lange her, und ich hätte das Erlebnis gerne verdrängt, aber mein ganzes Leben lang tauchte es immer wieder aus den Tiefen meiner verletzten Seele auf. Ich war frisch verliebt in Lola, und wir verbrachten fast jede Nacht zusammen in meinem Untermieterzimmer in München-Bogenhausen. Eines Morgens, als ich Brötchen holte, traf ich meinen Freund Martin. »Dir geht's wohl gut, was?« fragte er.

Ich war verliebt, und natürlich sah ich so aus. Martin wollte wissen, in wen ich mich verliebt hatte. Ich sagte es ihm. Er zog die Augenbrauen hoch. »Lola? Komisch ...«

Spannung lag plötzlich in der Luft. Ein Schicksalsschlag bereitete sich vor, und nichtsahnend begann ich Ereignisse in Gang zu setzen, die mich fast um den Verstand gebracht hätten. Ich sprach, ohne zu denken und war selbst überrascht, als ich Martin spontan zum Frühstück einlud. Natürlich wäre ich viel lieber mit Lola allein gewesen, aber nun hörte ich mich sagen: »Komm mit. Ich lade dich zum Frühstück ein!« Ich legte meinen Arm um seine Schulter, und Martin ließ sich willig von mir abführen.

Minuten später schob ich ihn in mein Zimmer. Lola lag in ihrem seidenen Kimono auf dem Teppich und las die »Constanze«. »He Lola!« rief ich. Sie schaute sich um, riß die Augen auf, öffnete den Mund, atmete schreckhaft ein, wollte schreien, brachte keinen Laut hervor, kam mit der Behendigkeit einer Katze vom Boden hoch und kreuzte hilflos die Hände vor ihrem Busen. Sie war praktisch nackt, denn der Kimono hatte sich geöffnet. Sie achtete nicht darauf. Sie war weiß wie die Wand und schien völlig erstarrt.

Martin war in der Nähe der Tür stehengeblieben. Er hob den Kopf wie in Abwehr, wollte zurückweichen, aber ich war ihm im Wege, und so blieb er reglos stehen. Die beiden starrten sich an wie zwei Reptilien im Liebeskampf. Auf der Straße fuhr ein Auto vorbei. Im Badezimmer auf der anderen Seite des Korridors drehte jemand das Wasser auf. Stille. Eine Ewigkeit verging. Ich war ins Zimmer getreten und beobachtete wie gelähmt. Martin bewegte seine Lippen, so als wollte er etwas sagen. Plötzlich drehte er sich um und verließ mein Zimmer. Lola riß sich den Kimono von den Schultern, hob die Jeans auf, die vor dem Bett lagen, und hüpfte von einem Fuß auf den anderen, während sie hastig in die Hosenbeine schlüpfte. Sie kämpfte noch mit dem grünen Rollkragenpullover, der sich über ihrem Kopf verknautscht hatte, als sie an mir vorbei aus dem Zimmer rannte. Eine Sekunde später fiel die Wohnungstür ins Schloß. Im Badezimmer rauschte das Wasser. Ich war wie betäubt. »Sie hat ja gar keine Schuhe angezogen!« dachte ich.

Ich sah sie drei Tage lang nicht mehr, drei Tage voll höllischer Qualen und finsterer Selbstmordgelüste.

Am frühen Morgen des vierten Tages tauchte sie wieder auf. Ich lag noch im Bett. Fast lautlos kam sie ins Zimmer, schloß vorsichtig die Tür, streifte Jeans und Pullover ab, kroch zu mir unter die Decke. Ihre Füße waren kalt. Ich spürte ihre spitzen Brustwarzen, als sie sich über mich beugte. Sie küßte mich auf die Stirn, ich sog den Duft ihres Körpers ein und schloß die Augen. »Hast du dir Sorgen gemacht?« flüsterte sie und biß mir zärtlich ins Ohr. Mein Herz hämmerte. Ich schwieg.

»Ich wußte doch nicht, daß du mit Martin befreundet bist«, sagte sie leise und eindringlich, so als erkläre das alles. Ich schwieg. Was sollte ich sagen? Ich hatte mit ihrer Geschichte nichts zu tun.

Sie hatte mich verlassen, und ich spürte, daß sie nicht wirklich zu mir zurückgekehrt war, obwohl sie in meinem Bett lag.

»Wir waren schon im Kindergarten zusammen«, sagte sie. »Er ist meine erste große Liebe. Wir wollten heiraten ...« Sie tippte mit spitzem Zeigefinger an meine Nase. Ich öffnete die Augen und schaute in das helle Grün ihrer Pupillen. Ihr Blick war offen und fröhlich. Keine Spur von schlechtem Gewissen.

»Verstehst du?« fragte sie. Ich schwieg. Sie runzelte die Stirn. »Eines Tages haben wir uns gestritten. Einfach so«, sagte sie leise. »Eine Lappalie. Ich hab' schon vergessen, was es war. Und der Streit wird immer schlimmer. Total extrem. Plötzlich ist es aus zwischen uns. Lächerlich! Aber es war einfach AUS! Und Martin haut ab. Wir haben uns ein Jahr lang nicht gesehen ... warte mal ... es waren sogar fast anderthalb Jahre. Und dann kommst *du* plötzlich mit ihm hier an!«

Sie rückte von mir ab, setzte sich mit gekreuzten Beinen neben meinen Kopf und strahlte mich an: »Du, ich dachte, mich trifft der Schlag! Als ich Martin sah, wußte ich, daß ich ihn mehr liebte als je zuvor. Und Martin ging es genauso. Witzig, was? Ich hab' ihn im Treppenhaus eingeholt. Wir sind Hand in Hand in den Park gerannt und haben hinter dem ersten Busch gevögelt. Es *mußte* einfach sein!« – »Im Park gevögelt?« Wie auf Knopfdruck sprang meine Phantasie an und malte die Szene aus.

Ich rang um Luft, sprang auf, um die Balkontür aufzureißen. Aber Lola fiel mir von hinten um den Hals und zog mich zurück. »NEIN!« schrie sie mir ins Ohr. »Bitte nicht! *Bitte nicht springen*!« Ein Schrei des Entsetzens, aber ich hörte auch einen Unterton von Triumph. Sie wußte, wie schön, wie verführerisch, wie unwiderstehlich sie war, und ich glaube, sie war stolz darauf, daß ich mich wegen ihr aus der dritten Etage auf das kalte Münchner Straßenpflaster stürzen wollte. Natürlich konnte ich nicht ohne sie leben – *glaubte* sie, denn sie war Schauspielschülerin und liebte das Drama.

Plötzlich konnte ich wieder atmen. Das Drama hatte sich aufgelöst. Ich hatte mich wieder in der Gewalt und konnte sogar die Komik der Situation erkennen. Lola als männerfressende Femme fatale. Ihre Lieblingsrolle. Und ich, der Parzival, der traurige Prinz, der Betrogene, verbrenne im Höllenfeuer der Eifersucht. Behutsam löste ich Lolas Arme von meinem Hals und lächelte ihr ins Gesicht. »Ich wollte bloß ein bißchen Luft holen«, sagte ich leise.

Lola trat einen Schritt zurück und zog die Lippen zusammen, wie ein schmollendes Kind.

»Och, du *spielst* ja bloß!«

Das war Lola.

Sie hatte mir eine schreckliche Angst eingejagt, und ich schwor mir, nie wieder auf eine Frau hereinzufallen, die so hübsch, so sexy, so himmlisch im Bett, so temperamentvoll, oberflächlich, rätselhaft, unberechenbar, kokett – mit einem Wort, so durch und durch weiblich war, wie diese 20jährige, grünäugige Raubkatze, die in einem Moment zutraulich schnurrte und dir im nächsten Augenblick die Augen auskratzte. Die Angst hat eine Weile vorgehalten, und dann war ich wieder so unvorsichtig, wie es meinem Temperament entsprach.

Aber es war vor allem Lola zu danken, daß ich ein halbes Jahr später eine durch und durch solide, zwei Jahre ältere Frau aus konservativer, katholischer Familie heiratete, eine im Kloster erzogene Jungfrau, schön, aber keine *stunning beauty* wie Lola, dafür aber zuverlässig, gescheit, treu, ehrlich, hilfsbereit, sogar aufopferungsvoll – eine Frau, auf die ich mich verlassen konnte und die auf keinen Fall mit meinem besten Freund durchbrennen und hinter dem nächsten Busch mit ihm vögeln würde. Die Ehe hat vier Jahre gedauert.

»Du hast recht«, sagte ich zu S. »*Ich* habe fast alle Frauen verlassen, die durch mein Leben gegeistert sind.«

S. lächelte triumphierend, denn sein Therapeuten-Ego freute sich immer, wenn es recht behielt. »Jetzt weißt du auch, warum«, sagte er, und als ich ihn fragend anschaute, malte er noch einmal die Traumszene aus: »Du liegst im Kinderbett und wartest auf deine Mutter. Aber deine geliebte Mami kommt nicht. Du bist drei Jahre alt, und du bist furchtbar traurig. Du siehst, daß du dich auf deine Geliebte nicht verlassen kannst. Ein furchtbarer Schock! Er prägt sich tief in dein Unterbewußtsein ein. Der Schmerz ist überwältigend. Und von nun an hast du Angst...«

»Angst vor Frauen?«

»Das nicht«, sagte S., »du hast nur Angst davor, daß sie dich verlassen könnten. Du willst Liebe *und* Sicherheit, aber die Liebe ist unberechenbar. Das ist dein Problem.« Er schloß für einen Moment die Augen und fuhr fort: »Frauen haben immer die wichtigste Rolle in deinem Leben gespielt – stimmt's?«

Die *wichtigste*? Gab es wirklich nichts Wichtigeres in meinem Leben als die Frauen? Wie war das denn mit meinem Beruf? Und gab es nicht sogenannte »höhere Ziele«, den Frieden zum Beispiel? Ich versuchte, ehrlich mit mir selber zu sein und mußte zugeben, daß S. recht hatte. Nur eine Einschränkung gab es vielleicht: meine persönliche Freiheit war mir wichtiger als alles andere.

»Ja, du hast recht«, sagte ich.

»Und immer hast du Angst davor gehabt, daß die Frau, die du liebst, sich so verhält, wie deine Mutter sich verhalten hat, als du drei Jahre alt warst«, sagte er. »Deshalb verlangst du von deinen Frauen totale Zuverlässigkeit und Loyalität. Der kleinste Zweifel – und schon läßt du deine Geliebte fallen ...«

Ich war beeindruckt. S. machte mich auf ein Verhaltensmuster aufmerksam, das mir bisher gar nicht aufgefallen war. Zum erstenmal konnte ich sehen, wieviel Angst es in meinen Frauenbeziehungen gegeben hatte, und ich erschrak. Nicht nur hatte ich viele Frauen verlassen, weil ich fürchtete, daß *sie* mich früher oder später sitzenlassen würden. Ich hatte auch Angst gehabt, wenn die Beziehung scheinbar wunderbar harmonisch war – eine diffuse Angst davor, verletzt zu werden. Meine ängstliche Dünnhäutigkeit hatte mich daran gehindert, meine Gefühle zuzulassen, mich zu öffnen, mich verletzbar zu machen, mich auszuliefern.

Ich wechselte die Frauen nicht, weil ich immer neue sexuelle Abenteuer suchte, sondern weil ich Sehnsucht danach hatte, mich hinzugeben. Ohne Risiko natürlich! So war ich ständig auf der Suche nach der »sicheren« Frau, aber die »sicheren« Frauen waren gewöhnlich nicht die »interessanten« Frauen. Die Frauen, die mir interessant erschienen, waren schön, kühl, aufreizend und intelligent, aber total unzuverlässig. Gewöhnlich waren sie von einem Schwarm von Verehrern umgeben, und das machte sie für mich erst recht begehrenswert. Aber sobald ich sie erobert hatte, erschienen sie mir »unsicher«, und ich ließ sie fallen. Es war ein ständiges Chaos!

Dabei habe ich mich natürlich immer für völlig normal gehalten. Der Sex machte Spaß. Die Trennungen verursachten Pein. Es gab Wonnen und Enttäuschungen. Wer liebt, muß leiden. Das war das Leben, wie es die Dichter seit ewigen Zeiten besangen. Allerdings wurde es mit den Jahren auch etwas langweilig. Immer die gleichen Sensationen und die gleichen Enttäuschungen, der gleiche Sex und die gleichen Probleme. Frust kaum auf. Routine. Die Lebendigkeit in meinen Frauenbeziehungen starb langsam ab. Mein ganzes Leben wurde unlebendiger, routinierter und – perverserweise – erfolgreicher.

Ich hörte von sogenannten »Selbsterfahrungsgruppen« und war skeptisch. Therapiegruppen mochten für seelisch Kranke oder für disziplinlose Schwächlinge nützlich sein, dachte ich und teilte damit ein weitverbreitetes Vorurteil. Ein normaler Mensch, so wie ich, sollte sich da raushalten. Ich kam gar nicht auf die Idee, meine Normalität in Frage zu stellen. Aber was bedeutet »normal«? Gibt es überhaupt noch normale Menschen? Ist die Welt nicht ein Irrenhaus? Sind wir nicht *alle* seelisch krank – wir ängstlichen Verbraucher, wir braven Steuerzahler, wir hastigen Schuldenmacher, Büro-Roboter, Haschisch-Raucher, Autofans, Valium-Schlucker, Umweltvergifter, Fernseh-Sklaven, Allesfresser, Schnellficker und Egomanen? Darf sich einer mit Recht »normal« nennen, wenn er sein Glück durch eifrige Anpassung im Irrenhaus sucht? Ist man normal, wenn man sich anpaßt und prahlt, man habe Hilfe nicht nötig? Steht ein Kranker, der behauptet, er sei kerngesund und brauche keinen Arzt, nicht schon mit einem Bein im Grab?

Während ich mit S. Tiefenentspannung machte, fragte ich mich, warum ich nicht schon viel früher auf die Idee gekommen war, meinen Macken nachzuspüren und meine traumatischen Schlüsselerlebnisse aufzuarbeiten. Ich hätte mir damit viel Leid ersparen können, denn die schmerzhaften Episoden der Kindheit prägen Verhaltensmuster, die uns immer wieder die gleichen Fehler machen lassen und uns das Leben versauen. Sobald wir sie aus den Tiefen des Unterbewußtseins ans Licht bringen, zeichnet sich der Weg in ein erfüllteres Leben ab. Wir erkennen, daß wir etwas tun können für unser Glück. Wir sehen, daß unsere Traurigkeit, unsere Ängste, unsere Einsamkeit nicht Schicksal sind, sondern Eigentümlichkeiten, die wir durch bewußte Arbeit an uns selbst aus der Welt schaffen können.

Das Vorurteil, das ich bisher gegen »Psychogruppen« gehabt hatte, erschien mir jetzt geradezu selbstmörderisch. Die meisten Vorurteile kommen aus der Angst, aus der Angst vor dem Unbekannten: Wir wollen nicht annehmen, was uns womöglich aus den gewohnten Gleisen werfen könnte. Ich hatte ganz einfach Angst davor gehabt, in die dunklen Nischen meines Unterbewußtseins einzudringen und schlafende Hunde zu wecken.

Ich ahnte jetzt den Weg, der vor mir lag, den Weg der Vorbereitung. Mit theoretischen Betrachtungen, mit *Erinnerungen* an traumatische Kindheitserlebnisse und psychoanalytischen Deutungen würde ich nicht weit kommen. Ich mußte experimentieren und vor allem, wie es in der Psycho-Sprache heißt, »an meine Gefühle herankommen«. Ich mußte meine Traumata ausagieren, den Schmerz in Katharsen loslassen, schreien und toben, damit ich aus meinen Angstmustern ausbrechen konnte, die mir so viel Unglück gebracht hatten. Am Ende würde mit der Meditation ein neuer Abschnitt beginnen – der Weg in die Freiheit.

Wenn ich meine Ängste loswerden wollte, durfte ich mich nicht davor fürchten, in die verborgenen Winkel meiner Psyche einzudringen, dort, wo die Schmerzen ihre Wurzeln schlagen und wo die Wut herkommt. Ich mußte lernen, mich selber zu beobachten und genau hinzuschauen, wenn es unerfreulich wurde. Das Abenteuer würde sich lohnen. Ich hatte nichts zu verlieren, außer meinem psychischen Müll, der mich zu erstikken drohte.

Wenn ich ehrlich mit mir selbst bin, bleiben mir unangenehme Einsichten nicht erspart. Wie war das zum Beispiel mit meinem Erfolg bei den Frauen, auf den ich mir immer so viel eingebildet habe? Konnte wirklich keine Frau meiner Verführungskunst, meiner Intelligenz, meinem Charme, meinem Witz, meiner attraktiven Erscheinung widerstehen? Meine Einbildung war grenzenlos. Ich war so fest davon überzeugt, daß die Frauen mir nicht widerstehen konnten, daß ich den Fehler bei der Frau suchte, wenn mein Pfauentanz gelegentlich auch mal *keinen* Eindruck machte. Eine Frau, die auf mich nicht hereinfiel, war ganz einfach unsensibel oder einfältig. Offenbar mußte ich mir meine Unwiderstehlichkeit einbilden, um seelisch im Gleichgewicht zu bleiben.

Heute weiß ich, daß mich viele Frauen nur deshalb liebten, weil ich mehr, viel mehr, Energie als die meisten anderen Verehrer darauf verwendete, geliebt zu werden. Mit der Besessenheit, mit der andere Männer Konzerne aufbauen, Symphonien komponieren, Bestseller schreiben, Schlachten lenken, machte ich den Frauen den Hof, die ich erobern wollte. Mit jeder Faser meines Wesens ging ich auf sie ein, bewunderte sie, erkundete ihre geheimen Wünsche, studierte ihre Schwächen, erfüllte ihre Wünsche. Ich wollte um jeden Preis geliebt werden.

Ich *mußte* geliebt werden, denn nur wenn mich die Frauen sklavisch liebten, konnte ich meine Angst betäuben. Von klein auf hatte ich verinnerlicht, daß ich mich *anstrengen* mußte, wenn ich geliebt werden wollte. Meine Mutter hatte mir suggeriert, daß sie mich nur liebte, wenn ich das brave »Bübchen« war, wenn ich mich wohlverhielt, wenn ich ihren Schlaf nicht störte, nicht mit den Türen knallte, still zuhörte, wenn sie mich in ihre Probleme einweihte, morgens das Frühstück zubereitete und ohne Widerworte gehorchte. Ich wollte sie um keinen Preis enttäuschen, denn ich sehnte mich mit der gleichen, wahnsinnigen Intensität nach ihrer Liebe, mit der ein Verdurstender nach Wasser lechzt. Und dieses Muster übertrug ich später auf meine Beziehungen zu den Frauen. Kein Wunder, daß ich »Schlag« bei ihnen hatte.

Sobald ich – sieben Jahre alt – von meiner Mutter getrennt wurde, ging ich auf Eroberungen aus. An Freunden war ich nicht interessiert. Ich hatte nur Freundinnen. Wenn ein Mädchen in meiner Klasse Geburtstag hatte und ihre Freundinnen einlud, kaufte ich von meinem Taschengeld eine Tafel Schokolade, band eine Schleife darum, pflückte eine Blume im Garten und machte mich, uneingeladen, auf den Weg zur Geburtstagsparty. In meinem Matrosenanzug kreuzte ich vor der Tür auf – die Schuhe blank geputzt, die Fingernägel sauber – und klingelte bescheiden. Gewöhnlich öffnete die Mutter des Geburtstagskindes. Ich zog die Hacken zusammen, machte einen Diener, stellte mich vor und verkündete, daß ich dem Geburtstagskind gerne gratulieren wollte. Die Mütter waren beeindruckt – so ein niedlicher Junge, und so bescheiden und wohlerzogen! »Komm nur herein! Willst du nicht ein Stück Kuchen essen . . .?« Ich zierte mich ein bißchen, aber die Mütter bedrängten mich – und schon war ich, der einzige Junge unter lauter Mädchen, der Star der Geburtstagsparty.

Als ich acht Jahre alt war, hatte ich meine erste feste Freundin. Sie hieß Gretchen und hatte – wie konnte es anders sein! – rote Haare, grüne Augen und Sommersprossen auf der Stupsnase. Ich trat gegen scharfe Konkurrenz an, denn Gretchen hatte viele Verehrer. Sie war kokett und sexy, aber die meisten Jungs liebten sie, weil sie jeden Streich mitmachte – wie ein Junge. Sie gehörte der Bankstraßen-Bande an – das einzige Mädchen in diesem Club, der ständig Krieg gegen andere Straßenbanden führte.

Sie war dabei, wenn die Mitglieder der Bankstraßen-Bande in einer Gartenlaube zusammenkamen und ihre Feldzugspläne schmiedeten. Eine Zigarette machte die Runde. Alle zogen kräftig und husteten. Die Jungs kündigten die große, die vernichtende, die endgültige Strafexpedition gegen die »Gellertstraße« an und berauschten sich an ihren künftigen Heldentaten. Gretchen hörte zu und ließ die Männer erst mal das große Wort führen. Aber wenn es um Taktik und Strategie ging, hatte sie meistens die besten Ideen. Sie wußte, wie man den Feind in einen Hinterhalt locken, seine Kräfte aufspalten, ja sogar Zwietracht unter den Mitgliedern der Gellertstraßen-Bande säen konnte.

Die Bandenkämpfe waren gefährlich, denn wir waren mit Katapulten bewaffnet und verschossen Stahlhaken, die wir im Eisenwarengeschäft für 10 Pfennig das Pfund einkauften. Mit diesen Geschossen konnte man auf 20 Meter Entfernung eine Fensterscheibe aus dem Rahmen sprengen, und es war ein Wunder, daß niemand sein Auge auf den Schlachtfeldern unserer wonnevollen Kriege verlor.

Gretchen war nie direkt in eine Rauferei verwickelt. Sie hatte keine Lust, sich mit den Jungs zu prügeln und ihre Kleider zerreißen zu lassen. Wenn es hart auf hart ging und im Nahkampf die Fäuste flogen, hielt sie auf Distanz und verschoß ihre Stahlhaken aus sicherer Entfernung. Und wenn taktischer Rückzug angesagt war, zeigte sie, daß sie schneller laufen konnte als die meisten Jungs. Aus jedem Kampf kam sie so heraus, wie sie hineingegangen war – hübsch, sauber, adrett und lustig.

Ich beteiligte mich an diesen Bandenkämpfen nur, weil ich Gretchen von der Bankstraßen-Bande loseisen wollte. Schlägereien waren mir zuwider, aber ich tat mich als Raufbold hervor, weil ich Gretchen beeindrucken wollte. Eines Abends, als ich sie nach einer gewonnenen Schlacht nach Hause begleitete, schob ich schüchtern meine Hand in ihre. Sie ließ es sich gefallen, tat so, als merke sie gar nichts. An der Gartentür vor ihrem Haus ging ich mit pochendem Herzen aufs Ganze, nahm hastig ihren roten Lockenkopf zwischen meine Hände und drückte ihr einen flüchtigen Kuß auf die Backe. Eigentlich wollte ich den Mund treffen, aber in der Aufregung verfehlte ich das Ziel. Da ich auf eine Ohrfeige gefaßt war, ergriff ich die Flucht und schoß wie ein Stahlhakengeschoß davon.

Am nächsten Morgen holte sie mich auf dem Schulweg ein, ergriff von hinten meine Hand und hielt sie fest. So kamen wir gemeinsam vor dem Schulhaus an. Fortan galten wir in der Klasse als »Liebespärchen«. Alle verspotteten uns, aber uns machte das nichts aus. Wir fühlten uns wie ein Liebespärchen aus dem Kino – erwachsen, verrucht und den anderen turmhoch überlegen. Wir nahmen an den Verschwörungen in der Gartenlaube nicht mehr teil, und die Bankstraßen-Bande schrieb uns ab. Ich hatte mein Ziel erreicht. Jetzt kam es nur noch darauf an, mir Gretchens Liebe zu erhalten. Ich war zu jedem Opfer bereit. Am Ende machte ich sie mir dadurch hörig, daß ich sie stundenlang auf Rollschuhen vor mir herschob. Das war das Höchste für sie. Noch heute sehe ich Gretchens schlanken, weißen Hals vor mir, ihre sanft geschwungenen Schultern, die roten Haare, die im Zugwind wehten. Sie legte den Kopf zurück, schloß die Augen vertrauensvoll, ließ die Arme hängen, war entspannt und lächelte selig. Und ich schob. Kilometer um Kilometer ... und wenn ich das richtig sehe, habe ich mein ganzes Leben lang die Mädchen auf Rollschuhen vor mir hergeschoben.

Zu den harten Sachen nahm ich sie nicht mit. Da war ich selber als Außenseiter eher geduldet als akzeptiert. Über meinen Vetter Rudi, der in Hannover-Kleefeld wohnte, war ich an eine Bande von Jungs gekommen, die ein paar Jahre älter waren als ich. Harte Burschen, Arbeiterjungs mit einem unstillbaren Durst nach Abenteuern. Sie nannten sich »Bunker-Bomber«, ich weiß nicht mehr, warum. Zu ihren geheimen Treffen wurden Rudi und ich nicht eingeladen. Sie waren durch die ewigen Bande der Blutsbrüderschaft miteinander verbunden, und Rudi behauptete, daß sie sich mit Fahrtenmessern Verletzungen zufügten und jeder das Blut aller anderen kosten mußte. Das fand ich viel aufregender als unsere kindischen Raufereien mit der »Gellertstraße«.

Die Bunker-Bomber hielten mich immerhin für würdig genug, um mir ein paar einfache, grundlegende Tricks für den Ladendiebstahl beizubringen. Bunker-Bomber-Kalle war mein Lehrer und begleitete mich ins Woolworth-Warenhaus. Er war Heimzögling gewesen. Gerissen, wach, schnell, sagte er fast nichts, aber der Blick seiner kleinen, lauernden Augen war überall. Wenn er lief, schob er seinen kleinen, schmalen Kopf vor und schleppte die Füße nach. Alle zwei Minuten fingerte er einen Kamm aus der Gesäßtasche seiner Hose und zog sich mit elegantem Schwung eine fettig glänzende Brillantine-Tolle in die Stirn.

»Du machst gar nichts!« befahl Kalle. »Paß nur auf, was ich mache. Aber glotz nicht zu auffällig, verstehste? Stell dich blöd! Kauf ein Radiergummi oder was. Haste Geld?«

Ich hatte kein Geld dabei. Er lieh mir großzügig drei Pfennig, und wir schoben uns durch die Drehtür. Er ging zur Papierwarenabteilung und studierte die Bleistifte. Eine Verkäuferin kam, und er fragte freundlich wie ein Osterlamm: »Ich soll für meinen Papa ›Faber Stärke 5‹ kaufen. Haben 'Se die?«

»Aber sicher doch, junger Mann!« sagte die Verkäuferin und fing an, in der Bleistiftauslage nach dem gewünschten Stift zu suchen. In dem Augenblick wurde Kalle von einem Hustenanfall geschüttelt. Beide Fäuste auf die Brust gepreßt, beugte er sich über die Auslage mit den Montblanc-Drehbleistiften, fingerte, um Luft ringend, ein Taschentuch aus der Hose und fing an, sich zu schneuzen. Die Verkäuferin, die nur einen halben Schritt weg war, warf ihm einen mitfühlenden Blick zu. »Haste was? Soll ich mal auf den Rücken klopfen?« Kalle schüttelte seinen rot angelaufenen Kopf, schneuzte sich und ließ in seiner gespielten Not das Taschentuch auf die Auslage mit den Drehbleistiften fallen. Plötzlich hörte der Husten auf. Kalle nahm das Taschentuch auf und schob es lässig in die Tasche. Wenn ich nicht so genau aufgepaßt hätte, wäre mir gar nicht aufgefallen, daß Kalle mit dem Taschentuch einen schönen, dunkelgrünen Montblanc-Drehbleistift eingesteckt hatte, der für 2,80 Mark angeboten wurde. Ich war wie gelähmt. Dann Panik! Ich wollte ausreißen. Nichts wie weg! Kalle kam mir zuvor. »Du brauchst doch 'n Ratzefummel, oder?« fragte er und schaute mich mit einem kaum merklichen Lächeln an.

»Ach ja«, sagte ich benommen, und als die Verkäuferin mit einem Faber-Stift, Stärke 5 ankam, hielt ich ihr frech wie ein Berufsverbrecher einen Radiergummi unter die Nase: »Was kostet der, bitte?«

»Drei Pfennig«, sagte die Verkäuferin. »Weil *du* es bist!«

Ich kaufte den Radiergummi und Kalle den Faber-Bleistift Stärke 5, der auch drei Pfennige kostete. Als wir wieder auf der Straße waren, wollte ich sofort wegspurten, aber Kalle hielt mich am Arm zurück. »Spinnste denn?« zischte er. »Mach dich bloß nicht verdächtig!« Er unterbrach sich und kramte den geklauten Drehstift aus der Tasche. »Immer mit der Ruhe«, murmelte er und betrachtete den Stift. »Dufte, was? Für den gibt mir mein Bruder fünfzig Pfennig, vielleicht sogar sechzig.« Er hielt mir den Stift hin. »Oder willst *du* ihn haben? Fünfzig Pfennig. Die drei Pfennige für den Ratzefummel schenk' ich dir!«

»Ich hab doch kein Geld dabei«, sagte ich.

»Kannst zahlen, wenn du wiederkommst«, sagte er und steckte mir den Stift in die Hemdtasche.

Eines Tages ging ich mit meinem Vater ins Kino und sah einen Vorfilm über das Sommermanöver, das die Nationalpolitischen Erziehungsanstalten an der Ostsee abhielten. Zwei Parteien – Rot und Grün – im Kriegsspiel. Strategen über Generalstabskarten. Reiterstaffeln im gestreckten Galopp, Motorradschwadronen in Staubwolken, Jungs mit Lederkappen und dicken Staubbrillen am Steuer von Kübelwagen, marschierende Kolonnen, Funker auf Fahrrädern, Spähtrupps im Unterholz. Schließlich die große Entscheidungsschlacht – eine Massenkeilerei von 3000 Jungs. Jeder hatte einen Wollfaden ums Handgelenk gebunden, rot oder grün. Wer seinen Faden verloren hatte, mußte ausscheiden, war tot. Am Ende siegte Grün mit 250 Überlebenden. Triumphgeheul. Abmarsch ins Lager. Eine riesige Zeltstadt, wehende Hakenkreuzfahnen, Gulaschkanonen, Erbsensuppe mit Speck. Lagerfeuer, Gesang, Zapfenstreich. Nachtruhe unter dem Sternenhimmel. Am nächsten Morgen Dauerlauf zum Strand. Schwimmen. Gymnastik. Beginn der »olympischen Spiele«, der große Sportwettkampf der »Napolas«. Handball, Fußball, Springreiten, Fechten, Boxen, Stabhochsprung ... Ich saß neben meinem Vater und war begeistert. Als der Film zu Ende war, sagte ich: »Ich möchte auch auf eine Napola!«

»Wirklich?« sagte mein Vater. »Da nehmen sie aber nur die Besten.«

»Na und?« sagte ich und spürte schon, daß mein Wunsch in Erfüllung gehen würde. Ein paar Monate später wurde ich zu einer zweiwöchigen Probezeit eingeladen und zu Beginn des nächsten Schuljahres in die Sexta der Nationalpolitischen Erziehungsanstalt Naumburg an der Saale aufgenommen.

Ich vermute, daß mein Vater mich mit gemischten Gefühlen ziehen ließ. Seine Begeisterung für die Nazis war schon abgekühlt. Andererseits paßte ich nicht so recht in seine neue Familie. Er hatte inzwischen mit einer viel jüngeren Frau zwei kleine Kinder. Das Einkommen war gering. Die glanzvollen Zeiten, die er mit meiner Mutter erlebt hatte, waren vorbei. In der Wirtschaftskrise hatte er seinen Job als Fabrikdirektor, sein Haus und sein Vermögen verloren. Eine neue Karriere als freiberuflicher Betriebsberater steckte noch in den Anfängen. Unter diesen Umständen fügte es sich günstig, daß ich in der Napola-Probezeit gut abschnitt und ein Vollstipendium erhielt. Ein Esser weniger am Tisch.

Erst acht Jahre später, als ich meinem Vater gegen Ende des Krieges zum letztenmal begegnete, begriff er, was die Napola für mich bedeutete. Ich war Offiziersanwärter, 17 Jahre alt, trug die Uniform eines SS-Panzergrenadiers und war bereit, für »Führer, Volk und Vaterland« den Heldentod zu sterben. Laut Statistik betrug die Überlebenschance für einen SS-Offizier weniger als 20 Prozent. Mein Vater – inzwischen ein hohes Tier in der Rüstungswirtschaft – wußte, daß der Krieg schon verloren war, aber er sagte es mir nicht. Ich sollte wenigstens im Glauben an den Endsieg sterben, mag er sich wohl gedacht haben. Er wußte, daß er acht Jahre Napola nicht ungeschehen machen konnte. Niemand konnte mich von meinem Opfergang abhalten. »Ihr seid in einem Glashaus erzogen worden«, murmelte er entsetzt und füllte unsere Kognakgläser. Wir saßen vor dem Kamin und waren uns zum erstenmal nahe. Mein ganzes Leben lang war er mir fremd geblieben, dieser gutaussehende, schlanke Mann mit dem cholerischen Temperament und dem weichen Herzen. Nun gipfelte unsere Vertrautheit in einem Ratschlag, den ich mein ganzes Leben lang beherzigen sollte. »Schlafe nie mit einer Prostituierten«, sagte er. Das war 1944 gewesen, in den frühen Stunden eines späten Dezembertages. Wir mußten beide zum Bahnhof. Die Stadt war zerbombt. Straßenbahnen und Busse fuhren noch nicht zu dieser frühen Stunde. Er nahm Abschied von Margarete, die aus dem Schlafzimmer kam und die Treppe herunterwankte, wie eine Schlafwandlerin. Trotz ihrer verheulten Augen erschien sie mir schön und aufregend sinnlich. Mit Marlene Dietrich hatte sie die schönsten Beine der Welt, und genau wie die Filmdiva, die sich vor den Nazis nach Hollywood abgesetzt hatte, war sie blond und hatte eine tiefe Stimme. Mein Vater ahnte wohl, daß er sie nicht wiedersehen würde. Aber anstatt eines Testaments und einer anständigen Lebensversicherung hinterließ er ihr eine Maschinenpistole, mit der sie das Haus verteidigen sollte, wenn es zum Schlimmsten kam. In den Tagen vor seiner Abreise hatte er sie im Garten im Umgang mit der Waffe unterwiesen und die Nachbarn mit dem Getöse kurzer Feuerstöße erschreckt. Bleich und entschlossen, die langen blonden Haare wirr im Gesicht, ballerte Margarete in den Komposthaufen hinter den Obstbäumen, und die Kartoffelschalen spritzten in die Gegend. Nun überließ mein Vater sie ihrem Schicksal. Er umarmte sie hastig und beiläufig, so als verabschiede er sich nur für den Tag. Dann stürmte er aus der Tür. Ich folgte ihm in die kalte Dunkelheit. Wir hatten den Schlitten aus der Garage geholt und luden unser Gepäck auf. Der Weg zum Bahnhof dauerte länger als eine Stunde. Wir zogen den Schlitten hinter uns her und sprachen kein Wort. Vor dem Bahnhof ließen wir den Schlitten zurück. Sein Zug nach Paris kam zuerst. Er raffte seine feldgraue, mit rotem Samt gefütterte Pelerine, griff zum Koffer und stieg ein. Ich war wie betäubt und spürte keinen Abschiedsschmerz. Mein Blick verfolgte den eleganten Mann, als er durch den Gang des Erste-Klasse-Waggons ging. Er belegte einen Fensterplatz und zog die Scheibe herunter. Ich stand vor ihm und hob den Kopf. Wir schauten uns schweigend in die Augen, minutenlang. Endlich zog der Zug an. Er lächelte, und ich glaubte, einen Ausdruck von Trauer in seinem Blick zu erkennen. Lässig grüßend legte er die Hand an den Schirm seiner Offiziersmütze. Ich zog die Hacken zusammen, riß den rechten Arm hoch und erwiderte seinen letzten Salut mit dem Nazigruß. »Heil Hitler!« rief ich. Der Zug entführte ihn schnell – für immer.

Er hatte recht gehabt. Ich war in einem Glashaus erzogen worden, Zögling in einem spartanischen, hochmütig-elitären Männerorden, der nach seinen eigenen Gesetzen lebte und die Welt nur durch die Brille seiner ideologischen Vorurteile sehen konnte. Wir bereiteten uns auf den Heldentod vor und hatten keine Ahnung vom Leben. Wir waren von der Welt total abgeschnitten. Auschwitz war für uns kein Begriff. Wir saßen auf dem hohen Roß anspruchsvoller Moralbegriffe und verstanden uns als Heilsbringer. Vor allem hatten wir keine Ahnung von der anderen Hälfte der Menschheit – die Frauen waren für uns geheimnisvolle, unnahbare Lichtgestalten.

So kam es, daß ich etwa ein Jahr nach dem Abschied von meinem Vater vor Aufregung und Angst wie gelähmt war, als Barbara an einem heißen Nachmittag im ersten Nachkriegssommer plötzlich vor mir stand und mich ohne Worte in ihren Bann schlug. Unter dem Ansturm der Roten Armee nördlich von Berlin hatte ich weniger Herzklopfen gehabt, als bei der ersten Begegnung mit diesem zarten Mädchen, das mich mit ihrer dampfenden Sinnlichkeit wehrlos machte. Sie war die erste Frau meines Lebens.

Barbara wohnte mit ihren Eltern im Parterre eines zweistökkigen Backsteinhauses an der Wasserfront von Cuxhaven. Meine Schwester Gerdi und ich wohnten im Obergeschoß. Die Adresse ist seit jeher für alle Seeleute ein sentimentaler Begriff: »An der Alten Liebe«. Die Häuser an der »Alten Liebe« sind das erste, was die Matrosen von der Heimat sehen, wenn sie von langer Fahrt zurückkehren.

Ich hatte ein Zimmer mit Balkon und Blick auf den Fischereihafen und aufs Meer. Hier saß ich oft stundenlang in einem alten Korbstuhl und beobachtete, wie die großen Frachtschiffe über dem Horizont auftauchten, beladen mit den Geheimnissen exotischer Länder. Der Krieg war vorbei, aber noch immer war uns die Welt verschlossen, und ich hatte Fernweh. Unter meinem Balkon legte die behäbige Lotsen-Barkasse vom Kai ab, brüllte mit ihrem Nebelhorn über die Masten der Fischerboote, verließ das ölig-stille Wasser des Hafenbeckens und warf sich in die schäumende Brandung der Nordsee – den Frachtschiffen entgegen.

Niemand konnte meinen Balkon einsehen. Wenn das Wetter gut war, lag ich hier ungestört auf einer Matratze in der Sonne und träumte von Barbara. Sie war drei Jahre älter als ich, Sekretärin in einer Fischfabrik und mit einem Marineoffizier verlobt. Ich war rasend verliebt in sie, aber meine Vorstellungen von Ehre und Anstand erlaubten es mir nicht, mit einer älteren, verlobten Frau anzubandeln, zumal der Verlobte auch noch in englischer Kriegsgefangenschaft war. Ich stellte mir vor, wie dieser Mann am Lagerzaun steht, seine Hände in den Stacheldraht krallt und sich nach seiner Verlobten verzehrt. Ich wäre mir wie ein Schwein vorgekommen, wenn ich ihm seine Geliebte abspenstig gemacht hätte. Und so wagte ich es nicht einmal, Barbara in die Augen zu schauen, wenn wir uns im Treppenhaus begegneten. Ich grüßte sie scheu und schlich an ihr vorbei. Sie lächelte nur geheimnisvoll, so als seien wir Komplizen in einer Verschwörung. Sie spielte die Kindliche, band sich eine Schleife in ihre blonden Locken, trug kurze Röcke und Söckchen, warf die Lippen zu einem Schmollmund auf, senkte ihre sommersprossige Stupsnase schüchtern – und wußte, was sie wollte.

Ich lag also eines Nachmittags auf meinem Balkon in der Sonne, als es an der Wohnungstür klingelte. Meine Schwester war nicht zu Hause. Ich wand mir ein Handtuch um die Hüften und öffnete. Barbara! Sie stand so dicht vor mir, daß sich unsere Fußspitzen fast berührten. Sie wischte sich eine Locke aus der Stirn, warf den Kopf zurück und schaute mich abwartend an. Ich wich einen halben Schritt zurück, versteckte meine zitternden Hände hinter dem Rücken, räusperte mich. »Ja, bitte?«

Sie trug ein kurzes, schulterfreies Sommerkleid, senkte die Augen und schwieg. Ich schaute in ihren Ausschnitt und sah, daß sie keinen Büstenhalter trug. Ihre Augen glitten an meinem Körper herab, blieben an meinem Schoß hängen, dort, wo sich das Handtuch wölbte. Mein Herz sprang in den Hals, es gab kein Zurück mehr!

»Wollen Sie nicht hereinkommen?« Meine Stimme erschien mir fremd. Ich hätte ihr am liebsten die Tür vor der Nase zugeschlagen, aber nun hatte ich sie plötzlich eingeladen. Eine höhere Macht führte hier Regie. Das Drama nahm seinen Lauf, und ich hatte keinen Einfluß darauf. Ich war nur ein Akteur, und ich spielte meine Rolle wie im Traum. Sie lächelte ihr geheimnisvolles Lächeln. »Nur für eine Minute«, sagte sie und trat ein. Durch die offene Tür schaute sie in mein Zimmer und auf den Balkon. »Schön haben Sie es hier!«

»Ja«, sagte ich. »Wollen wir draußen sitzen?«

»Gerne.« Sie ging durch mein Zimmer. Ich folgte ihr. Als wir auf den Balkon traten, packte ich sie mit der verzweifelten Kühnheit eines Todgeweihten an den Schultern, drehte sie zu mir um, zog sie an mich und drückte ihr hastige, ungenaue, fiebrige Küsse auf den Mund, auf die Stirn, die Augen, den Hals, die Haare... Und während ich sie wie wahnsinnig küßte, war ich darauf gefaßt, daß sie mich empört zurückstieß, aber sie ließ die Arme schlaff am Körper hängen, lehnte den Kopf nach hinten, schloß die Augen. Ihre Passivität machte mich rasend. Ich saugte mich an ihrer Schulter fest, preßte beide Hände auf ihre strammen Hinterbacken und drückte ihren Unterleib an mich. Sie bebte unter ihrer angestrengten Passivität. Ihre Augenlider flatterten, und sie atmete heftig. Plötzlich griff sie schnell, unauffällig, geschickt wie ein Taschendieb zu und löste das Handtuch von meinen Hüften.

Ich zog sie mit mir auf die Matratze, riß ihr das Kleid hoch, fingerte fiebrig über ihren Körper und entdeckte, daß sie unter ihrem kurzen, großgeblümten Baumwollkleid überhaupt nichts anhatte! Ich warf mich auf sie, schob mein Knie zwischen ihre Beine. Sie drückte ihre Schenkel zusammen. Besinnungslos vor Gier versuchte ich, ihren Widerstand zu brechen. Da schloß sie mich in die Arme, bäumte ihr Becken auf und öffnete sich mit einem kleinen, befreienden Jauchzer. Aber noch ehe wir verschmelzen konnten, explodierte ich über ihrem weißen, dampfenden Leib...

Der Film war gerissen. Keine Bewegung mehr. Stille. Schweigen. Das Tuckern auslaufender Fischerboote. Laute

Rufe im Hafen. Eine Schiffssirene. Barbara rührte sich nicht. Vorsichtig öffnete ich die Augen. Sie lag unter mir wie tot. Tat so, als wenn überhaupt nichts passiert wäre. Das Schweigen wurde immer schlimmer. Warum sagte sie denn nichts? Wahrscheinlich dachte sie an ihren gefangenen Marineoffizier und bereute, daß sie ihm untreu geworden war. Ich war wütend auf sie. Sie hatte die Unschuld vom Lande gespielt und mich übertölpelt. Langsam rollte ich mich von ihr ab, streckte mich neben ihr aus, fühlte mich leer und elend. Ihre Stimme kam wie von weit her: »Haben Sie vielleicht ein Taschentuch?«

Das war Barbara! Ein paar Tage lang versteckte ich mich vor ihr, obwohl ich darauf brannte, in ihre Arme zurückzukehren. Ich ahnte, daß ich sie enttäuscht hatte und daß etwas schiefgegangen war. Verachtete oder liebte sie mich? Plötzlich war ich eifersüchtig auf ihren Verlobten. Keine Spur mehr von schlechtem Gewissen. Was konnte *ich* denn dafür, daß der Kerl in Gefangenschaft war und sie sich für mich entschieden hatte? Aber vielleicht *spielte* sie nur mit mir? Vielleicht wollte sie gar nichts mehr von mir wissen?

Ich lag den ganzen Tag im Bett und grübelte, und je mehr Zeit verstrich, desto ängstlicher wurde ich. Ich aß nichts mehr. Ich war unfähig, mich zu rühren. Ich rauchte eine Zigarette nach der anderen. Endlich wurde es meiner Schwester zu viel. Sie warf mir Hose und Hemd an den Kopf: »Los, steh auf!«

»Laß mich in Ruhe, ich kann nicht!« jammerte ich.

Aber Gerdi beharrte: »Geh runter zu ihr und bring sie rauf.«

»Die schmeißt mich doch raus!« schrie ich verzweifelt.

»Dann kannst du wieder ins Bett gehen und dich umbringen.« Gerdi hatte recht! Ich wollte eigentlich gar nicht im Bett liegen bleiben und an Liebeskummer sterben. Also mußte ich mich zusammenreißen. Und so lange ich mich vor Barbara versteckte, konnte ich nicht wissen, ob sie mich liebte oder verachtete. Mechanisch stand ich auf und zog mich an. Mein Mut sank. »Was ist mit den Eltern?« fragte ich kleinlaut.

»Sind ausgegangen«, sagte Gerdi. »Los, mach schnell! Ich verschwinde jetzt auch, damit ihr alleine seid.«

Ein paar Minuten später klingelte ich bei Barbara. Sie fiel mir um den Hals. Ich nahm sie an die Hand und zog sie die Treppe hinauf in mein Zimmer. Wir rissen uns die Kleider vom Leib, und es war so wie beim ersten Mal. Aber eine halbe Stunde später war es besser, und als der Mond durch das Balkonfenster kühles Licht auf unsere schweißnassen Körper warf, lag Barbaras Kopf auf meiner Brust. »Uuuhh ... bist du auch so schön müde?« Ich hörte noch, wie meine Schwester nach Hause kam und leise die Wohnungstür schloß. Dann fiel ich in einen traumlosen Schlaf der Erschöpfung.

Das war es also, das gefürchtete, rätselhafte Ungeheuer Sex! Barbara hatte mich vernascht, und nun fühlte ich mich wie ein Eingeweihter. Jetzt konnte ich mitreden, wenn von Frauen die Rede war. Das wichtigste beim Sex war das »Aufpassen«, hatte mir Barbara beigebracht. Die Pille gab es noch nicht. Auch die Spirale war unbekannt. An Pessare kam ein unverheiratetes Mädchen nicht heran, und auch Kondome wurden noch nicht auf jeder Herrentoilette angeboten. Verhütung war während der Nazi-Zeit verpönt gewesen, denn der Führer brauchte Soldaten. Und nach dem Kriege dauerte es noch lange, bis Verhütungsmittel in Mode kamen. Als es schließlich so weit war, setzten die katholischen Priester die Familienpolitik der Nazis fort. Damals wurden sie noch nicht ausgelacht. Sie hatten Macht, und sie terrorisierten die Mädchen, die vor der Ehe Sex hatten oder gar Verhütungsmittel benutzten.

Nichts sei für Frauen schrecklicher als Liebhaber, die nicht aufpaßten, schärfte mir Barbara ein. Wenn ihre Periode ein paar Tage auf sich warten ließ, geriet sie in Panik. Wir kannten keinen Abtreibungsarzt, und es war so gut wie unmöglich, einen zu finden. Und natürlich gab es auch noch keine Fahrkarte nach Amsterdam. Tausende von jungen Frauen wurden von »Seelenmacherinnen« umgebracht, die in aller Heimlichkeit und gewöhnlich unter haarsträubenden hygienischen Bedingungen mit Stricknadeln operierten. Die populärste Abtreibungsmethode war eine kräftige Dosis Chinintabletten im Verbund mit Wechselbädern.

Das alles lernte ich im Laufe der Zeit. Inzwischen machte ich auf Barbara einen vorteilhaften Eindruck, weil ich gewöhnlich meine Munition zu früh verschoß und weil es mir in der zweiten Runde nicht so schwer fiel, ihr den Vortritt zu lassen oder rechtzeitig auszusteigen. »Du bist so einfühlsam«, pries sie mich oft, und ich war stolz auf mich. Tatsächlich hatten wir beide von

Sex nicht viel Ahnung. Wir machten halt unsere Gymnastik und hatten Spaß daran. Wir ahnten nichts von der mystischen Komponente der Sexualität. Wir wußten nichts vom tantrischen Spiel mit der Sex-Energie, wenn Sex zur Meditation wird, zu einer Methode, das Bewußtsein zu schärfen und zu erweitern, die Energie zu bündeln und in neue Dimensionen der Erkenntnis vorzudringen.

Wenn wir zusammen schliefen, hatten wir ständig Angst davor, Kinder zu machen. Wir wagten es nicht, uns gehen zu lassen, uns auszutoben, unsere Sexualität zu erforschen, mit ihr zu experimentieren, sie als Tor zu neuen Bewußtseinsebenen zu nutzen. Wir waren also ängstliche Dilettanten, und erst als ich Dorothée begegnete, lernte ich, daß Sex mehr sein kann als ein kurzatmiges Gerangel.

Dorothée war eine gute Lehrmeisterin. In ihrer Schule lernte ich, mit dem Sex umzugehen, wie ein Maler mit der Farbe, ein guter Koch mit den Zutaten, ein Musiker mit seinem Instrument. Ich war immer noch Lichtjahre von tantrischer Meditation entfernt, aber ich lernte bei Dorothée wenigstens, daß Sex ein ästhetisches Ereignis und eine Kunst sein kann.

Dorothée begegnete ich, kurz nachdem Barbaras Marineoffizier aus der Gefangenschaft zurückgekehrt war. Eines Tages stand er vor der Tür, und Barbara brachte es nicht über sich, ihm von mir zu erzählen. Vielleicht liebte sie ihn auch noch. Jedenfalls war unsere Romanze zu Ende. Ich schlief nicht mehr, ich aß nichts mehr, ich nahm innerhalb von einer Woche zehn Pfund ab, aber schon bald fuhr ich nach München, um mich bei der Zeitschrift »Der Ruf« als Volontär zu bewerben und meinen Schmerz zu vergessen.

In München feierte ich 1946 meinen ersten Fasching. Es gab fast nichts zu essen, aber überall entlud sich unbändiger Lebenshunger in wilden Festen. Ich stürzte mich in das Treiben wie in einen Strudel. Er erfaßte mich, wirbelte mich von einer Party in die andere und zog mich in die Tiefen einer triebhaften Besinnungslosigkeit.

Alles ging, alles war erlaubt, und noch bevor ich das so recht begriff, hing Dorothée an meinem Hals und saugte sich an meinen Lippen fest. Sie war eine bekannte Schauspielerin, Ende dreißig, schön, klug, sinnlich – und mit einem fast zwanzig

Jahre älteren Regisseur verheiratet. Ich war wie elektrisiert, als diese Frau in der zwielichtigen Enge einer überfüllten, von grellen Rhythmen durchzuckten Faschingsbar auf mich losging, ausgerechnet *diese* Frau, die jeder kannte und bewunderte und die ich nicht einmal im Traum für erreichbar gehalten hätte.

Wir tanzten. Es war heiß. Hungrige Gesichter, Pappnasen, freche Kostüme, schweißnasse Berührungen, alkoholisierter Taumel. Sie lehnte sich in meinem Arm zurück, lachte mir ins Gesicht, ließ ihre Hände mit einer atemberaubenden Selbstsicherheit über meinen Körper wandern, zog meinen Kopf in ihren tiefen Ausschnitt, preßte ihren Unterleib an mich, rieb sich an mir, bis mich ein prickelnder Schwindel überwältigte und ich in ihren Armen verging ... Plötzlich machte sie sich von mir los und verschwand in der tanzenden Menge wie ein Phantom.

Am nächsten Morgen wachte ich mit einer fast unerträglichen Sehnsucht nach ihr auf. Ich redete mir ein, daß sie in mich verliebt war. Eine Frau, die sich in meinen Armen so hemmungslos gebärdet hatte, *mußte* in mich verliebt sein, oder? Ich hatte noch keine Ahnung von den Spielregeln eines moralischen Ausnahmezustands, der in katholischen Ländern Fasching oder Karneval genannt wird. Ein paar Tage lang ist alles erlaubt – und dann grüßt man sich nicht mehr auf der Ludwigstraße. Gegen Mittag rief ich Dorothée zu Hause an. Sie konnte sich nicht an meinen Namen erinnern. Ich sagte ihr, daß ich der junge Mann sei, mit dem sie in der vergangenen Nacht getanzt habe. »Ach so?« sagte sie erstaunt. Ich nahm meinen ganzen Mut zusammen und sagte:

»Ich habe mich in Sie verliebt!«

Pause. Lange Pause. Dann ein kleines, spöttisches Lachen: »Das ist ja irrsinnig aufregend!«

Ich haßte sie.

»Ich muß Sie unbedingt wiedersehen!«

»Moment mal, so einfach ist das nicht«, sagte sie. »Ich bin verheiratet.«

Ich schwieg.

»Bist du noch da?« *Sie hatte DU gesagt*!

»Ja«, sagte ich leise.

»*Wo wohnst du?*«

Ich konnte mich nicht an meine Adresse erinnern. Endlich fiel sie mir ein. Ich gab ihr noch meine Telefonnummer dazu. Sachlich wie eine Sekretärin wiederholte sie die Nummer. »Wohnst du allein?« fragte sie.

»Ja, wann sehen wir uns?« fragte ich bang.

»Bist du heute nachmittag zu Hause?«

»Wann denn?«

»Um fünf?«

»Ja, natürlich bin ich da. Punkt fünf!«

»Ich freue mich auf dich!« sagte sie sanft und hängte ein. Sie kam gegen sechs, kurz bevor ich vor Ungeduld wahnsinnig wurde.

Dorothée weihte mich liebevoll und geduldig in die Geheimnisse, die Rätsel, die Abenteuer, die Schmerzen und die Wonnen der Liebe ein. Ich taumelte mit ihr von einer Ekstase in die andere. Wochenlang war ich wie im Delirium.

Mit der Zeit wurden wir immer mutiger. Wir unternahmen Ausflüge an den Ammersee, liebten uns im Wasser, im Ruderboot, auf blühenden Weiden. Wenn ihr Mann verreist war, lud sie mich in ihr Haus ein. Wir saßen bei Kerzenlicht in der Badewanne, tanzten bei Mondlicht nackt im Garten, vereinigten uns auf dem Teppich. Das Telefon klingelte. Sie streckte sich aus, ergriff das Kabel und riß es aus der Wand. Fünf Stunden später – wir hatten Kissen ausgebreitet und schliefen Arm in Arm auf dem Boden – stand ihr Mann im Zimmer!

Seine Selbstbeherrschung war unheimlich und bedrückend. Ein Tobsuchtsanfall, sogar eine Schlägerei wäre mir lieber gewesen. Aber er stand wie angewurzelt im Halbdunkel und brachte mit tonloser Stimme Nebensächlichkeiten hervor. Er habe versucht anzurufen, sagte er sachlich und rührte sich nicht von der Stelle. Weil er beunruhigt gewesen sei, habe er seine Reise abgebrochen. Er sei fünf Stunden im Nebel über die Autobahn gerast. Erst nach einer Minute schaltete er das Licht im Zimmer ein. Ich hatte mich halb aufgerichtet und starrte ihn an.

»Wollen Sie die Güte haben, junger Mann, und uns jetzt alleine lassen?« Sein Ton war so eisig, daß mir ein Schauer über den Körper lief. Dorothée küßte mich auf die Stirn und flüsterte: »Ich rufe dich an . . .«

Ich dachte daran, daß ihr Telefon doch kaputt war, aber es war offensichtlich nicht der geeignete Augenblick, sie darauf aufmerksam zu machen. Ich zog mich hastig an und machte, daß ich aus dem Hause kam. Es war gegen fünf Uhr früh. Straßenbahn und Bus fuhren noch nicht, und ich hatte mein Motorrad zu Hause gelassen, weil es mal wieder defekt war. Also machte ich mich zu Fuß auf den Weg von Grünwald nach Bogenhausen. Ich atmete die frische Luft der Isarauen ein, fühlte mich jung und lebendig und war froh, daß ich so glimpflich davongekommen war.

Meine Lehrzeit bei Dorothée war beendet. Die Trennung tat weh, aber sie war keine Tragödie, denn von Anfang an war uns bewußt gewesen, daß unsere Beziehung nicht von Dauer sein würde. Wir trennten uns als gute Freunde, und über viele Jahre hinweg wurde ihre Ehe in den Zeitungen als glücklich und vorbildlich gepriesen.

Mit Dorothée überwand ich meine Angst vor dem Sex und erlebte ihn als eine fast unerträglich lustvolle Sensation – kein Wunder, daß ich glaubte, Sex und Liebe seien ein und dasselbe. Ich war ein Romantiker, ständig verliebt, immer auf der Suche nach Zärtlichkeit. Liebe ohne Sex oder Sex ohne Liebe konnte ich mir gar nicht vorstellen. Erst in der zweiten Hälfte meines Lebens begriff ich, daß Sex und Liebe – obwohl scheinbar so eng miteinander verbunden – fast nichts miteinander zu tun haben. Sex gipfelt im Orgasmus, Liebe in der Ekstase. Orgasmus ereignet sich auf dem *Gipfel* – und auf den Höhepunkt folgt unvermeidlich der Abstieg. Ekstase ereignet sich auf dem *Plateau* – der Aufstieg ist beschwerlich, aber wenn wir die Hochebene erreichen, gibt es keinen Abstieg, sondern neue Höhen, immer neue ...

Auf der Hochebene verwandelt sich das Ziel in den *Seinszustand* der Liebe. Liebe ist die Ekstase der Mystiker, das Ziel der Meditierer, die Sehnsucht aller Menschen.

Für mich war Liebe fröhliches Vögeln, zärtliche Zweisamkeit, »Füreinander-Dasein«, Nestwärme, Aufopferung, Treue und so weiter und so fort. Alle Leute, die ich kannte, dachten so wie ich, und ich muß sagen, daß ich mit diesem Mißverständnis ziemlich weit gekommen bin. Ich hatte viel Spaß mit Frauen, mit Sex und mit dem, was ich für Liebe hielt. Jede Eroberung machte mich glücklich, fast jede Frau war interessant und liebenswert. Erst als ich die Vierzig überschritten hatte, wurde ich gewahr, daß etwas grundsätzlich falsch war in meinen Beziehungen zu den Frauen. Die Eroberungen waren Routine geworden. Das Vergnügen am Sex wurde etwas schal. Statt freudiger Erregung spürte ich Einsamkeit. Die meisten Frauen fand ich jetzt furchtbar enttäuschend. Es dauerte noch ziemlich lange, bis ich die Ursache meiner Enttäuschung in mir selber suchte.

Was machte ich falsch? Ich sehnte mich nach Liebe, aber ich glaubte, daß zur Liebe ein Partner gehört. Das war mein Irrtum! Ich wollte Liebe geben, aber ich wollte auch Liebe empfangen. Das erschien mir ganz natürlich, logisch und sogar moralisch: Wer Liebe empfängt, muß auch Liebe geben! Aber Liebe ist kein Geschäft, sie ist ein spirituelles Phänomen. Ihre Kraft kommt aus der Transzendenz des Egos, sie bezieht alles und jeden ein, ist urteilsfrei und ohne Adresse, kennt keine Erwartungen, Hoffnungen und Wünsche. Liebe ist überströmende Energie. Auf einen Partner ist sie überhaupt nicht angewiesen.

Natürlich ist das nicht neu. Alle religiösen Traditionen lehren uns, daß die wahre Liebe aus der Verschmelzung mit dem Universum kommt. Es ist nur in den vergangenen dreihundert Jahren der Wissenschaftsgläubigkeit und der Religionsfeindlichkeit in Vergessenheit geraten. Die Sehnsucht nach Liebe manifestiert sich heutzutage vor allem in einer fiebrigen Sexualität (mit AIDS als Begleiterscheinung!). Wir wissen gar nicht mehr, was Liebe eigentlich ist, und deshalb können die Werbeagenturen viel Geld mit dem betrügerischen Versprechen verdienen, daß es einen mühelosen und sicheren Weg zum sofortigen Glück gibt: Sex und Konsum.

Aber die Wahrheit ist: Je mehr Sex, desto mehr Leid, denn der Sex ist gewöhnlich mit Schuldgefühlen belastet, mit Angst vor AIDS und unerwünschter Schwangerschaft, mit Eifersucht und Aggressionen. Vergewaltigungen und Kindesmißbrauch breiten sich seuchenhaft aus und beweisen, daß der alte Sigmund Freud heute so recht hat wie zu seiner Zeit: 90 Prozent unserer Neurosen kommen aus einem gestörten Verhältnis zum Sex. Es ist ein Teufelskreis: Unsere Probleme mit dem Sex führen zu Neurosen, und unsere Neurosen steigern unsere Probleme mit dem Sex.

Die Sehnsucht nach Liebe ist jedoch unvergänglich, denn ohne Liebe gibt es kein menschliches Glück. Und wenn ich nicht irre, geht es immer mehr Menschen so wie mir: sie sehen, daß sie auf der Suche nach dem Glück ihre Prioritäten, ihre Verhaltensmuster, ihr ganzes Leben ändern müssen. Freilich: Veränderung ist Aufbruch ins Unbekannte – und das macht angst. Wir wissen nicht, was passiert, wenn wir unser Leben ändern. Wir fürchten uns davor, die Kontrolle zu verlieren. Unsere Misere ist schmerzlich, aber sie ist uns wenigstens vertraut. Vielleicht können wir uns ja letzten Endes doch an sie gewöhnen? Ich kenne alle diese Bedenken nur allzu gut aus eigener Erfahrung. Erst wenn der Druck unerträglich wird und wenn der Flirt mit dem Selbstmord beginnt, sind wir zum Sprung bereit. Und immer mehr Menschen werden springen, denn der Druck wächst unaufhörlich.

5

Er liebte starke Worte im Scheinwerferlicht, aber hinter seinem Imponiergehabe verbarg sich eine merkwürdige Schüchternheit. Fremde Menschen anzurufen war ihm zum Beispiel ein Greuel. Dazu brauchte er Martha. Eines Morgens klingelte das Telefon in meinem Haus am Albaner See: »Hier ist Martha Nannen... mein Mann möchte gerne mit Ihnen sprechen...« So kam mein erster Kontakt mit Henri Nannen zustande, der in meinem Leben schon bald eine wichtige Rolle spielen sollte.

Ich war dem Chefredakteur des »stern« noch nie begegnet, aber ich hatte viel von »Lord Henri« gehört und war neugierig auf diesen Mann, der sich in der deutschen Presselandschaft ausnahm wie ein Elefant im Kaninchenstall.

Sie seien auf dem Wege nach Positano, und ob sie auf eine Tasse Kaffee bei uns vorbeikommen könnten, sagte Nannen am Telefon. Zwei Stunden später rollte ein weißes Cadillac-Kabriolett über den schmalen Serpentinenweg zu der Terrasse hinunter, die fünfzig Stufen oberhalb unseres Hauses lag und uns als Parkplatz diente. Nannen stieg aus. Ich schätzte ihn auf Ende Vierzig. Er war groß, blond, breitschultrig, um die Mitte etwas rundlich. Kantiges Gesicht, tiefe Kerbe im energischen Kinn, ein Willensmensch mit der Verdrängungskapazität eines Supertankers. Ich konnte mir gut vorstellen, wie er als junger Mann das Olympische Feuer ins Berliner Stadion gebracht hatte, als Hitler die Welt mit seinen Olympischen Spielen faszinierte – ein idealer Germane. Sogar Leni Riefenstahl war bezaubert und bannte den jungen Wikinger auf ihren berühmten Olympiafilm. Fünfundzwanzig Jahre waren seither vergangen, und ich fand, daß man dem Mann, der sich vor seinem bombastischen Straßenkreuzer verlegen die Hände an den Jeans abrieb, den Riefenstahl-Helden immer noch ansehen konnte.

Er sah nicht nur gut aus, er war spektakulär. Man hätte ihn auch in einer überfüllten U-Bahnstation nicht übersehen können, aber natürlich war es nicht Nannens Art, mit der U-Bahn zu fahren. Der Cadillac mit den grotesken Schwanzflossen paßte zu ihm. Rolls-Royce wäre nicht so passend gewesen. Rolls ist Allegro – Cadillac ist Fortissimo. Nannen liebte das Schrille.

Er ließ den Blick über den See schweifen. »Hübsch haben Sie's hier«, sagte er, reichte mir eine große, merkwürdig sanfte Pranke und drückte kräftig zu. »Nannen«, sagte er und ließ die beiden »ns« auf der Zunge zergehen. Seine wachen, blauen Augen fixierten mich mit verstohlener Intensität. Martha stand in seinem Schatten, lächelte lieb, blitzte mich durch ihre Brillengläser an und schuf mit ihrer stillen, freundlichen Unscheinbarkeit sogleich eine Atmosphäre des Vertrauens. Sie mochte es nicht leicht haben an der Seite dieses breitspurigen Kraftmenschen, aber ich vermutete, daß er ohne ihre intensive Sanftheit nur eine halbe Portion gewesen wäre. Seine Präsenz war überwältigend, jedoch hatte sie auch eine weiche, feminine Komponente, die gestreichelt und umhegt werden wollte, wie die Wange eines Säuglings. Tatsächlich hatte dieser Koloß etwas Kindliches an sich, eine Eigenschaft, die ihn mir sympathisch machte.

Isis war begeistert – auch von Martha. Die Zeit verging schnell. Nach dem Kaffee aßen wir im Garten zu Mittag. Als sich die Sonne über den See senkte, saßen wir immer noch beisammen, und Nannen hatte mich mit seiner jungenhaften Herzlichkeit, seinem fröhlichen Charme, seinem Witz und seiner unkomplizierten Intelligenz für sich eingenommen. Er war ein begnadeter Geschichtenerzähler. Wenn er Anekdoten über Prominente zum Besten gab, löste sich der falsche Glanz dieser Herrschaften wie eine Papierblume in Nannens ätzender Ironie auf. Er hatte ein feines Gespür für die Schwächen anderer Menschen, Selbstkritik freilich schien ihm nicht so leicht zu fallen. Aber er war wenigstens kein Angeber, wie ich zunächst vermutet hatte, als ich sein Auto sah. Schon bald begriff ich, daß der Cadillac einfach Ausdruck seiner robusten Lebenslust war.

Bevor die Sonne unterging, waren wir auf dem Weg nach Positano. Nannen hatte uns in sein Ferienhaus auf den Klippen über der Bucht eingeladen. Weiter Blick, blühende Gärten, weiße Villen im Schatten der Zypressen, Sonne, Segelboote vor dem Wind, blauer Himmel und ein lichtsprühendes Meer, das sich zart an der felsigen Küste brach – Italy at her best! Nannen hatte sich für seine Sommerresidenz einen der schönsten Flecken am Mittelmeer ausgesucht. Sein Haus war nicht protzig. Die Einrichtung verriet sensiblen Geschmack.

Er war der König von Positano. Wenn wir ins Dorf kamen, tönte es von allen Seiten »Buon giorno, Signor Nannen! Buon giorno, Commendatore!« Nannen nahm die Huldigungen der Einheimischen mit majestätischer Würde entgegen. Alle kannten ihn, alle schienen ihn zu lieben. Die Wirte der besten Restaurants waren begeistert, wenn er über die Schwelle trat, und führten ihn zu seinem Stammplatz. Nannen aß viel und mit Leidenschaft. Er war ein hervorragender Kenner der italienischen Küche. Wenn er sich an den Tisch setzte, wußten die Chefs, daß ein seriöser Esser Platz genommen hatte, dem man nichts vormachen konnte. Wie alle wirklich prominenten Menschen, war Nannen nicht daran gewöhnt, daß ihm Rechnungen präsentiert wurden. Die Gastronomen und Händler im Dorf rechneten monatlich mit ihm ab.

Wir verbrachten ein paar schöne Tage in Positano. Viel länger hätte ich nicht bleiben mögen, denn Nannen war ein anstrengender Gastgeber. Wenn wir bei Tisch saßen, riß er uns zu ausschweifenden Freßgelagen hin. Es war unmöglich, seiner bedenkenlosen Gastfreundschaft zu widerstehen. Während er triefende Trüffel einfuhr und feiste Gelati-Cremetorten massakrierte, vereitelte er unsere Versuche, vom Hauptgang direkt zum Sambucca und zum Espresso überzugehen, und rief nach dem Dessertwagen. Am Ende benutzte er die Serviette, um sich den Schweiß von Stirn und Nacken abzuwischen, und dann ertönte das Wehgeschrei darüber, daß die Jeans schon wieder zu eng geworden waren. Es war eine Lust, zu beobachten, wie dieser Barockmensch das Leben genoß.

Meditativ war er nicht gerade. Vielmehr wurde er von einer inneren Rastlosigkeit angetrieben, die uns ständig in Trab hielt. So benutzte er sein elegantes Schnellboot natürlich nicht dazu, stille Ufer anzusteuern, um dort fern vom Lärm der Welt bei Vino Rosso, Pane, Formaggio und Salami träge Picknick-Rast zu halten. Statt dessen forderte er uns auf, die Wasser-Skier anzuschnallen, warf uns die Leinen zu und zog mit zweihundertfünfzig PS und aufbrüllendem Achtzylinder ab, daß die Gischt über das mächtige Vorschiff schäumte.

Als Isis und ich uns schließlich dankbar und glücklich verabschiedeten, hatte Nannen noch kein Wort über eine zukünftige Zusammenarbeit beim »stern« gesprochen. Aber ich wußte, daß er große Pläne hatte: Er wollte seine Skandalpostille in ein seriöses Magazin verwandeln, und er war bereit, für die Leute, die ihm dabei helfen konnten, viel Geld auszugeben.

Ein paar Wochen später kam die Einladung: zwei Flugkarten 1. Klasse für Isis und mich, Rom–Hamburg und zurück. Er holte uns mit Martha in Fuhlsbüttel ab, trug unsere Koffer zu seinem Cadillac, fuhr uns zum Atlantik-Hotel und entschuldigte sich auf der Fahrt in die Stadt dafür, daß man uns nicht im Vier Jahreszeiten untergebracht hatte; sein Sekretariat habe Mist gebaut. Uns machte das nicht das geringste aus. Wir kamen uns sowieso schon vor wie im Märchen. Wir waren nicht daran gewöhnt, daß Berühmtheiten uns verwöhnten.

Beim Abendessen im »Lemke« kam Nannen endlich zur Sache. »Ich habe mir vom Archiv Ihre Sachen kommen lassen und gelesen«, sagte er. »Es wird Zeit, daß wir uns ernsthaft unterhalten.« Er wußte nicht, daß er uns längst gewonnen hatte. Ich zierte mich und signalisierte lahmes Interesse. Nannens Verhandlungsposition war nicht stark, denn zu jener Zeit galt sein »stern« unter seriösen Journalisten als ein billiges Revolverblatt, für das man nicht arbeiten sollte, wenn man auf seinen guten Ruf bedacht war. Freilich wußte ich, daß die sogenannte Seriosität seriöser Journalisten oft weiter nichts war als arroganter Intellektualismus und dünnblütige Langweilerei.

Ich war gespalten: meine innere Stimme warnte mich vor dem »stern« und seinem Chef. Der Mann gefiel mir zwar, aber ich hielt ihn auch für durch und durch unseriös, ja sogar für bedenkenlos. Vom Wesen und vom Temperament her hätten wir nicht unterschiedlicher sein können. Ich liebte das Understatement, und er setzte sich über alle Konventionen hinweg und konnte die Allüren eines rauhen Landsknechthäuptlings annehmen. Ich fühlte mich immer noch meinem Wahlspruch aus der Schule verpflichtet: »Mehr sein als scheinen!« – er hielt es eher umgekehrt. Schein, Glanz und Verpackung schienen ihm wichtiger zu sein als die Substanz. Ich ging als Journalist sehr pingelig mit den Tatsachen um – er neigte dazu, die Tatsachen einer erfundenen Pointe anzupassen. Ich erschrak, als er mir gestand, daß er die saftigsten Leserbriefe zu seinen Leitartikeln gerne selber verfaßte, um damit eine öffentliche Diskussion anzuheizen.

Aber es gab auch sehr verlockende Aspekte. So zweifelte ich nicht daran, daß Nannen aus dem »stern« ein international anerkanntes Magazin machen würde, besser noch als »Life«. Er besaß die Intelligenz dazu und das Durchsetzungsvermögen, und vor allem arbeitete er mit einem Verleger zusammen, der Abenteuersinn genug besaß, ihm freie Hand zu lassen. Die Idee, daß ich die ganze Welt bereisen und journalistische Projekte ohne Rücksicht auf Kosten verwirklichen konnte, faszinierte mich. Noch hatte das Fernsehen die Illustrierte nicht zu einem Medium zweiten Ranges degradiert. Ein aktuelles, gut gemachtes Bildermagazin mit großen Reportagen erschien mir als das ideale Medium. Beim »stern« bliebe ich nicht mehr auf die kleine Leserschaft einer Tageszeitung beschränkt, deren Verbreitung praktisch an der Main-Linie endete – ich würde für Millionen von Lesern schreiben, und die Qualität der Leser würde sich mit der Qualität des Magazins verbessern.

Mit solchen Argumenten übertönte ich meine innere Stimme. Aber am Ende waren es vor allem Nannens Charme und die Summe, die er jeden Monat auf mein Konto überweisen wollte, die mich zum »stern« brachten. Der Hausjurist Heiner Senfft zog die Augenbrauen hoch und machte einen spitzen Mund, als er mir den Vertrag zur Unterschrift vorlegte. »Da haben Sie ja wohl ganz geschickt verhandelt«, sagte er und lächelte süffisant. Als ich den Vertrag durchlas, entdeckte ich, daß der Verlag mir auch einen Mercedes zur Verfügung stellen wollte, inklusive Benzin, Wartung und Garagenkosten. Davon war in den Verhandlungen mit Nannen gar nicht die Rede gewesen. Werner Friedmann hätte so was nicht passieren können.

In der »Süddeutschen Zeitung« löste meine Kündigung allgemeines Kopfschütteln aus, sogar Birnbaum war entsetzt und versuchte, mich noch im letzten Moment mit dem Posten eines Reisekorrespondenten für Amerika zu locken. Aber die Würfel waren schon gefallen. An einem späten Herbsttag im Jahr 1962 bestieg ich mit Isis, den beiden Kindern und mit der Kinderschwester Bärbel auf dem Flughafen Leonardo da Vinci einen Lufthansa-Jet, und zweieinhalb Stunden später landeten wir in unserer neuen Heimatstadt Hamburg. Daß wir auf »stern«-Kosten 1. Klasse flogen und ich mich mit meiner Familie im teuren Hotel Prem als Dauermieter einquartierte, erschien mir inzwischen schon ganz selbstverständlich. Wir bezogen drei geräumige Zimmer mit Alsterblick, Damastvorhängen und stuckverzierter Decke und ließen uns bei der Wohnungssuche Zeit, denn wir wollten natürlich nach den Jahren am Rocca di Papa-See auch in Hamburg schön wohnen.

Ich tauchte unter starker Hitzeentwicklung und heftigen Turbulenzen wie ein Komet in die dicke Luft der »stern«-Redaktion ein – ein katastrophaler Fremdkörper, den die Kollegen mit entsetztem Mißtrauen, sogar mit Haß empfingen. Ich bin ihnen ganz schön auf die Nerven gegangen, wenn ich mich, wie ein italienischer Comte gekleidet, am Redaktionstisch niederließ, mein rotes Lackköfferchen mit den Tabakspfeifen ablegte, die Hermes-Krawatte zurechtzupfte und gelangweilt in die Runde schaute.

Keiner ahnte, daß ich innerlich kochte. Ich fand das Redaktionsklima grauenhaft und das professionelle Niveau erschrekkend. Vor allem entsetzte mich, daß Nannen diese Redaktion wie einen Haufen von Sklaven mit Peitschenknall und wüsten Beschimpfungen mehr antrieb als leitete. Nach meiner ersten Redaktionskonferenz besuchte ich Nannen in seinem Büro, zog die Tür hinter mir zu und sagte ihm, daß ich an Konferenzen dieser Art in Zukunft nicht mehr teilnehmen könnte. Nannen schaute mich groß an – *so* war ihm noch nie einer gekommen! Ich hatte das Gefühl, daß er meine Arroganz attraktiv und zugleich unerträglich fand. »Das ist nun mal die Kehrseite meines Charmes!« sagte er und lächelte diabolisch.

In der Redaktion ging das Gerücht um, Nannen hätte mich mit Gold aufgewogen. Die Summen, die genannt wurden, waren grotesk, aber ich dementierte nicht, denn mir glaubte sowieso niemand. Nur einer wußte, was ich verdiente – Henry Kolarz. Der schlaue und erfolgreiche »stern«-Serienschreiber hatte mich bei meinen Verhandlungen mit Nannen hinter den Kulissen mächtig angefeuert, denn er sah mich als Gehaltslokomotive, an die er sich ankoppeln wollte. Alle anderen Kollegen waren neidisch und haßten mich.

Ich goß kräftig Öl ins Feuer. So verlangte ich von Nannen,

daß mein Name nicht im »stern«-Impressum erscheinen dürfe, solange Joachim Heldt dort als »Chefreporter« aufgeführt wurde. Man könne es mir nicht zumuten, argumentierte ich, daß ich nach außen hin sozusagen *unter* Joachim Heldt rangierte. Der arme Joachim! Er war ein großartiger Journalist und muß furchtbar darunter gelitten haben, daß Nannen einen Außenseiter wie mich offenbar bevorzugte. Ein halbes Jahr später starb er, noch nicht vierzig Jahre alt, an Herzversagen.

Obwohl ich mich kaum in der Redaktion aufhielt, möblierte ich mein Büro mit einer Couch und erklärte allen, die es wissen wollten, daß ich daran gewöhnt sei, nach dem Mittagessen eine Siesta zu halten. Schon bald war diese Couch nicht nur ein zentrales Gesprächsthema in der Redaktion. Während meiner häufigen Abwesenheit diente sie auch als Lustbett, auf dem sexuell frustrierte Redakteure und lebenshungrige Sekretärinnen ihre Spuren hinterließen, so daß mir schließlich schon aus hygienischen Gründen gar nichts anderes übrig blieb, als sie wieder abzuschaffen. Fortan hielt ich meine Siesta zu Hause. Manchmal riefen Redakteure an und verlangten nach mir. »Papi schläft!« fertigte sie meine achtjährige Tochter Petra ab. Und wenn der Redakteur meinte, es sei wichtig und sie möge mich wecken, sagte die Kleine in einem frechen Kindergarten-Singsang: »Darf ich nicht. Papi will nicht gestört werden, hat er gesagt!« Solche und ähnliche Geschichten waren es vor allem, die mir den Spitznamen »Lord Pinkerton« einbrachten und mich zum bestgehaßten Menschen in der Redaktion machten.

Ein eisiger Wind brach über Hamburg herein. Die Alster vor dem Prem fror zu. Wir hatten uns dort gemütlich eingelebt, und jede Woche schickte das Hotel die Rechnungen an den »stern« – vom Frühstücks-Müsli für Barbara bis zu meinem abendlichen Entspannungs-Whisky an der Bar. Aber Isis, die Sonnengöttin aus dem heißen Niltal, litt unter dem Wetter. »Keiner hat mir gesagt, daß ich in Sibirien leben werde!« entsetzte sie sich und beauftragte einen teuren Schneider, bei den Kindern Maß zu nehmen und zwei weinrote Mäntel mit schwarzem Samtkragen anzufertigen.

Die Kinder fühlten sich nicht wohl. Bettina, die Kleine, litt unter Brechanfällen. Der Kinderarzt kam ins Hotel und sagte: »Wenn uns Erwachsenen etwas nicht gefällt, sagen wir: ›Das ist zum Kotzen!‹ Kinder sagen es nicht nur, sie tun es auch. Bettina hat das Hotelleben satt.« Er gab Isis den Rat, mit den Kindern ein paar Wochen Ferien in Ägypten zu machen. Am liebsten hätte ich gekündigt und wäre mitgefahren.

Auf einer Party bei Gerd Bucerius, der damals den »stern« noch alleine besaß, begegnete ich Martin Walser. »Das freut mich aber, Sie endlich mal kennenzulernen!« sagte der berühmte Schriftsteller vom Bodensee. »Ich lese nämlich Ihre Reportagen in der ›Süddeutschen Zeitung‹ immer mit großer Begeisterung!«

»Dann müssen Sie in Zukunft den ›stern‹ lesen«, erwiderte ich.

»Oh«, sagte der Dichter spitz und zog die Mundwinkel herunter, »dann werde ich wohl in Zukunft lieber auf Ihre Berichte verzichten.«

Ich war schockiert. Walser hatte einen Nerv bei mir getroffen, denn ich kam mir inzwischen wie eine Kurtisane vor, die ihre Tugend an einen Fleischgroßhändler aus der Provinz verkauft hatte. Daß Walser und viele andere prominente deutsche Schriftsteller schon bald sehr froh darüber sein sollten, wenn sie für fette Honorare im »stern« schreiben durften, konnte ich mir damals noch nicht vorstellen. Die hemdsärmelige Unbedenklichkeit, mit der dieses Blatt damals noch produziert wurde, widersprach allen meinen Vorstellungen von seriösem Journalismus. Heute würde ich sagen: es widersprach meinen *Illusionen*, denn inzwischen erscheint mir der Journalismus an sich schon fragwürdig. Solange die Redakteure und die Reporter nicht einmal die Wahrheit über sich selber wissen, können sie nur die Unwahrheit sagen. Die einen tun das etwas anspruchsvoller als die anderen, aber alle sitzen im gleichen Boot der Unbewußtheit. Und natürlich hatte auch ich dort meinen Platz.

Wenn ich ein paar Stunden in der »stern«-Redaktion verbracht hatte, in der jeden Abend gegen fünf die Whisky- und Kognac-Flaschen aus den Büroschränken geholt wurden, packte mich Nostalgie. Ich schwelgte in sentimentalen Erinnerungen an die »Süddeutsche«, die mir nun wie ein feiner Club vorkam, in dem gebildete Herren über die großen Zusammenhänge der Weltpolitik diskutierten und tiefschürfende Gespräche über die deutsche Innenpolitik führten. Sollte ich umkehren und reumütig um Wiederaufnahme bitten? Der Gedanke tauchte immer wieder auf, aber ich hatte mein Ego in den letzten Jahren zu grotesken Dimensionen aufgepumpt, und so konnte ich die Vorstellung eines Canossa-Gangs denn doch nicht lange ertragen. Es gab nur noch die Flucht nach vorne.

Ich war schon längst der Aufsteiger, der die Erfüllung im Erfolg sah und das Glück im Geld. Dabei entfernte ich mich immer weiter von mir selbst. Ich bewegte mich unaufhaltsam vom Zentrum meines Seins zur Peripherie. Um so härter und unbedenklicher ich meine eitle Karriere als sogenannter Starreporter durchsetzte, desto unbehaglicher fühlte ich mich. Ich verlor den Kontakt zu meinem Herzen, und das Unbehagen verdichtete sich zur Angst. Angst vor dem Haß meiner Neider, Angst davor, mich selbst zu verlieren, Angst, das Tempo nicht halten zu können und abzustürzen, Angst davor, Isis zu verlieren und die Kinder – kurzum: Angst vor dem Leben.

Geld war in letzter Zeit immer wichtiger geworden. Ich brauchte mehr denn je. Die paradiesischen Zeiten einer steuerfreien Existenz am Nil und am Tiber waren vorbei. Das deutsche Finanzamt schickte Formulare und erinnerte mich daran, daß ich verpflichtet war, mich an der Wiederaufrüstung, am Autobahnbau, an der sogenannten Entwicklungshilfe, an der Subventionierung der Bauern und der Atomindustrie und an vielen anderen törichten Unternehmungen finanziell zu beteiligen. Ich gehörte zu jener Gehaltsgruppe, die vom Staat am meisten geschröpft wird – ich war ein Gehaltsempfänger der gehobenen Sorte und hatte keine Möglichkeiten, mein Geld am Finanzamt vorbeizumogeln. Einige meiner Millionärsfreunde zahlten weniger Steuern als ich. Kurzum: Es wurde immer schwerer, meinen aufwendigen Lebensstandard zu halten. Vernünftige Menschen hätten in meiner Situation ein Haus gebaut und Steuern gespart. Aber das Haus, das Isis und ich uns hätten leisten können, wäre uns nicht schick genug gewesen. So wohnten wir lieber im Hamburger Millionärsvorort Blankenese zur Miete.

Auf einer Spritztour nach Paris schleppte mich Isis zu Piére Cardin. Ich wollte ihr seit Wochen einen neuen Wintermantel schenken, aber in den Hamburger Boutiquen hatte sie nichts Passendes finden können. Nun wollte sie es bei Cardin versuchen. Im Stadtpalais des Haute-Couture-Königs wurden wir mit erlesener Förmlichkeit empfangen. Der Empfangschef, ein Herr im dunklen Nadelstreifenanzug, erkundigte sich nach unseren Wünschen, und Isis sagte ihm, sie wolle sich ein paar Mäntel ansehen.

Der Herr empfahl uns einer dezenten Dame mittleren Alters, die lautlos aus den stillen Tiefen des Hauses aufgetaucht war. Sie bat uns, ihr zu folgen, und während wir über üppige orientalische Teppiche mehr schritten als liefen, horchte sie uns vorsichtig aus. Sie vermutete, daß wir nicht in Paris lebten, denn sonst hätte sie gewiß schon längst einmal das Vergnügen gehabt... Sie tippte auf Rio oder Caracas, als sie Hamburg hörte, schien sie eine Spur enttäuscht. Schließlich öffnete sie eine Flügeltür, und wir betraten einen langgestreckten Saal.

Hohe, schmale Fenster, schwere Damastvorhänge, Stuckdecke, holzgetäfelte Wände, Blumenarrangements auf Marmorsäulen, ein riesiger Seidenteppich aus Isfahan. Unter der funkelnden Pracht ausladender Kronleuchter nahmen wir auf goldenen Louis-XVI-Stühlchen Platz, dem einzigen Mobiliar im Sanctum dieses Pariser Modetempels. Stille. Meditative Ruhe. Ich schloß für einen Moment die Augen und versuchte, mich zu sammeln. War das hier Wirklichkeit, oder träumte ich?

Als ich die Augen wieder öffnete, sah ich, wie eine Fee auf mich zuschritt, langbeinig, gazellenhaft, durchsichtig wie Meißener Porzellan. Ihr Mund war leicht geöffnet, die Lippen aufgeworfen, bereit zum Kuß oder zur Berührung eines Champagnerkelchs. Sie lächelte verlockend und war doch so unnahbar. Und sie trug einen Wintermantel. Drei Schritte vor uns kam sie mit einer graziösen Drehung aus der Hüfte zum Stehen, schaute uns aufmunternd in die Augen, drehte sich nach rechts und nach links, der Mantel öffnete sich und enthüllte ihre schlanken Beine, ihre knabenhaften Hüften, ihre sanft geschwungenen Schultern. Sie drehte eine Pirouette, der Mantel breitete sich aus wie eine Blüte in der Morgensonne, und ehe ich mich noch auf sie einstellen konnte, schwebte sie grußlos davon. Und schon schritt die nächste Fee auf mich zu, groß, schön, schlank, kam näher, lächelte verwirrend, drehte sich mit graziösem Schwung, verschwand... Und die nächste kam und wieder eine, und noch eine. In der Stille hörte ich die zirpig-monotone Stimme der Dame, die uns in den Saal geleitet hatte. Sie kommentierte die Modelle, gab ihnen Namen, nannte Preise: Trente mille Franc, quarante-cinq mille Franc... dazwischen auch mal was Billiges – dix-neuf mille Franc. Die Mädchen senkten schwere Wimpern, ihre Blicke kamen aus halbgeschlossenen Augen, und es war, als ob sie mein Gesicht mit einer Taubenfeder berührten.

Ich weiß nicht, wie lange ich in meiner träumerischen Lethargie verharrte. Vingt-cinq mille, trente-deux mille, quarante-trois mille... Plötzlich wurde mir bewußt, daß ich hier auf keinen Fall das Scheckbuch zücken würde. Die Veranstaltung erschien mir unwirklich, absurd, irrelevant, albern, fast obszön. Besaß ich etwa Ölquellen am Persischen Golf, Casinos in Las Vegas, Regenwälder in Brasilien? Saß ich im Aufsichtsrat von General Motors? Hieß ich Augstein, Springer oder Mohn? Was zum Teufel hatte ich hier zu suchen? War ich denn geistesgestört, daß ich mich auf solche Possen einließ?

Ich hatte nur noch einen Gedanken: »Nichts wie raus!« Ich beugte mich zu Isis. »Laß uns gehen!« flüsterte ich. »Wieso denn?« fragte sie, und ihr Blick ließ den Mantel nicht los, der gerade am Körper einer raubkatzenhaften Schönheit an uns vorbeischwebte. »Ich muß hier raus!« zischte ich. Isis schaute mich an und erschrak. Sie ahnte, daß ich im Begriff war, mit dem nächstbesten Louis-XV-Stuhl auf die Kronleuchter, die Marmorsäulen und womöglich auf die Mannequins einzuschlagen. Sie stand auf. Die Cardin-Dame unterbrach ihren monotonen Kommentar. Isis reichte ihr die Hand wie zum Kuß. »Splendid«, sagte sie. »Wir sind in Eile. Schönen Dank. Bis zum nächsten Mal...« Sie benahm sich so, als sei sie daran gewöhnt, die Modelle berühmter Couturies in unverbindlichen Privatvorführungen anzuschauen. Die Cardin-Dame war etwas verwirrt, als wir uns so brüsk zurückzogen. Das nächste Mannequin änderte geistesgegenwärtig seinen Kurs und steuerte auf uns zu, als wir schon an der Tür waren. Aber wir ignorierten die Schöne.

Eine Minute später waren wir auf der Straße. Es gab keine Diskussion. Wir wußten, daß wir den Bogen überspannt hatten. Plötzlich blieb Isis stehen. »Warte mal einen Augenblick«, sagte sie. »Ich habe was vergessen!« Sie eilte davon, verschwand im

Cardin-Palais und kehrte nach ein paar Minuten zurück. Erst an meinem Geburtstag erfuhr ich, warum Isis zu Cardin zurückgekehrt war: sie hatte für mich eine traumhaft schöne Krawatte gekauft – für hundertfünfzig Mark, und das war 1962. Irgend etwas stimmte mit meinem Leben nicht mehr.

In meiner Angst dachte ich oft an Rüdiger. Würde es mir schließlich so ergehen wie ihm? Rüdiger hatte mich eines Tages angerufen, als ich noch mit der Familie im Hotel Prem wohnte. Ich hatte ihn seit Jahren nicht gesehen und freute mich, denn er war ein alter Schulfreund von mir. Aber Rüdigers Stimme klang merkwürdig hohl. »Du hörst dich so komisch an«, sagte ich. »Ist was?«

»Alles Scheiße«, sagte er tonlos.

Ich kannte ihn als einen Happy-go-lucky-Typen, einen unbesorgten Frauenfreund und Glücksritter. Natürlich wollte er mich narren.

¸Hast du Schecks gefälscht?« alberte ich.

»Viel schlimmer!«

»Was??«

»*Ich kann meinen Namen nicht mehr schreiben*!«

Pause.

»Soll das ein Witz sein?«

»Ein Witz?« Er lachte bitter. Ich spürte, daß er Hilfe brauchte. War er verrückt geworden? »*Ich kann nicht mehr*!« sagte er leise.

Er rief vom Hauptbahnhof an. Ich bat ihn, zu mir ins Hotel zu kommen. Eine halbe Stunde später rief der Concierge an. »Hier ist ein Herr, der angibt, mit Ihnen verabredet zu sein!« sagte er spitz. Als ich in der Halle aus dem Lift trat, setzte der Concierge eine Verschwörermiene auf und deutete mit einer Neigung des Kopfes zum Fenster. Dort sah ich den Umriß eines Mannes, der vor der Scheibe stand und ins Freie schaute.

»Rüdiger?«

Er wandte sich um und schaute mich aus glanzlosen, rotgeränderten Augen an – hilflos, ängstlich, verzweifelt. Sein Rükken war gebeugt. Der ungekämmte Schädel klemmte zwischen hochgezogenen Schultern. Bartstoppeln verdüsterten das blasse, ausgezehrte Gesicht. Er trug einen dreiteiligen Anzug, der den guten Schneider verriet, obwohl er wie ein Lappen auf Rüdigers magerem Körper hing – speckig, ungebügelt und mit ausgebeulten Taschen. Die Schuhe waren ungeputzt und abgetreten. Schmuddeliges Hemd, keine Krawatte.

Ich umarmte Rüdiger wortlos und führte ihn in die Bar. Er bestellte einen doppelten Whisky on the rocks.

»Erzähl mal, wenn du Lust hast«, sagte ich. Er starrte in sein Glas und schwieg.

»Wie geht es Veronika?« fragte ich, um ihm Mut zu machen. Veronika war seine lebenslustige, schöne Frau.

»Veronika?« Er runzelte die Stirn, so als wüßte er nicht, von wem die Rede war. »Ach so, du meinst Veronika ...«, sagte er schließlich unbestimmt. »Sie hat gesagt, ich soll dich besuchen. Hat mir auch deine Adresse gegeben.« Ich wunderte mich, woher Veronika meine Adresse hatte. Rüdiger sagte: »Sie ist schwanger. Neunter Monat.«

Das zweite Kind war also unterwegs. Behutsam tastete ich mich vor. »Hast du Urlaub?«

»Urlaub?« Er brauchte Zeit, um sich zu konzentrieren. »Ich mache blau.«

»Wissen sie in deiner Firma, wo du steckst?«

Er schaute sich ängstlich in der Bar um, so als suche er nach versteckten Lauschern. Wir waren die einzigen Gäste. Der Barkeeper war außer Hörweite. Rüdiger beugte sich dicht zu meinem Ohr vor, so daß ich seine kranke Ausdünstung wahrnehmen konnte. »Meine Leute decken mich«, flüsterte er.

»Deine Leute decken dich??«

»Die wissen Bescheid, was mit mir los ist. Aber sie halten dicht.«

»Und du kannst deinen Namen nicht mehr schreiben? Seit wann denn?«

Er leerte sein Glas und überlegte. »Zwei Wochen«, sagte er zögernd. »Vielleicht auch drei. Ich komme mit der Zeit nicht mehr klar.«

»Erzähl doch mal von Anfang an«, sagte ich und bestellte den zweiten doppelten Whisky für ihn. Der Barkeeper schaute Rüdiger mißtrauisch an, als er das Glas vor ihm abstellte.

Rüdiger überlegte lange und holte umständlich eine Schachtel Zigaretten aus der Tasche. Ich gab ihm Feuer. Er zog den Rauch tief ein und schaute mir direkt in die Augen. Ich sah den Blick eines Verfolgten – unstet, gehetzt, um Hilfe flehend.

Ich legte meinen Arm um seine Schulter. »Schieß los! Ich möchte alles wissen«, sagte ich leise, und endlich begann er, seine Geschichte zu erzählen.

Seine Vorgeschichte kannte ich zum Teil. Wir waren zusammen auf dem Internat und im Krieg gewesen.

Er hatte Karriere gemacht, war Exportkoordinator eines weltberühmten Konzerns, ein hochbezahlter Top-Manager, fast ein Wunderkind, denn seine Position war bisher älteren Herren vorbehalten gewesen. Rüdiger war der typische Senkrechtstarter: konzernfühlig, geschmeidig, diplomatisch, anpassungsfähig, intelligent, fleißig. Und jetzt konnte er seinen Namen nicht mehr schreiben!

Er versuchte, zu erklären, was ihm widerfahren war. Aber die Ursache seiner Krise blieb im dunkeln. Sie hatte ihn scheinbar wie ein Blitz aus heiterem Himmel getroffen. Er erzählte, daß er kürzlich für seinen Konzern wichtige Verhandlungen mit der französischen Konkurrenz in Paris führen mußte. Er brachte seine beiden Assistenten mit, weil er wußte, daß er selber den Durchblick verloren hatte.

»Meine Leute haben verhandelt, und ich habe am Tisch gesessen und mit dem Kugelschreiber gespielt«, erzählte er. »Ich hatte keine Ahnung, wovon die Rede war. Die Verhandlungen zogen sich über Tage hin und führten schließlich in eine Sackgasse.«

Rüdiger hatte den Gesprächen nicht folgen können, aber er ahnte, daß die Kontrahenten im Begriff waren, die Konferenz abzubrechen. Da sprang ihn die Angst an wie ein Rudel Wölfe. Fast wäre er in Ohnmacht gefallen. »Mein Gehirn kochte!« sagte er und schien so unbeteiligt, als berichte er von einem Fremden. »Ich durfte auf keinen Fall ohne Ergebnis aus Paris abreisen!« Er fürchtete, daß seine Firma ihn für den Mißerfolg verantwortlich machen würde. Die Konzernleitung würde erfahren, wie es um ihn stand, und er würde in hohem Bogen auf die Straße fliegen – ein Lügner, ein Versager, ein Blender! Also schaltete sich Rüdiger ein und bat seinen französischen Partner um ein Gespräch unter vier Augen.

Der Barkeeper brachte den dritten Whisky. Rüdiger nippte an seinem Glas. Der Alkohol hatte sein Zunge gelöst. »Ich habe meinem französischen Partner die Wahrheit gesagt«, erzählte er.

»Ich sagte ihm, daß ich Konzentrationsstörungen hätte. Der guckte mich nur blöd an. ›Unterschreiben Sie!‹ flehte ich. ›Wenn Sie nicht unterschreiben, bin ich geliefert!‹ ...« Rüdiger schien den Faden zu verlieren.

»Und was hat der Mann gesagt?«

»Gar nichts. Der Typ hat gelächelt und unterschrieben!«

Ich konnte mir nicht vorstellen, daß der Franzose aus Mitgefühl unterschrieben hatte. Wahrscheinlich wollte er Rüdiger erpressen und als Spion benutzen.

Rüdiger sagte, es habe sich um einen Vorvertrag gehandelt. Der endgültige Vertrag stehe in drei Tagen zur Unterschrift an. »Die Flugkarte habe ich schon«, sagte er und kramte das Lufthansa-Billett aus der Westentasche.

Ich erschrak: »Du kannst natürlich nicht nach Paris fliegen!«

Er schaute mich ratlos an. »Ich *muß* fliegen. Sonst kommt alles raus!« Er wurde hektisch. »Wenn ich nicht nach Paris gehe, kann ich nichts mehr vertuschen. Der Franzose springt vielleicht ab und packt aus ...«

Ich unterbrach ihn. »Warte hier ein paar Minuten auf mich, okay?«

Ich ging zum Telefon, rief Professor Albrecht von der Psychiatrie des Hamburger Universitätskrankenhauses an und erzählte ihm mit ein paar Sätzen, was ich hier in der Hotelbar erlebte. »Bringen Sie Ihren Freund morgen früh um zehn zu mir«, sagte er. Dann rief ich Veronika auf dem Hof an, den sie sich vor ein paar Jahren bei Bremen gekauft hatten. »Mensch, wie gut, deine Stimme zu hören«, rief sie. »Kannst du helfen?« Ich sagte ihr, daß ich am Abend mit Rüdiger zu ihr käme. Er müsse in eine Klinik. Wir kämen, um seine Sachen fürs Krankenhaus zu holen.

»Oh Gott«, sagte sie. »Du hast ja keine Ahnung ...«

Schnell hinauf zu Isis. Mit ein paar Worten erklärte ich ihr die Situation und meldete mich ab. »Morgen gegen Mittag bin ich wieder da!«

Als ich in die Bar zurückkehrte, stierte Rüdiger apathisch in sein Glas. »Gehen wir«, sagte ich. Er fragte nicht, wohin, lief einfach hinter mir her, stieg ins Auto, lehnte sich im Sitz zurück, schloß die Augen. Als wir auf dem Hof ankamen, schien er sich zu wundern. »Ach, *hier* sind wir?« Veronika kam aus dem

Garten, wischte sich die blonden Locken aus dem erhitzten Gesicht und begrüßte uns. Der dicke Bauch stand ihr gut. Wenn schöne Frauen schwanger sind, berühren sie das Herz, und ich finde sie nicht nur attraktiv, sondern fast unwiderstehlich. Rüdiger aber nahm seine Frau gar nicht wahr, lief an ihr vorbei, verschwand im Haus.

»Der Mann macht mich wahnsinnig!« sagte Veronika.

Sie hatte ein Abendessen vorbereitet. Bei Tisch erzählte ich Rüdiger, daß ich ihn am nächsten Morgen zu Professor Albrecht bringen würde. Seine Hände zitterten. Er legte die Gabel ab, zog sich die Serviette aus dem Kragen, stand auf und sagte feierlich: »Das kommt überhaupt nicht in Frage. Ich lasse mich von euch beiden nicht hereinlegen!« Er drehte sich um und verließ den Raum. Veronika wollte ihm folgen. Ich hielt sie zurück.

»Ich kriege zu viel!« stöhnte sie. Zum erstenmal erlebte ich diese starke Frau hilflos. »Seit Tagen erzählt er mir, was für ein Schwein er ist!« brach es aus ihr hervor. »Erzählt mir, mit wem er fremdgegangen ist, und wo es war und wie es war. Alles haarklein und im Detail. Zwei von meinen besten Freundinnen sind auch dabei. Ich habe sie sofort angerufen, ich konnte nicht anders, ich war total fertig. Die waren total geschockt, haben alles zugegeben. Jetzt weiß ich: Er lügt nicht! Es ist alles wahr, was der mir erzählt! Er ist auf dem Bekennertrip. ›Ich bin ein Schwein!‹ schreit er. ›Du kennst mich überhaupt nicht! Du bist viel zu gut für mich!‹ Und dann erzählt er mir, wie er rumgemacht hat, als ich mit Tobias schwanger war, und auch jetzt wieder. Die letzte Maus hat er erst vor ein paar Wochen vernascht. Ich verstehe nicht, was die mit diesem Wrack überhaupt anfangen können ...«

Ich ließ sie reden, hörte zu. Sie mußte endlich einmal ihre Verzweiflung herausschreien, sonst wäre sie daran erstickt. »Ich habe niemanden, mit dem ich reden kann«, stieß sie hervor. »Es darf sich ja auch nicht herumsprechen, was mit Rüdiger passiert. Gestern hat er seinen Mercedes zum Lackierer gebracht. ›Der wird jetzt beige gespritzt‹, sagt er. Weißt du, warum?«

Ich schüttelte den Kopf.

»Weil er damit Taxi fahren will! Er sagt, in der Firma wüßten jetzt alle, daß er total versagt hat. Er sei ein Scharlatan. Und demnächst säße er auf der Straße. Jetzt will er überall im Haus

Öfen aufstellen, weil wir uns angeblich die Ölheizung nicht mehr leisten können. Und er sagt, daß er schwere Stiefel braucht. Er will nämlich zum Förster gehen und sich als Waldarbeiter verdingen. Das ist nicht zum Lachen, sag ich dir! Der Mann dreht total durch. Was soll ich denn bloß tun?«

Ihre Augen füllten sich mit Tränen. Ich nahm ihre Hand. Sie tat mir leid. Im neunten Monat schwanger – und dann dieser Mann, der die Flucht aus der Verantwortung angetreten hatte. Sie brauchte doch genauso dringend Hilfe wie Rüdiger. Er fiel in einen Abgrund und riß sie mit.

Am nächsten Morgen wunderte ich mich: Rüdiger hatte sich rasiert. Er trug ein sauberes Hemd, als er sich am Frühstückstisch niedersetzte. Wenn wir pünktlich bei Albrecht sein wollten, mußten wir in einer halben Stunde losfahren. Und ich wußte immer noch nicht, wie ich Rüdiger am besten zum Mitfahren bewegen konnte. »Weißt du«, sagte er, so als habe er meine Gedanken gelesen, »ich kann mir die Psychiatrie einfach nicht leisten. Wenn das rauskommt, schmeißen sie mich aus der Firma raus . . .«

Wir schwiegen. Rüdiger musterte uns mißtrauisch. Ich aß mein Rührei und schaute auf die Uhr. Rüdiger sagte: »Ein Manager, der einen Psychiater braucht, disqualifiziert sich. So ist das nun mal. Jeder Mensch weiß das.«

Ich folgte einer Eingebung, stand mechanisch auf und meine Worte kamen ohne Überlegung: »Wenn du jetzt nicht mitkommst, will ich dich nie wieder sehen!« Er hob den Kopf und schaute mich verblüfft an. Ich spürte, daß er mitkommen würde. »Wollen wir wetten?« sagte ich. »Eine Kiste ›Mumm Dry‹! Wenn du rausfliegst aus deiner Firma, zahle ich. Wenn du nicht rausfliegst, zahlst du, okay?«

Ich streckte ihm meine Hand hin. Er ergriff sie nicht, schlug nur mit der flachen Hand auf meine Hand und stand auf. »Gehen wir«, sagte er resigniert. Veronika umarmte ihn. Er schaute sie nicht an, machte sich von ihr los und verließ das Zimmer.

Um zehn Uhr lieferte ich ihn bei Professor Albrecht ab. Zwei Stunden später rief mich der Psychiater im Hotel an: »Wir haben Ihren Freund hier behalten. Sie können ihn besuchen. Es wäre sogar gut, wenn Sie häufig kämen.« Den Befund wollte er mir nicht sagen. Schweigepflicht.

Rüdiger blieb länger als drei Monate in der Psychiatrie. Ich besuchte ihn oft. In den ersten Wochen durfte er die Station nicht verlassen. Ich saß an seinem Bett und hörte mir seine depressiven Monologe an. Er hielt sich für die größte Mißgeburt aller Zeiten. Jeden Tag wartete er darauf, daß seine Firma ihn entlassen würde. Sonst interessierte ihn nichts. Als er erfuhr, daß Veronika ihm einen zweiten Sohn geboren hatte, stieß er nur einen Seufzer aus: »Auch das noch!«

Es gab auch Tage, da war er in Hochstimmung. Saß im Bett, breitete die Arme aus und begrüßte mich mit einem euphorischen Wortschwall: »He, Alter, toll, daß du kommst...« Dann wußte ich, daß man ihm mal wieder »Uppers« verabreicht hatte, Lachtabletten nannte ich sie. »Uppers« machten ihn geradezu unheimlich fröhlich.

Wenn man nicht wußte, daß die Chemie am Werk war, hätte man meinen können, der Patient sei geheilt. Rüdiger berichtete von seinen Erfolgen als Geschäftsmann und schwelgte in Erinnerungen an seine galanten Abenteuer. Oft war Toni dabei, der Patient vom Nebenzimmer, ein kleiner, gebeugter Mittvierziger mit dicker Hornbrille und einer grotesken Kartoffelnase. Rechtsanwalt und Steuerberater, schwer reich und sexbesessen. Aufgeregt hielt er sich an seinem Stuhl fest, rutschte hin und her und riß begierig den Mund auf, wenn Rüdiger von den geilen Diplomatenfrauen in Beirut berichtete.

Nach einer Weile konnte Toni nicht mehr an sich halten. Dann warf er den mageren Arm hoch, wie ein Kind, das sich in der Schulklasse meldet, und schrie: »Aber keine fickt wie die Monroe!« Er habe die Monroe an der Bar eines Luxusrestaurants am Wilshire Boulevard in Los Angeles kennengelernt, erzählte er hektisch. Sie habe ein hautenges Kleid mit einem »tierischen Dekolleté« angehabt. Bobby Kennedy sei auch dabei gewesen. Er, Toni, sei mit seinem Freund Gary Cooper gekommen, und Gary habe ihn der Monroe vorgestellt. Sie habe die langen Wimpern gesenkt und ihm diesen unglaublich eindeutigen Blick zugeworfen, der ihm wie ein Messer in die Hose gefahren sei.

Toni erzählte und erzählte und legte großen Wert aufs Detail. Sogar die Nummer seiner Suite im Bel Air-Hotel wußte er noch, in der er es mit der Monroe zum erstenmal getrieben hatte. Und Rüdiger und ich erfuhren alles über die Anatomie und die sexuellen Eigenheiten des Stars. »Die Monroe!« schwärmte Toni sadistisch, »sie war so herrlich zickig!« Er erzählte immer die gleiche Geschichte mit erstaunlich wenigen Abweichungen, so daß ich fast vergessen hätte, daß sie reine Erfindung war. Manchmal kam Schwester Henriette dazu. Lautlos betrat sie das Zimmer und lauschte begierig. Henriette war schon in den Fünfzigern, eine straff aufgerichtete, imposante Erscheinung mit grauem Knoten und einem merkwürdig glatten, zeitlosen Gesicht. Wenn ihr kräftiger Bariton durch den Korridor dröhnte, schreckte Rüdiger sogar aus seinem Valiumrausch hoch. Ich glaube, er verwechselte sie mit seiner Mutter und hatte Angst vor ihr. Ich nannte sie »Bismarck«.

Henriette war schon seit vielen Jahren Schwester in der Psychiatrie. Sie lächelte wissend, wenn Toni von Marilyn phantasierte. Die verrückten Geschichten der Patienten gaben der Stationsroutine eine willkommene Würze. Henriette – das sah man ihr an – kannte die merkwürdigsten Spiegelungen der Phantasie, und nichts Menschliches war ihr fremd.

Es kam ihr gewiß merkwürdig vor, daß ich Rüdiger so häufig besuchte, denn oft bemerkte ich, daß sie mich verstohlen beobachtete. Mit der Zeit behandelte sie mich genauso wie ihre Patienten – rauh, aber herzlich und mütterlich streng. Ich mochte sie, aber eines Tage fand unser Verhältnis ein jähes Ende. Ich erzählte gerade Anekdoten aus dem »stern«, als Henriette lautlos ins Zimmer trat und auf Rüdigers Bettkante Platz nahm. Nachdem sie mir eine Weile aufmerksam zugehört hatte, legte sie ihre schwere, blaugeäderte Hand auf meine Hand, schob den Kopf vor, schaute mir tief in die Augen und röhrte mit ihrem wohltönenden Bariton: »Ihren Typ kenne ich gut, Herr Elten. Eines Tages werden Sie nicht als Besucher zu uns kommen, sondern als Patient. Da bin ich ganz sicher!«

Ich zog meine Hand unter ihrer Hand zurück, so als hätte ich eine heiße Herdplatte berührt. »Die Frau hat Erfahrung«, dachte ich, »die weiß, wovon sie redet!«, und plötzlich wurde mir bewußt, wie nett und gemütlich ich es hier fand. Galten meine häufigen Besuche überhaupt noch Rüdiger, oder kam ich hierher, weil ich mich in diesem Irrenhaus schon richtig wohl fühlte? Erst jetzt wurde mir bewußt, daß ich Rüdiger beneidete, weil er hier so unbesorgt in den Tag hineinleben konnte, gut gefüttert, angenehm unterhalten, liebevoll versorgt. Keiner wollte was von ihm. Kein Mensch stellte Ansprüche. Professor Albrecht kam jeden Tag und nahm Rüdigers Leiden ernst, wenn man überhaupt noch von Leiden sprechen konnte. Der Professor verschrieb Massagen und Gymnastik im Schwimmbad. Kein Rattenrennen auf dem Marktplatz, keine Verantwortung für Firma und Familie – nur noch Entspannung, tiefe, verantwortungslose Entspannung! Und wenn trotzdem einmal düstere Stimmung aufkam, eilte »Bismarck« mit den Lachtabletten herbei, und dann war die Welt wieder in Ordnung, jedenfalls die kleine, abgeschiedene, surreale Welt der Psychiatrie. Die Welt außerhalb der Psychiatrie, die Welt der Exporte, der komplizierten Vertragsverhandlungen, der ehelichen Pflichten und der väterlichen Verantwortung erschien Rüdiger nach drei Monaten Krankenhausaufenthalt als die wahre Hölle. Und mit Grausen sah er dem Tag entgegen, da Albrecht ihm zumuten würde, dorthin zurückzukehren.

Es war höchste Zeit, mich von hier abzusetzen. Ich sprang von meinem Stuhl auf und stieß ein unnötig lautes »Tschüß!« aus. »So eilig plötzlich?« sagte Henriette mit gespielter Verwunderung. Sie lächelte spöttisch, und ich hatte das unangenehme Gefühl, daß sie besser wußte, was in mir vorging als ich selbst. Ohne ein weiteres Wort eilte ich aus dem Zimmer und ließ mich nie wieder in der Psychiatrie sehen.

Etwa zwei Wochen später schrieb mir Rüdiger eine euphorische Ansichtskarte aus Wien: »Alles paletti!« Die Geschäfte gingen besser denn je. Ich hatte also die Kiste Champagner gewonnen. Oder doch nicht? Sechs Wochen später besuchte mich Rüdiger im Büro. Es war fast so schlimm wie damals im Prem-Hotel. Der Krankenhausaufenthalt sei für die Katz gewesen, jammerte er. Die vielen Medikamente, die Schlafkur, die Massagen, die Gymnastik, alles habe versagt. Es ginge ihm genauso beschissen wie zuvor. Er sei am Ende, wolle sich umbringen. Plötzlich packte mich eine unbändige Wut. »Laß mich endlich mit deinem Scheiß in Ruhe!« brüllte ich ihn an. »Kümmere dich um deine Familie. Und mach, daß du rauskommst!« Ich riß die Tür auf, und er verschwand.

Ein paar Monate später kam Post aus London. Rüdiger bedankte sich für den »Arschtritt«! Er sei genau das richtige für ihn gewesen. Er lebe jetzt in England. Großartiger Job. Schöne Grüße von Veronika. Auch den Kindern gehe es gut. Im P. S. hieß es: »Neuerdings Golf! Du solltest auch damit anfangen.«

In Japan soll es früher Sitte gewesen sein, psychisch gestörte Menschen ins Zen-Kloster zu bringen. Dort wurden sie in einem abgeschiedenen Raum untergebracht. Die Mönche versorgten sie mit Essen, aber keiner sprach mit ihnen. Sie bleiben sich selbst überlassen. Niemand interessierte sich für ihr Leid. Keine Therapie, keine Medikamente, nur Stille. Nach spätestens zwei Wochen konnten die »Patienten« als geheilt entlassen werden.

Die Episode mit Rüdiger war für mich ein Schlüsselerlebnis. Bevor er aus der Bahn geflogen war, hatte er am Rande des Wahnsinns funktioniert, und es kam mir so vor, als ob auch ich mich unaufhaltsam darauf zubewegte. Nicht nur ich! Die meisten Menschen in meiner Umgebung erschienen mir gestört. Wir standen ständig unter Konkurrenzdruck, tranken zu viel, rauchten zuviel, putschten uns mit Kaffee auf, gewöhnten uns an Valium, aßen ungesund, verlangten zu viel von uns, zehrten unsere seelische Substanz auf – kurzum: Wir standen alle schon mit einem Bein in der Psychiatrie.

Ich hatte Angst, aber noch war ich weit davon entfernt, die Konsequenzen zu ziehen. Rückzug aus dem Rattenrennen kam gar nicht in Frage. Mehr denn je gierte ich nach Erfolg. Ich bildete mir ein, daß ich mein Schicksal an das Schicksal des »stern« gebunden hatte. Wenn die Transformation des »sterns« mißlang, würde ich mein persönliches Prestige als Journalist verlieren – glaubte ich, und schon die Vorstellung versetzte mich nahezu in Panik. Anerkennung war mir noch wichtiger als Geld. Aber auch das Geld machte mir Sorgen. Fast jeden Tag studierte ich die Aktienkurse und hatte Angst davor, daß sie in den Keller rutschen könnten.

Ich verschwendete gar keinen Gedanken daran, ob es sich denn lohnte, von Leuten anerkannt und gelobt zu werden, die ihrerseits völlig irrsinnige Vorstellungen von einem erfüllten Leben hatten. Ich wollte gerne »dazugehören«. Wenn ich in Kampen auf Sylt Ferien machte, fand ich es völlig in Ordnung, daß »Karlchen«, der Barkeeper vom »Gogärtchen«, mich duzte, denn er duzte ja auch Axel Springer und den Krupp-Chef Berthold Beitz. Karlchens »Du« war bei den meisten Kampianern begehrter als das Bundesverdienstkreuz. Der Barkeeper, der übrigens auch ein feinsinniger Kunstsammler war, entschied mit seinem »Du« darüber, wer dazugehörte und wer, wie mein Schwager Hans, nicht dazugehörte. Hans, ein tüchtiger Ingenieur und seriöser Schlips- und Kragenmensch, hatte einmal versucht, zu später Stunde in »Renate's« Kampener Nachtlokal einen Drink zu nehmen. Der Typ, der den Einlaß regelte, musterte meinen Schwager von Kopf bis Fuß, zog lässig sein Bein im Türrahmen hoch und versperrte ihm den Zugang. »Ihr letzter Bus nach Westerland geht in zehn Minuten«, sagte er.

Das war Kampen, und das konnte mir nicht passieren. Ich gehörte dazu. Auch Kampen-Urlauber Gerhard Schröder, der frühere Verteidigungs- und Außenminister, hätte gerne dazugehört, aber er traute sich nicht, an der Buhne 16 die Badehose auszuziehen. Er wollte gerne Bundeskanzler werden. »Ich bin nur für kalkulierbare Risiken«, vertraute er mir in seiner spröden Art an. Aber er war unheimlich scharf darauf, von mir zu erfahren, wie es denn am Nacktbadestrand zugeht, und warum der Berthold Beitz keine Angst davor hat, daß sich Pressephotographen anschleichen und ihn ohne Badehose erwischen. »Wer nicht vertrauen kann, der kann sich auch nicht amüsieren«, sagte ich, und Schröder lächelte säuerlich.

Ich machte mich zwar gerne über die albernen Rituale in der kleinen, irren Welt der Kampener Schickeria lustig, aber auch diese Form der Kritik gehörte zum Ritual. Das Irre war, daß die Irren sich über das Irrenhaus irrsinnig lustig machten. Wer sich nicht über die Kampener Klapsmühle mokierte, der gehörte nicht wirklich dazu – er war sozusagen ein Irrer zweiter Klasse, einer von den schrecklichen Neureichen aus Krefeld, Wanne-Eickel, Sindelfingen, Donauwörth und anderen Provinznestern, die von der alteingesessenen Irrenhaus-Aristokratie gehaßt wurden, weil sie die Heidelandschaft von Sylt mit ihren Klotz-Villen zubauten, die Straßen mit ihren Mercedes-Sportwagen und Jeeps verstopften und die feinen Restaurants wie eine Barbarenhorde überfielen, so daß man schließlich seinen Tisch schon eine Saison im voraus bestellen mußte. Die Wirtin vom »Weißen Haus«, bei der Zuckmeyer, von Salomon und viele andere feingeistige Menschen einst Ferien gemacht hatten, fand den neureichen Rummel auf Sylt so abstoßend, daß sie sich erhängte.

Mein Leben wurde immer schneller, obwohl mich mein gesunder Menschenverstand zumindest davor bewahrte, in die Manager-Mannschaft einzusteigen, die unter Nannen das Magazin in Schwung hielt; die Mannschaft der Stellvertreter und der Ressortleiter. Wie ein Rudel Wölfe hechelten sie mit angelegten Ohren hinter dem Leitwolf her, ängstlich darauf bedacht, das Tempo zu halten und den Anschluß nicht zu verlieren. Wehe, wenn sie nicht spurten! Dann riß ihnen der Leitwolf das dicke Fell auf, und sie brauchten Monate, um ihr Selbstwertgefühl wieder herzustellen.

Nannen duldete keine Halbheiten – er forderte von seinen Mitarbeitern totale Unterwerfung und einen Einsatz, der an Selbstaufgabe grenzte. Er hatte praktisch kein Familienleben und hielt gesellschaftliche Verpflichtungen für Zeitverschwendung. Für ihn gab es nur den »stern« – 24 Stunden am Tag. Wenn einer glaubte, 23 Stunden seien auch okay und das Familienleben ginge vor, dann konnte er sich in Nannens Manager-Bande nicht lange halten. Als einmal mitten in der Nacht ein Lufthansaflugzeug entführt wurde und Nannen den Verdacht hatte, daß sein außenpolitischer Ressortchef sich etwas zu viel Nachtruhe gegönnt hatte, begrüßte er ihn in der Morgenkonferenz mit der eisigen Frage: »Nun, Herr Vacek, haben Sie denn auch etwas unternommen, oder warten Sie darauf, bis die Lufthansa an Sie herantritt?« Das war der Verkehrston in dieser Reaktion.

Wie viele andere Potentaten verbarg Nannen hinter seiner autoritären Fassade eine fast kindliche Schüchternheit. Im Umgang mit berühmten Leuten konnte der starke Mann des »stern« merkwürdig unbeholfen sein. Er wollte sich gerne mit den Mächtigen dieser Welt photographieren lassen, aber er hatte Angst davor, das glänzende Parkett der internationalen Politik zu betreten. Seine jungen Leute mußten ihn förmlich an die Hand nehmen und zu den großen Interviewterminen zerren. Ich selber versuchte, ihn zu dem ägyptischen Staatspräsidenten Anwar el Sadat zu bringen, aber die Begegnung scheiterte auf unvergeßliche Weise.

Ich war nach Ägypten vorausgeflogen, um das Interview mit Sadat einzufädeln. Nannen kam mit seinem außenpolitischen Ressortchef Peter Ebel ein paar Tage später nach. Der Kairoer Lufthansa-Vertreter chauffierte uns in seinem Mercedes über die Wüstenstraße nach Alexandria, wo Sadat uns in seinem Sommerpalast empfangen wollte. Nannen saß neben dem Fahrer. Je näher wir unserem Ziel kamen, desto nervöser wurde er. Ägypten sei überhaupt das letzte, meinte er – dreckig, korrupt, chaotisch, mit einem Wort: zum Kotzen. Die Pyramiden waren für ihn nicht viel mehr als ein Haufen Steine, und sogar das weltberühmte ägyptische Museum ließ ihn kalt. Er verfluchte seinen Entschluß, sich auf das ägyptische Abenteuer eingelassen zu haben.

Sein schwaches Englisch machte ihm Sorgen. »Spricht der Sadat nicht deutsch?« wollte er immer wieder von uns wissen. Erschöpft lehnte er sich in den Fond zurück, und ich bemerkte, daß es ihm immer schlechter ging. Sein Gesicht wurde kreidebleich. Er atmete flach und mühsam. Wir schwiegen bedrückt. In das Schweigen sagte Nannen. »Die erste Frage an Sadat steht schon mal fest.« Ebel zückte Block und Bleistift und Nannen diktierte: »Herr Präsident, wo kann man denn bei Ihnen mal austreten?«

Minuten später bat er den Lufthansa-Mitarbeiter anzuhalten. Er taumelte aus dem Auto und übergab sich in der Wüste. Als er wieder einstieg, sah er aus wie Christus am Kreuz. Kalter Schweiß perlte auf seiner Stirn, die Augen waren leidvoll geschlossen, der Atem kam stoßweise. Ich fürchtete einen Herzanfall und überlegte schon, wie ich erste Hilfe leisten könnte. Nannen sank in seinem Sitz zusammen und ächzte: »Das Interview müßt Ihr ohne mich machen!«

Er wollte sofort zum Arzt, am besten ins Krankenhaus. Ich schlug vor, daß er uns bis zum Sommerpalast begleiten sollte. Dort würden wir den Leibarzt des Präsidenten vorfinden. Die Idee gefiel ihm, denn er liebte es, wenn sich berühmte Leute um ihn kümmerten. Minuten später rollten wir über die Palastauffahrt. Bleich und gefaßt stieg Nannen die Freitreppe hinauf, während ich schon mit dem Ordonnanzoffizier des Präsidenten verhandelte. Der führte Nannen in einen stillen Empfangsraum, wo er sich auf dem Sofa ausstrecken konnte.

Ebel und ich wurden sofort zu Sadat vorgelassen. Der wußte schon Bescheid, war besorgt, erkundigte sich, ob Nannen ein chronisches Leiden habe, was wir verneinten und befahl seinem Adjutanten, den Leibarzt zu benachrichtigen. Nannen war also gut versorgt. Ebel und ich konnten unbesorgt mit dem Interview beginnen.

Als das Gespräch beendet war, erkundigte sich Sadat bei seinem Leibarzt, wie es dem Patienten gehe. »Kein Grund zur Sorge!« versicherte der Herr Professor. Aber Sadat – ganz der überschwengliche orientalische Gastgeber – erlaubte nicht, daß Nannen mit uns im Auto zurück nach Kairo fuhr. Er ließ seinen persönlichen Ambulanzwagen vorfahren, ein chromblitzendes Gefährt mit bunten Lampen, Blutkonservenvorrat, starker Sirene und natürlich mit den modernsten medizinischen Notgeräten ausgestattet. Ich nahm den Leibarzt zur Seite und bat ihn, mir reinen Wein einzuschenken. Was war los mit Nannen? Der Mediziner schmunzelte. »Ihr Chefredakteur hat sich wohl ein bißchen aufgeregt?« fragte er. »Kein Grund zur Sorge. Er ist kerngesund.«

Nannen hatte wieder Farbe im Gesicht, als er das präsidiale Ambulanzfahrzeug bestieg. Er streckte sich auf dem weißen Laken der Pritsche aus. Ein Sanitäter deckte ihn mit einer Wolldecke zu und rückte das Kissen unter seinem Kopf zurecht. Bevor die Hecktür zugeschlagen wurde, hob Nannen die Hand, winkte Ebel und mir wie ein Gladiator zu und lächelte glücklich. Er war noch einmal davongekommen – im Nannen-Stil. Ein Geheimnis seines legendären Erfolges bestand darin, daß er die Kunst beherrschte, Niederlagen in spektakuläre Erfolge umzumünzen.

Der Ambulanzfahrer startete den Motor, schaltete die roten Warnlichter ein, warf die Sirene an und gab Gas. Der teure Marmorkies der Palastauffahrt spritze in alle Richtungen, als der Krankenwagen wie ein Feuerwerkskörper durch das Parktor zischte. Zwei Begleitoffiziere schossen auf schweren BMW-Motorrädern seitwärts auf die Ambulanz zu, ließen ihre Sirenen aufheulen, schlugen einen halsbrecherischen Haken und setzten sich an die Spitze. Unser Lufthansa-Fahrer umkrampfte sein Lenkrad und versuchte, das Tempo zu halten. Die Motorrad-Begleiter verscheuchten den normalen Verkehr. Autofahrer machten am Straßenrand Notbremsungen. Wir rasten bei Rotlicht über mehrere Kreuzungen. Pferde stellten sich auf die Hinterhufe, sogar Esel scheuten, ein Obstkarren fiel um, wir fegten über purzelnde Melonen, so daß der Saft durch die Gegend spritzte, Passanten rissen neugierig Mund und Augen auf. Nach einigen Minuten hatten wir den Anschluß an die Ambulanz verloren.

Zurück im Kairoer Sheraton-Hotel wollten Ebel und ich sofort mit dem Lift ins oberste Stockwerk zu Nannen fahren und sehen, wie er die Fahrt überstanden hatte. Der Hotel-Manager trat uns aufgeregt in den Weg. »Was ist denn passiert?« fragte er atemlos. »Plötzlich fährt der Krankenwagen des Präsidenten mit Sirenengeheul vor! Ich dachte: ein Attentat! Aber dann steigt der Herr Nannen aus der Ambulanz aus wie aus einem Taxi und verlangt seine Zimmerschlüssel...«

Ich erzählte dem Manager, daß Nannen unpäßlich gewesen sei und der Präsident ihm seinen Ambulanzwagen zur Verfügung gestellt hatte. Der Manager hörte mit offenem Mund zu und schickte den »Bell Boy« mit einer Flasche Champagner nach oben. Als Ebel und ich Nannens Suite betraten, war es dunkel. Nannen stand im Morgenrock am Fenster und schaute versonnen auf das dampfende Lichtermeer der ägyptischen Metropole.

»Wissen Sie was?« sagte er, ohne sich nach uns umzuwenden, »Ägypten ist gar nicht so schlecht, wie ich gedacht hatte!«

In schwachen Momenten, wenn er seine Verletzbarkeit offenbarte und sich zu seinen Ängsten bekannte, erschien mir Nannen am stärksten. Aber das kam selten genug vor. Einmal holte er mich in Blankenese zu einem Sonntagsspaziergang ab. Er wirkte schrecklich deprimiert, und ich fragte, was ihn bedrückte. Gab es Probleme mit Martha? Nein, mit Martha war alles okay. Aber der »Buci« (damit war unser Verleger Gerd Bucerius gemeint), der Buci habe seinen Vertrag nicht verlängert! Ich wußte sofort, daß die Sache nicht ernst zu nehmen war. Wahrscheinlich ein Mißverständnis. »Buci« war nicht so dumm, die Gans zu schlachten, die ihm die goldenen Eier legte. Nannens Vertrag lief erst in einem Jahr ab, aber Nannen war in Panik, weil »Buci« den Vertrag nicht, wie üblich, exakt ein Jahr vor Ablauf verlängert hatte. Der Termin war seit einer Woche überfällig. Wollte »Buci« ihn loswerden? Hatte er einen Nachfolger in der Hinterhand?

Ich fühlte mich Nannen in seiner Not sehr nahe. Es war fast rührend, zu beobachten, wie dieser scheinbar unangreifbare Machtmensch ins Schleudern kam, wenn er seine Existenzbasis bedroht glaubte. In seiner Angst schien »Lord Henri« das Vertrauen in sich selbst und in seinen Freund Bucerius völlig verloren zu haben. Waren die beiden denn nicht das perfekte Erfolgsteam? Ich erinnerte mich daran, wie Bucerius während einer Redaktionskonferenz leise die Tür öffnete und vorsichtig einzutreten versuchte. »Buci, wir können Sie jetzt nicht gebrauchen«, rief Nannen ihm gutmütig zu. »Lassen Sie uns mal in Ruhe Geld für Sie verdienen!« Nannen machte das Blatt, »Buci« trug das finanzielle Risiko. Er trug es gerne und geduldig. »Herr Bucerius«, hatte Kuby ihn einmal vor versammelter Redaktion adressiert, »Herr Bucerius – Sie, der Sie aus den Gehirnschalen Ihrer Redakteure Ihren Champagner schlürfen...« Solche Frechheiten ließ sich »Buci« gut gelaunt von Leuten gefallen, die er respektierte. Er war der ideale Verleger.

Ab und zu ließ er freilich auf subtile Weise durchblicken, wo der Bartel den Most holte. Und so war es schon möglich, daß er Nannen bei der Vertragsverlägerung mit Absicht ein bißchen zappeln ließ. »Ich habe noch nie in meinem Leben Mißerfolg gehabt«, sagte »Lord Henri«. »Ich weiß gar nicht, ob ich Mißerfolg überhaupt ertragen könnte!« Zum erstenmal wurde mir bewußt, daß die Angst der Treibstoff für raketenhaften Aufstieg sein kann.

Ich hielt eine gesunde Distanz zu diesem liebenswerten Egomanen, und er reagierte darauf wie ein abgewiesener Liebhaber – beleidigt und fasziniert zugleich. Er war ein erotischer Mensch, und das prägte seine Menschenführung. Sein Charme konnte unwiderstehlich sein. Viele begabte und intelligente Menschen waren ihm geradezu hörig. Sie unterwarfen sich ihm lustvoll, sie haßten und sie liebten ihn, und am Ende, als er abgebaut hatte, verrieten sie ihn.

Mein Leben wurde schneller, weil ich zum erstenmal unter scharfem Konkurrenzdruck stand. Die »Süddeutsche Zeitung« hatte praktisch keine Rivalin. Aber der »stern« mußte sich gegen andere Illustrierte durchsetzen und trat später auch gegen den

»Spiegel« an. Die Konkurrenzkämpfe wurden mit einer Hemdsärmeligkeit ausgetragen, die mich zunächst erschreckte, bis ich sie mir selber aneignete. In Kairo und Rom war ich mit den Kollegen verbunden gewesen wie mit Clubfreunden. Jetzt waren aus Kollegen Gegner geworden, und wie im Krieg ging es um die nackte Existenz. Du oder ich – nur einer konnte gewinnen. Ein zweiter Preis wurde nicht vergeben. Solidarität, Hilfsbereitschaft, freundliches Zuvorkommen, Liebe, Mitgefühl – alle diese schönen Eigenschaften, die ein harmonisches Zusammenleben unter den Menschen möglich machen, mußte man vergessen, wenn man für den »stern« auf dem Kriegspfad war.

Ich entsinne mich an eine Episode, die mir meine Rücksichtslosigkeit im Kampf mit der Konkurrenz zum erstenmal erschreckend bewußt machte. Ein Lufthansa-Flugzeug war entführt worden, und der Fotograf Perry Kretz und ich setzten uns auf die Fährte der Entführer. Wir wollten schneller sein als die Konkurrenz, deshalb flogen wir im firmeneigenen Jet, einer achtsitzigen »Mystére«. Vor Abflug hatte ich die Direktion der Lufthansa angerufen und gefragt, ob einer ihrer Herren mitfliegen wollte, denn wir würden die Lufthansa-Bosse brauchen, wenn wir am Ende mit der entführten Besatzung sprechen wollten. Ein Vorstandsmitglied nahm die Einladung an. Wir machten also eine Zwischenlandung in Frankfurt und nahmen den Herren an Bord. Mit ihm stieg ein Araber-Spezialist des Bundespresseamtes zu.

Wir flogen Richtung Nahost. Die entführte Maschine war inzwischen in Rom gelandet. Dort hatten die palästinensischen Entführer einen Passagier per Genickschuß liquidiert und die Leiche auf die Betonpiste geworfen. Unser erstes Flugziel war also der Leonardo da Vinci-Airport gewesen. Als wir über den Alpen waren, rief unser Lufthansa-Vorstand über Bordtelefon seine Zentrale in Frankfurt an und erfuhr, daß die entführte Maschine Rom verlassen hatte und Kurs nach Süden genommen hatte. Auf nach Beirut!

Wir tranken Champagner aus der wohlbestückten Bordbar und spekulierten, wo die Entführer das Flugzeug schließlich freigeben würden. Der Araber-Spezialist des Bundespresseamtes tippte auf Beirut. Ich tippte auf Süd-Jemen, Perry auf Algerien, aber ich hatte das Gefühl, daß unsere beiden Gäste an Bord mehr wußten als Perry und ich. Der Lufthansa-Manager hielt sich fast nur noch im Cockpit auf und mauschelte am Telefon. Mit wem sprach er? Und worum ging es? »Top-secret«, sagte er nur und lächelte geheimnisvoll. Später erfuhren wir, daß die Lufthansa mit der Palästinenser-Organisation verhandelte, die für die Entführung der Maschine verantwortlich war. Es ging um eine Summe in Millionenhöhe. Die Übergabe des Geldes sollte in Beirut stattfinden. Aber die Transaktion – politisch brisant und moralisch fragwürdig – verzögerte sich. Schließlich nahmen die Entführer Kurs auf Süd-Jemen am unteren Ende der arabischen Halbinsel.

Als wir bei Einbruch der Dunkelheit in Aden landeten, hatten die Entführer den Lufthansa-Jet schon freigegeben. Er stand vor dem kleinen Abfertigungsgebäude und nahm sich unter den veralteten Flugzeugen der kleinen arabischen Volksrepublik wie ein Flamingo unter Spatzen aus. Zwei Soldaten bewachten ihn. Sonst war kein Mensch zu sehen. Hier schien die Welt zu Ende zu sein.

Wir störten den Paßbeamten beim Abendessen. Er wischte sich mit dem Hemdsärmel den Mund ab, schob die Mütze ins Genick, stempelte mißmutig unsere Papiere ab und befahl uns, zu warten. Ein Herr vom Außenministerium sei unterwegs, um uns abzuholen. Ich war froh, daß wir den Lufthansa-Vorstand dabei hatten. Er galt hier als der offizielle deutsche Vertreter. Perry und ich gehörten quasi zur Begleitung und schlüpften unter seinen Fittichen in dieses Land, in dem westliche Journalisten nicht willkommen waren.

Inzwischen war eine zweite Lufthansamaschine nach Aden unterwegs, um die Besatzung und die Passagiere abzuholen. Sie wurde in der Nacht erwartet und sollte am nächsten Morgen via Rom nach Frankfurt zurückfliegen. Wir hatten mit unserem Begleiter von der Lufthansa vereinbart, daß wir mitfliegen durften. Unterwegs würden wir reichlich Gelegenheit haben, den Captain und seine Mannschaft über die Entführung auszufragen und sie zu fotografieren. In Rom allerdings sollten wir mit den italienischen Passagieren aussteigen. Die Lufthansa erwartete einen großen Presserummel am Frankfurter Flughafen und wollte die Medien nicht verärgern: die Kollegen von der Konkurrenz würden mit Sicherheit sauer sein, wenn sich die Tür des Flugzeugs öffnete und Perry und ich sozusagen Hand in Hand mit den entführten Besatzungsmitgliedern ins Scheinwerferlicht der Fernsehkameras traten.

Uns war es ganz recht, in Rom von Bord zu gehen, denn wir wollten keine schlafenden Hunde wecken. Die Konkurrenz brauchte nicht zu wissen, daß wir die ganze Geschichte schon im Kasten hatten. Exklusiv natürlich! Das war die Hauptsache. Bevor wir in Rom ausstiegen, mußten wir den Besatzungsmitgliedern das heilige Versprechen abnehmen, den Kollegen von der Konkurrenz nur unverbindliche Informationen zu geben. Denn wenn die Besatzung ihre Geschichte vor der ganzen Presse auspackte, war unsere Story gestorben. »Ohne Spesen nichts gewesen«, hieß es im »stern«, wenn ein Reporter Mist gebaut hatte. Unsere Neider und Feinde in der Redaktion würden sich die Hände reiben. Wir brauchten also die Entführungsstory exklusiv und so gut verpackt, daß kein anderer an sie herankommen konnte. Vor allem mußte sie noch ein paar Tage lang frisch bleiben, denn so lange dauerte es, bis das nächste »stern«-Heft auf den Markt kam. Für den Notfall hatte ich die Vollmacht, an die Besatzungsmitglieder Informationshonorare zu zahlen, aber davon durfte niemand etwas wissen.

Der Einsatz war hoch, und entsprechend stark war auch der Druck, unter dem Perry und ich standen. Geld wurde immer wichtiger, denn in den sechziger Jahren hatte die sogenannte Pressefreiheit eine merkwürdige Blüte getrieben: den sogenannten Scheckbuchjournalismus. Die Zeiten waren vorbei, da allein journalistische Findigkeit, Renommee, Bildung, Beziehungen, schreiberisches Talent und andere fachliche und menschliche Qualitäten den Reporter zum Erfolg führten. Neuerdings traten Reporter immer häufiger unter den Bedingungen von Autorennfahrern an – sie brauchten einen finanzkräftigen Rennstall, wenn sie siegen wollten. Je mehr Geld, desto besser das Auto, die Wartung, die Organisation und desto größer die Erfolgschancen.

Geld hatte inzwischen viele brillante Köpfe angelockt – Leute wie Kuby, Haffner, von Paczensky und Sethe schmückten das Impressum, und ich fühlte mich in bester Gesellschaft. Geld floß reichlich, wenn »stern«-Reporter Spesen machten. Das Scheckbuch gehörte nun wie die Schreibmaschine und der Fotoapparat zum Handwerkszeug.

Oft wurden Exklusivgeschichten wie Aktienpakete auf dem Markt gehandelt. Und nicht selten kam es vor, daß der »stern« zum Höchstpreis einkaufte, obwohl der Chefredakteur gar nicht die Absicht hatte, die Geschichte zu veröffentlichen. Hauptsache, die Konkurrenz kriegte sie nicht! Die großen internationalen Bilderagenturen liebten den »stern«, denn er gab Millionen aus, um sich an der Spitze zu etablieren. Während »Life« und »Paris Match« in die Krise abdrifteten, rissen sich die besten Fotografen der Welt um »stern«-Aufträge. Sie konkurrierten mit den hauseigenen Fotografen wie Perry, und die Konkurrenz konnte tödlich sein, besonders bei der Arbeit an Kriegsschauplätzen. Denn anders als die Schreiber können Fotografen mit Informationen aus zweiter Hand nichts anfangen. Sie müssen selber Augenzeuge sein – am besten an der vordersten Front, dort, wo Blut fließt und die Sensationsfotos zu holen sind.

Pressefreiheit? Für Reporter unter Konkurrenzdruck reduziert sich die Pressefreiheit oft auf die Freiheit, sich das Genick zu brechen. Reporter unter Konkurrenzdruck werden nicht von hohen Idealen beflügelt. Sie sind auf der Jagd nach Sensationen, also letztlich auf der Jagd nach dem Geld. Nicht, daß die Reporter reich dabei würden! Es sind allein die Verleger, die das Geld machen, die Herren, die »aus den Gehirnschalen ihrer Reporter ihren Sekt schlürfen«. Leidenschaftliche Reporter stört das nicht, wenn sie auf der Jagd sind. Denn die Jagd nach Sensationen ist eine Sucht. Sie zieht dich in ihren Bann, sie macht dich bedenkenlos und blind für Gefahren. Wie das Roulettfieber zerstört die Sensationslust deinen gesunden Menschenverstand und deine moralischen Prinzipien.

Als ich mit Perry dem entführten Lufthansa-Jet nachjagte, hatte mich das Sensationsfieber mit Haut und Haaren gepackt. Wir waren seit 14 Stunden unterwegs, als wir in Aden landeten, aber von Müdigkeit keine Spur. Der Herr vom südjemenitischen Außenministerium brachte uns zum Hotel. Auch die Besatzung und die Passagiere der entführten Lufthansa-Maschine wohnten dort. Wir würden sie auf dem Rückflug interviewen, also ließen wir sie in Ruhe ausschlafen. Im Augenblick waren die Palästinenser wichtiger. Wo waren die Entführer? Wir hatten nur eine Nacht, um sie zu finden. Wo war der Mann, der den Passagier in Rom erschossen hatte? Es hätte mich nicht gewundert, wenn auch die Herren Entführer im Hotel abgestiegen wären; palästinensische Terroristen lieben feine Hotels. Aber der Chefportier schwor, daß er die Herren nicht gesehen hatte, und er blieb auch bei seiner Meinung, als ich ihm eine 20 Dollar Note unter die Nase hielt.

Der Mann vom Außenministerium wußte natürlich, wo die Entführer waren, aber als wir ihn fragten, tat er so, als wüßte er überhaupt nicht, daß ein Flugzeug entführt worden war. »Entführer?« fragte er gedehnt, zog erstaunt die Augenbrauen hoch und wandte sich an seinen Assistenten, der immer einen halben Schritt hinter ihm war: »Weißt du was von Entführern?« Zeitverschwendung. Wir ließen von dem Jemeniten ab und versuchten unser Glück am Telefon: westliche Diplomaten, der örtliche Vertreter der »Reuters«-Nachrichtenagentur, der alteingesessene Vertreter einer deutschen Speditionsfirma ... schlechte Verständigung, falsche Nummer, Summton in der Leitung, unverständliche arabische Laute, unterbrochene Verbindung, falsche Auskunft, Stille ... Es war heiß, ich trank Whisky on the rocks, meine Hände flatterten, wenn ich das Glas zum Mund führte, der kalte Schweiß stand mir auf der Stirn. Nach drei Stunden wußte ich, wo die Entführer abgestiegen waren. Leider wollten die Herren uns nicht empfangen. Wir wären auch uneingeladen zu ihnen gefahren, wenn wir ein Auto gehabt hätten. Aber inzwischen war Mitternacht vorbei. Weit und breit kein Taxi. Aden lag im Tiefschlaf, auch der Nachtportier schnarchte. Zum erstenmal spürte ich meine Müdigkeit. Ich gab auf und sankt erschöpft ins Bett.

Am nächsten Morgen fuhren wir mit der Besatzung und den Passagieren der entführten Maschine zum Flughafen. Wenig Betrieb. Die Früh-Maschinen waren schon gestartet und gelandet, die Passagiere abgefertigt. Vor dem Flughafengebäude vertraten sich ein paar Regierungsfunktionäre die Füße, zwei arabische Pressefotografen schossen Blitzlichter ab, jemenitische Lokalreporter umringten den entführten Captain, unser Lufthansa-Direktor fuhr mit seinem jemenitischen Begleiter in einem Regierungsauto vor und strahlte. Perry fotografierte, wie die Stewardessen Trinkgelder an die arabischen Gepäck-Kulis verteilten. Neugierige Zoll- und Paßbeamte hielten sich im Hintergrund, ein paar streunende Hunde liefen durch die Menge. Ich hatte eine Hosteß an die Seite genommen und sie gebeten, mit mir nach den Entführern Ausschau zu halten. Vielleicht wollten sie von ihren Opfern Abschied nehmen, wenn auch nur verstohlen und aus der Ferne? Haben nicht alle Täter einen unwiderstehlichen Drang, an den Ort der Tat zurückzukehren? Aber die Entführer ließen sich nicht sehen.

Eine verstaubte Limousine fiel mir auf. Sie raste mit aufgeblendeten Scheinwerfern auf das Flughafengebäude zu. Der Wagen sah aus, als habe er an einer Wüsten-Rallye teilgenommen. Er bog scharf auf den Parkplatz ein, und noch bevor er mit knirschenden Reifen zum Stehen kam, flog die Tür auf, und ein Mann sprang aus dem Sitz neben dem Fahrer. Er schien nicht ganz sicher auf den Beinen, schwankte, hielt sich am Wagendach fest, fuhr mit der Hand nervös durch das zerzauste Blondhaar, schaute sich hektisch um. Der Mann war von Kopf bis Fuß mit einer dunklen Staubschicht bedeckt. Seine Augäpfel leuchteten wie Christbaumkugeln in dem schwarzen, schweißverschmierten Gesicht. Er sah aus wie einer, der Schlimmes durchgemacht hatte, ein Überlebender, einer, der in einen Hinterhalt geraten war und Botschaft von einem Gemetzel irgendwo draußen in der Wildnis brachte.

Ein zweiter Mann kroch steif aus dem Auto. Er hatte einen Fotoapparat vor dem Bauch und hängte sich eine Kameratasche um. Presse! Keine einheimische Presse, sondern Konkurrenz! Die beiden Männer sahen nicht wie Araber aus. Waren sie Europäer? Amerikaner? Womöglich Deutsche? Sie gingen direkt auf den Lufthansa-Captain zu, und ich folgte ihnen auf den Fersen. Der Mann mit der Kamera fing sofort an, zu fotografieren. Der andere drängte sich durch die Gruppe von Arabern, die den Captain umringten, streckte seine Hand nach dem Piloten aus und sagte: »Guten Morgen! Mein Name ist Wolfgang K.! ›Bild am Sonntag‹!«

Ausgerechnet »Bild am Sonntag«! Das größte Bilderblatt überhaupt. Fast fünf Millionen Auflage, und die nächste Nummer würde vier Tage *vor* dem nächsten »stern«-Heft auf dem Markt sein. Wenn die beiden »Bild«-Reporter die Geschichte in den Kasten nahmen, konnten Perry und ich sie getrost vergessen. »Außer Spesen nichts gewesen!« Die Aussicht ließ mir das Blut in den Adern gerinnen.

Ich spürte einen Stoß im Rücken und drehte mich um. Perrys besorgtes Gesicht. »Da läuft einer rum und fotografiert!«

»›Bild am Sonntag‹!« sagte ich.

»Dann ist die Geschichte für uns gestorben!« sagte Perry und stemmte die Fäuste in die Hüften, so als habe er die Arbeit bereits eingestellt.

»Noch nicht!« sagte ich und tat so, als wüßte ich, wie wir die ›Bild‹-Leute aus dem Rennen werfen konnten. Dabei hatte ich keine Ahnung. Perry fotografierte weiter. Ich beobachtete den ›Bild‹-Reporter, der mit dem Captain sprach, und versuchte, mich zu konzentrieren. Jede Minute zählte. Je länger die Reporter ungestört arbeiteten, desto größer der Schaden für uns. Ich drängte mich vor. Der Captain sah mich und sagte: »Herr Elten, haben Sie schon Ihren Kollegen getroffen?« Der ›Bild‹-Reporter fuhr herum, so als hätte ich ihn in den Hintern getreten. »Elten?«

»Tag, Herr K.« Ich begrüßte ihn wie einen alten Freund. Dabei kannte ich den Mann überhaupt nicht.

Wir reichten uns die Hand und nahmen Maß. Zwei Skorpione in der Flasche. Der Captain wandte sich wieder den jemenitischen Reportern zu. Wolfgang K. sagte: »Wie sind *Sie* denn hier hergekommen?«

»Geflogen!«

»Geflogen? Mit welcher Linie denn?«

»Im ›stern‹-Jet!«

»Mensch«, sagte Wolfgang, »beim ›stern‹ müßte man sein! Wir sind von Hodeida gekommen. Die ganze Nacht mit dem Mietwagen durch die Wüste.«

»Jedenfalls haben Sie's noch rechtzeitig geschafft«, sagte ich kameradschaftlich. »Eine halbe Stunde später wären Sie schon zu spät gekommen.«

»Was, die fliegen schon in einer halben Stunde?«

Ich schaute auf die Uhr. »Wenn es nach Plan geht, um neun Uhr, also in dreizehn Minuten!«

Er schob mechanisch den Notizblock in die Brusttasche seiner staubigen Buschjacke. »In dreizehn Minuten? Dann hat es doch gar keinen Zweck ...«

»Das würde ich nicht sagen«, versuchte ich ihn zu trösten.

»Ihr habt eure Geschichte doch schon längst im Kasten, oder?« frage er bang.

»Ach wo«, sagte ich, ließ ihn stehen und zog eine Stewardeß ins Gespräch, die in der Nähe stand.

Wolfgang machte sich an den Ko-Piloten heran, aber wir beiden ließen uns nicht mehr aus den Augen. Ich betete darum, daß die Lufthansamaschine pünktlich abfliegen würde, aber um fünf Minuten nach neun waren die Passagiere immer noch nicht aufgerufen worden. Ich sah, daß auch Wolfgang ständig auf seine Armbanduhr schaute. Zehn Minuten später zupfte er mich am Ärmel. »Wie bringen Sie denn Ihre Story raus?« fragte er.

»Wir fliegen gleich zurück«, sagte ich.

»Mit der Lufthansa?« frage er mißtrauisch.

»Schön wär's«, sagte ich und hatte ein schlechtes Gefühl dabei.

»Uns wollen sie auch nicht mitfliegen lassen«, sagte er.

»Ach so? Mit wem haben Sie denn gesprochen?«

»Mit dem Captain«, sagte Wolfgang, und ich war erleichtert, daß der Captain dichtgehalten hatte. Aber vielleicht wußte er auch noch gar nicht, daß Perry und ich die Erlaubnis hatten, mit der Besatzung zurückzufliegen.

»Vielleicht kann man ja die Story per Telex durchgeben«, sagte Wolfgang.

»Von hier?«, sagte ich. »Von Aden?? Kennen Sie das Nest? Von hier aus ist noch nie ein Fernschreiben in die Welt gegangen! Wenn Sie hier was loswerden wollen, müssen Sie eine Brieftaube mitbringen!«

»Ihr fliegt direkt nach Hamburg?«

»Beirut, erst mal nach Beirut.«

Wolfgang ließ mich stehen und stürzte sich wieder in die Arbeit. Aber ein paar Minuten später war er wieder da. Er räusperte sich verlegen. »Es ist vielleicht zuviel verlangt...«, sagte er, unterbrach sich und schien nach Worten zu suchen. Ich ahnte schon, worauf er hinaus wollte. »Würden Sie uns möglicherweise nach Beirut mitnehmen?« frage er schließlich. In diesem Augenblick hatte ich die rettende Idee.

»Klar«, sagte ich spontan, »wenn Sie nicht hierbleiben wollen.«

»Wirklich?« stieß er hervor. »Sie nehmen uns mit?«

»Ich habe nichts dagegen.«

»Und Ihr Fotograf?«

»Das geht schon in Ordnung«, sagte ich, klopfte ihm beruhigend auf die Schulter und ließ ihn stehen.

Ich weihte Perry in meinen Plan ein, und er war begeistert. Dann nahm ich unseren »stern«-Piloten auf die Seite: »Herr Bayer, wir müssen eine kleine Intrige inszenieren!«

Ich erzählte ihm, daß unsere schlimmste Konkurrenz aufgetaucht war und erläuterte ihm, was wir unternehmen mußten, um die ›Bild‹-Menschen los zu werden.

»In fünf Minuten werden Sie laut und deutlich nach mir rufen«, sagte ich. »›Herr Elten, wir müssen starten! Der Tower sagt, daß wir *vor* der Lufthansa raus müssen!‹ Ich werde zurückrufen und zwar so laut und deutlich, daß auch der ›Bild‹-Mensch mich hören kann. ›Wieso denn das, Herr Bayer?‹ werde ich protestieren, und Sie kommen zu mir und sagen: ›Nix zu machen! Wir müssen sofort los!‹ «

Herr Bayer schaute mich gespannt an. »Ein paar Minuten später komme ich mit den beiden ›Bild‹-Reportern an«, fuhr ich fort. »Wir gehen an Bord und warten auf Perry. Der kommt nicht. Ich werde nervös und sage, daß ich Perry suchen will. Ich steige also aus dem Flugzeug aus, und sobald ich draußen bin, ziehen Sie die Treppe ein und starten. Ist das okay?«

Der Pilot starrte mich mit offenem Mund an. »Ist das nicht Entführung?« fragte er.

»Unsinn! Die Leute von ›Bild‹ *wollen* mit unserem Flugzeug nach Beirut fliegen. Wir tun ihnen einen Gefallen!«

Herr Bayer war nicht begeistert. »Und was soll ich denen sagen...?«

»Sagen Sie einfach, daß ich Sie beauftragt hätte, die beiden Herren nach Beirut zu fliegen. Mehr wüßten sie auch nicht.«

»Okay«, sagte Herr Bayer und lächelte gequält. »Wollen mal sehen, was passiert.«

Ich machte mich auf die Suche nach meinem Konkurrenten. Kaum hatte ich ihn gefunden, tönte Bayers Baß über die Köpfe der Anwesenden: »Herr Elten, Herr Elten...!«

Das weitere lief genau nach Plan ab. Wolfgang jammerte: »Ich habe doch noch gar keine Story!«

»Was kann man machen?« sagte ich. »Wir haben auch nicht mehr als Sie. Aber vielleicht wollen Sie lieber hier bleiben?«

»Nein, nein!« rief er entsetzt. »Wir fliegen mit!«

Ein paar Minuten später schnallten sich die beiden ›Bild‹-Reporter in unserem »stern«-Jet an. Ich stieg aus. Bayer zog die Treppe ein, die Jet-Motoren heulten auf, aber ich drehte mich nicht mehr um...

Der Pilot hat mir später erzählt, daß die ›Bild‹-Leute immer wieder gefragt hätten: »Was ist denn *jetzt* los? Warum warten Sie nicht auf Herrn Elten?« Schließlich sei es ganz still geworden im Flugzeug – bis Beirut. Dort seien die Herren grußlos ausgestiegen und verschwunden.

Etwa ein Jahr später traf ich Wolfgang zufällig in Athen. »Mensch«, sagte er, »Sie haben uns ja ganz schön geleimt!«

»Ich hoffe, Sie können mir verzeihen?«

Er grinste: »Na klar. Ich hätte es doch genauso gemacht!« Wir gaben uns die Hand und fühlten uns ebenbürtig – zwei Haifische im Becken.

Im Laufe der Jahre gewöhnte ich mich an das Leben im Haifischbecken. Die »stern«-Redaktion wurde immer besser, und besonders unter den Autoren und Fotografen fand ich viele Freunde. Nicht immer ging es auf Reisen so brutal zu wie bei der Flugzeugentführung im Jemen. Mitunter war ich wochenlang in paradiesischen Gegenden unterwegs, und viele Stories, die ich für den »stern« schrieb, interessierten mich brennend. Ich wollte mit meinen Reportagen Vorurteile abbauen, Verständnis für Minderheiten und soziales Gewissen wecken. Ich wollte aufklären, die Meinungsfreiheit verteidigen, die Demokratie stärken.

Als ich die Vierzig überschritten hatte, wurden meine politischen Ansichten immer stärker von meiner persönlichen Entwicklung geprägt: Midlife-crisis! Ich fing an, mir über den Sinn meiner Existenz Gedanken zu machen, und in Augenblicken ehrlicher Selbsterforschung mußte ich mir eingestehen, daß die Art und Weise, wie ich lebte und arbeitete, nicht den geringsten Sinn machte. Meine »Anliegen« waren schöner Schein. Tatsächlich leistete ich überhaupt keinen Beitrag dazu, daß die Welt ein wenig wohnlicher wurde. Ich prangerte Mißstände an, wie andere politische Autoren auch, aber wir drangen nicht zu den

Ursachen der Mißstände vor. Wir berichteten über sie wie über Naturkatastrophen. Wir konzentrierten uns auf die lebhaft bewegte Oberfläche. Die Frage nach dem Bewußtsein wurde überhaupt nicht gestellt. Wir standen an der Klagemauer, stimmten in das allgemeine Lamentieren der liberalen Intellektuellen ein und schwelgten in depressiver Hilflosigkeit.

Kein Wunder, daß ich die Kulturrevolution der Blumenkinder von San Francisco wie einen Lichtstrahl in der Finsternis begrüßte. Ich flog nach London, schaute mir »Hair« an und war hingerissen von der sanften Dynamik einer neuen Generation, die sich vom lebensfeindlichen Materialismus ihrer Eltern befreien wollte. Auf einer Party in Los Angeles lag ich bei Pink-Floyd-Musik auf dem Teppich, rauchte mit radikalen Vietnamgegnern meinen ersten Joint und träumte von einer Welt voller Liebe und Solidarität. Und natürlich war ich begeistert von den deutschen Studentenführern, die gegen die muffige Arroganz der Professoren rebellierten und ihren Protest gegen das Gemetzel in Vietnam in Straßendemonstrationen artikulierten. Daß die Friedfertigkeit dieser Bewegung so rasch in Gewalt umschlug, lastete ich zunächst einmal der reaktionären Brutalität des Establishments an. Ich war noch nicht so weit, die Gewalt an sich zu verurteilen, ganz gleich, ob sie als Reaktion oder als Aktion auftritt.

Ich schwelgte in der Romantik der Pariser Studentenrevolte, trieb mich nächtelang zwischen brennenden Barrikaden herum, verhinderte im letzten Augenblick, daß die Demonstranten eine brennende Lunte in den Tank meines Hertz-Mietwagens steckten und freute mich trotzdem über die Flammen, die aus umgestürzten Polizeifahrzeugen schlugen. Sie illuminierten die revolutionären Nächte des Quartier Latin. In ihrem Schein gingen die Pflastersteine der aufgerissenen Rue Michelle auf die blitzenden Helme und Schutzschilde der Polizisten nieder, flogen die Tränengasgranaten über die Studentenbarrikaden, leuchteten die Gesichter der Bürger, die in den Fenstern lagen und die Aufständischen anfeuerten. Das revolutionäre Feuer beleuchtete auch die verletzten Rebellen, die von Medizinstudenten in kleinen, blutbesudelten Deux-Chevaux-Transportern aus der Kampfzone gebracht wurden, und es spiegelte sich in den lodernden Augen dieser unglaublich schönen Studentin wider, die geschmeidig wie eine Katze auf die Barriere sprang, den Kopf zurückwarf, die Fahne der Pariser Kommune schwang und der düsteren Phalanx der Guarde Civil ihr metallisch-scharfes »Vive la Liberté!« entgegenschleuderte.

Lange nach Mitternacht sah ich sie noch einmal, als die Studenten – rußgeschwärzt, mit brennenden Augen und glücklich erschöpft – die Barrikaden verließen und in den Schutz der Sorbonne zurückkehrten. Im schwachen Schein der Notbeleuchtung kletterte sie auf die Bühne des Audi-Max, dort wo der Steinway stand, auf dem ein blasser, junger Mann gefühlvoll in die Tasten griff und eine Chopin-Sonate spielte. Das junge Mädchen stützte sich mit den Ellbogen auf, ließ ihre langen blonden Haare wie Goldregen auf den schwarzen Lack des Flügels fallen und versenkte sich in den Anblick des Musikers. Im weiten Rund des Auditoriums herrschte eine fast andächtige Stille. Die Barrikadenkämpfer lagen rund um den Flügel auf dem Bühnenboden. Sie sanken erschöpft auf die Klappstühle im Parkett und liebkosten sich im Schatten der Galerien. Ab und zu ein kleines Lachen, ein Jauchzen der Lust. Die Chopin-Musik wehte wie ein Hauch durch das Nachtlager der Revolutionäre.

Ich hätte mich so gerne am Überschwang der Gefühle berauscht, aber als Reporter war ich dazu verurteilt, nüchtern zu bleiben, Abstand zu bewahren, den Überblick zu behalten. Ich glaubte, daß mein Beruf mich daran hinderte, mit den Rebellen gemeinsame Sache zu machen. Aber tatsächlich trennten mich Welten von den revolutionären Studenten. Sie gehörten einer anderen Generation an und hatten weder den Krieg noch den Nazismus erlebt. Sie waren Akademiker und bezogen ihr Weltbild aus der Lektüre philosophischer Schriften. Meine Universität war die Schule des Lebens gewesen, mein Weltbild wurde nicht von Marx und Marcuse geprägt, sondern von persönlichen Erfahrungen.

Ich entsinne mich noch, wie ich im Hamburger Hotel Vier Jahreszeiten bei einem Bankett der Tischherr von Ulrike Meinhof war und wir über die Verhältnisse im Iran unter dem Schah Reza Pahlevi diskutierten. Wenn mir damals einer gesagt hätte, daß meine schöne, sanfte und wortgewandte Tischdame schon bald eine Terrorgruppe führen würde, hätte ich ihn für geistesgestört gehalten.

Sie sah in ihrem tief ausgeschnittenen Abendkleid sehr sexy aus und hatte eine schöne, warmherzige Ausstrahlung. Wir tafelten mit ein paar Dutzend hochkarätigen Kapitalisten und einigen Künstlern als Gäste eines Hamburge% Bananenimporteurs und Reeders. Wir tranken unter üppigen Kronleuchtern Champagner und schwebten zur Musik einer befrackten Tanzkapelle über das spiegelblanke Parkett. Und zwischendurch erklärte mir Ulrike Meinhof geduldig, warum der Schah ein Schwein sei.

Das Ambiente für eine solche Diskussion hätte nicht exotischer sein können. Denn letztlich ging es bei unserem Gespräch um die Ausbeutung der Dritten Welt, und während Ulrike sich darüber empörte, daß der Schah sein Land verraten hatte und sich zum Handlanger der westlichen Ausbeuter machte, tranken wir den Champagner eines Kapitalisten, der in Ecuador ein Heer von Bananensklaven beschäftigte und vor allem durch die Ausbeutung von Entwicklungsländern, geschickte Finanzmanipulationen und Bonner Subventionen reich geworden war. Aber nicht nur das kapitalistische Ambiente machte unser Gespräch so unwirklich. Nach einer Weile fiel mir auf, daß Ulrike ihre scharfen Argumente wie in einer Retorte ausbrütete, sie entstanden sozusagen im luftleeren Raum und blieben von der Relativität aller Erscheinungen, von den Unwägbarkeiten des Lebens, von den Mysterien der Existenz unberührt.

Die Wahrheit ist zutiefst unlogisch. Sie existiert in einem Raum, in dem unser logisch trainierter Verstand und unsere sinnliche Wahrnehmung keine Orientierungshilfen sind. Deshalb ermahnen uns alle Mystiker, unsere komplizierten gedanklichen Konstrukte, unsere intellektuellen Konzepte, unsere Glaubenssysteme, unsere Vorurteile abzulegen und die Welt mit vorurteilsfreier Aufmerksamkeit zu betrachten. Diese Haltung des achtsamen Zeugen, der die Welt nicht durch die Brille von Gut und Böse betrachtet, ist das Ergebnis von Bewußtseinsentwicklung. Sie ist der beste Schutz gegen religiösen oder politischen Fanatismus, der die Welt immer wieder ins Chaos stürzt.

Während wir im Ballsaal des Vier Jahreszeiten tanzten und diskutierten, waren Ulrike Meinhof und ich weit von solchen Einsichten entfernt. Aber ich war immerhin schon so weit, Logik und Moral in Frage zu stellen. Ich war mir bewußt, daß im Namen der Logik und der Vernunft seit Jahrtausenden die schlimmsten Verbrechen begangen worden waren, und ich wußte, daß politischer Fanatismus sich gewöhnlich in den Mantel der Moral hüllt. Mir fiel auf, daß Ulrike eine Puristin war, die ihre Empörung über die Ungerechtigkeit der Welt in logische Argumente kleidete. Das machte sie mir verdächtig. Obwohl ich von ihrem sanften Charme bezaubert war, hatte ich auch ein wenig Angst vor ihr. Vielleicht ahnte mein Unterbewußtsein schon, daß ich eine Fanatikerin vor mir hatte, die auf dem Weg zur Gewalt war.

Noch konnte man mit ihr lachen und tanzen, aber die Fähigkeit, sich vorurteilslos anderen Meinungen zu öffnen, hatte sie bereits verloren. Wenn sie nicht schon auf dem Weg zur Gewalt gewesen wäre, hätte sie gewiß die Gelegenheit wahrgenommen, mich über meine Erfahrungen in der Dritten Welt, insbesondere über den Iran und den Schah auszufragen. Denn ich kannte den Schah persönlich ganz gut, und die Verhältnisse im Iran waren mir durch mehrere Reportagereisen vertraut. Ulrike dagegen wußte nichts aus eigener Anschauung. Der Iran und der Schah existierten nur als Retorten-Image in ihrem Kopf. Sie hatte ein Glaubenssystem, das von frühkindlichen Erlebnissen geprägt war, und da mußte nun der Schah irgendwie als Buhmann eingepaßt werden. »Wenn der Schah stürzt«, sagte ich zu ihr, »wird ein noch viel schlimmerer Bursche an die Macht kommen.« Sie lächelte nachsichtig. Sie wußte es besser.

Ulrikes Haltung war typisch für die Studentenbewegung. Nicht umsonst wurde die »Konkret«-Kolumnistin von den Radikalen, den Empörten, den zornigen Intellektuellen verehrt. Auch von mir. Ich mochte die Frau. Ich spürte ihre moralische Empörung und hatte Verständnis für sie. Mein Herz schlug für die Empörten. Ich war in einem Alter, in dem ich Zwischenbilanz zog, und ich fand, daß ich bisher zu pragmatisch, zu konservativ, zu karrierebewußt, zu kaltherzig, zu unekstatisch gewesen war. Plötzlich hatte ich Angst davor, alt zu werden, noch bevor ich das Leben richtig ausgekostet hatte. Ich wollte mich begeistern. Das heißt, ich wollte jünger sein, als ich war.

Vor allem wollte ich Ballast abwerfen. Mein aufwendiger Lebensstil ging mir auf die Nerven. Ständig plagte mich die Furcht davor, daß meine Ausgaben schneller wuchsen als meine

Einnahmen. Ich war beim »stern« hoch eingestiegen, und nun war es schwierig, weitere Gehaltserhöhungen durchzusetzen. Die Arbeit machte zwar immer noch Spaß, aber zu Hause fühlte ich mich nicht mehr so wohl wie früher. Meine Beziehung zu Isis machte mir Sorgen, aber ich sprach nicht darüber. Ich war daran gewöhnt, meine Probleme alleine zu lösen. Ich biß die Zähne zusammen und hielt meine Ängste und meine Sorgen für Schwäche.

Isis wußte nicht, was in mir vorging. Sie hielt sich für die glücklichste Ehefrau der Welt. Vielleicht spielte sie diese Rolle auch nur. Ich weiß es bis heute nicht, und sie weiß es vielleicht auch nicht. Wir haben unsere Probleme nie miteinander aufgearbeitet. Ich wußte nur, daß sie – abgesehen von Ehe und Kindern – ihr Leben in Deutschland für ein tragisches Mißgeschick hielt. Die Deutschen waren ihr unheimlich. Ich erinnere mich, wie wir einmal in einem feinen Restaurant der französischen Provence einkehrten und Isis gefüllte Singvögel als Entrè bestellte. »Das kann doch wohl nicht dein Ernst sein?« fragte ich schockiert, und sie schaute mich groß an und sagte: »Typisch deutsch! Sechs Millionen Juden vergasen, aber wegen ein paar Singvögeln sentimental werden!«

Sie haßte die deutsche Steifheit, die deutsche Humorlosigkeit, den deutschen Geschmack, sie haßte das Hamburger Klima, kurzum: Sie haßte vieles, was nicht zu ändern war, und ich hatte ein schlechtes Gewissen, weil ich sie in den finsteren, germanischen Norden verschleppt hatte. Sie kam sich hier vor wie ein exotischer Tropenvogel – von den Eingeborenen begafft, bestaunt, bewundert, aber nicht wirklich angenommen. Die Beziehung zu mir war das einzige, was ihrer Existenz in Deutschland Sicherheit und Sinn gab.

Wir waren beide hilfsbedürftig – zwei Bettler, die nichts geben konnten, weil sie selber Hilfe brauchten. Ich liebte sie zwar noch, aber ich verübelte ihr insgeheim, daß ich meine beruflichen Probleme nicht auf sie abwälzen konnte. Ich hatte das Rattenrennen satt. Ich wollte am liebsten wie ein Hippie leben – anspruchslos, einfach, frei. Solche Vorstellungen waren ihr völlig fremd. Als Frau des ägyptischen Botschafters in Paris konnte ich sie mir vorstellen, als Hippie nicht. Ihre hohen Ansprüche waren ein wichtiger Grund für mich gewesen, das

»stern«-Geld anzunehmen. Jetzt fühlte ich mich überfordert. Ich allein mußte sie dafür entschädigen, daß das Wetter schlecht und die Deutschen unsympathisch waren. Und weil ich mir wie ein Versager vorkam, wenn ich sie nicht glücklich sah, ermunterte ich sie, Geld auszugeben, obwohl mich ihre Ansprüche immer mehr bedrückten. Sie ging über meine Kräfte.

Auf einem herbstlichen Kurzurlaub auf Sylt lernte ich Katharina kennen. Ich hatte ein paar Freunde, die ich jedes Jahr um diese Zeit auf der Insel traf. Es war Anfang Oktober, die meisten Lokale geschlossen, die Strände fast leer. Wir spielten Volleyball an der Buhne 16, legten einen Meiler an, brannten aus Strandgut unsere eigene Holzkohle, hüllten uns abends in dicke Pullover, entzündeten Lagerfeuer, brieten Steaks, ließen die Weinflasche kreisen. Eines Abends tauchte ein junges Mädchen auf, schlank, schlaksig, langhaarig, mit schönen, großen, ehrlichen Augen – und setzte sich neben mich. Katharina. Alle kannten sie. Ich hatte sie noch nie gesehen, aber sie war mir sofort merkwürdig vertraut. Sie war auf der Insel aufgewachsen, hatte gerade Abitur gemacht, bereitete sich auf ihr Studium vor, jobbte tagsüber in einem Gestüt, kam mit dem Fahrrad zum Strand.

Es war Liebe auf den ersten Blick. Sie war so wunderbar anspruchslos! Ein Paar Jeans, T-Shirt, Pullover, Seglerjacke – das war scheinbar alles, was sie besaß, denn ich sah sie nie anders. Sie machte sich nichts aus feinen Lokalen, freute sich über einen Sandwich an der Milchbar. Wir gingen jeden Abend in die Disco und tanzten, bis kein trockener Faden mehr an uns war. Lange Strandspaziergänge bei Sturm und Regen. Liebe in sonnigen Dünenverstecken. Gespräche über Politik und Moral, über die Studentenbewegung und die Beatles, über Gewalt gegen Sachen und Personen, über Gott und die Liebe und über den Sinn des Lebens. »Wenn du so weiter machst wie bisher«, sagte sie, »bist du in ein paar Jahren ausgebrannt.«

Sie brauchte es mir nicht zu sagen. Ich wußte selber, daß ich meine Energie konzentrieren mußte. Ich lebte nur noch nach außen, jagte den Tagesereignissen nach, düste von einem Kontinent zum anderen, regte mich über unwichtige Dinge auf, versuchte, anderer Leute Erwartungen gerecht zu werden und fremde Ansprüche zu erfüllen, beschäftigte mich zuviel mit Nebensächlichkeiten, nahm ernst, was man von mir hielt – und hatte Angst. Es war die Angst, die aus dem schlechten Gewissen darüber kam, daß ich nicht auf meine innere Stimme hörte. Gewöhnlich nahm ich diese Angst nur als eine Art Unbehagen wahr, so als fühlte ich mich nicht wohl in dem Anzug, den ich trug. Aber anstatt den Anzug auszuziehen und in den Müll zu werfen, versuchte ich beharrlich, mich daran zu gewöhnen. Energieverschwendung!

Die Tage mit Katharina vergingen wie in einem Rausch. Von ihr sprang die Dynamik der Rockmusik auf mich über, und ich löste mich auf im Sound der Beatles, von Pink Floyd, der Rolling Stones. Es war, als brächen innere Schleusen auf und setzten eine Flut von frischer, unbändiger Energie frei. Katharina steckte mich mit einem neuen Lebensgefühl an. Ihr Idealismus, ihre Ideen über eine moderne, lebensfreundliche Architektur, über antiautoritäre Erziehung, über Bürgerinitiativen und vieles andere, was die junge Generation Ende der sechziger Jahre bewegte, regten mich dazu an, die Welt nicht nur aus der Perspektive der Vernunft zu betrachten.

Liebe, Schönheit, Vertrauen, Glück, alles, was das Leben lebenswert macht, hat mit Vernunft nichts zu tun, es gehört eher ins Reich der Utopie. Unter Katharinas Einfluß wurde mir bewußt, daß ich nicht vernünftiger, sondern utopischer werden mußte, wenn ich nicht im Korsett meines Pragmatismus ersticken wollte. Wir waren nicht immer einer Meinung. Oft stritten wir, aber gerade im Widerspruch mit ihr, wenn die Meinungen aufeinander prallten und die Funken sprühten, fühlte ich mich wie neugeboren.

Das war kein Flirt, den man am Urlaubsort zurücklassen kann wie eine leere Sonnenölflasche. Nach wenigen intensiven Tagen atmeten unsere Seelen im Gleichklang, wir vibrierten in einer Harmonie, die grenzenlos schien und in der wir verschmolzen, so daß keine Spur von uns übrigblieb. Wir waren glücklich, und wie alle glücklichen Menschen vergaßen wir, daß wir nicht allein auf der Welt waren. Wir überließen uns dem Schicksal und lebten im Hier und Jetzt.

Als ich aus meinem Rausch erwachte, war ich wieder in Hamburg und Katharina war auf Sylt. Sehnsucht, Ratlosigkeit, Trauer, Verwirrung. Ich hätte Isis sofort erzählen müssen, was ich erlebt hatte. Ich achtete Isis, wir gehörten zusammen, ich liebte sie. Aber ich liebte auch die andere Frau, und das durfte ich nicht verheimlichen. Isis hatte ein Recht darauf, von mir die Wahrheit zu erfahren. *Ich* mußte die Wahrheit sagen, und es war *ihre* Sache, wie sie damit umging. Ich war nicht auf ein Urlaubsabenteuer aus gewesen. Mein schlechtes Gewissen war albern. Die Liebe war über mich gekommen, wie ein Blitz. Sie war das schönste Happening auf der Welt. Häßlich konnte es nur werden, wenn ich damit nicht offen und ehrlich umging.

So war es, aber so sah ich es damals nicht. Ich hatte einfach Angst, und ich wußte nicht, wie ich mit einer Ehekrise anders umgehen konnte als in der Art, die für meine Generation typisch war: sich nichts anmerken lassen, mogeln, heimlich tun, verdrängen... Der moralische Imperativ von der ehelichen Treue hat sich in unsere Gene eingefressen wie Nesttrieb und Rudelverhalten. Er führt zu Scheinheiligkeit und Betrug, er macht Millionen von Menschen erpreßbar, er züchtet Illusionen und beschert Enttäuschungen, und seit er in die Rechtsprechung eingegangen ist, werden im Namen dieses Dogmas Liebende zu Verbrechern erklärt, Existenzen vernichtet, Kinder unglücklich gemacht und Rechtsanwälte gemästet.

Eheliche Treue ist nicht eine Sache der Moral und des Rechts – sie hat auch nichts mit Sex zu tun. Eheliche Treue bedeutet Achtung vor der Freiheit des Partners, Respekt vor seiner Urteilsfähigkeit, Ehrlichkeit im Austausch der Gefühle.

Ich war zu feige, die Wahrheit zu sagen. Ich redete mir ein, Isis würde in einen Abgrund fallen. Ein vernünftiges Gespräch über Katharina konnte ich mir mit ihr nicht vorstellen. Beim ersten Seitensprung sei für sie die Scheidung fällig, hatte sie mir oft versichert, eine alberne Drohung, aber ich nahm sie ernst. Auch wußte ich gar nicht, was ich nun eigentlich wollte. Katharina oder Isis? Beide konnte ich nicht haben, also mußte ich mich entscheiden. Aber auch davor hatte ich Angst. Qualvolle Wochen und Monate vergingen. Die Krise steuerte unaufhaltsam auf eine Katastrophe zu, und ich war wie gelähmt.

Katharina studierte inzwischen in Hannover. Wenn ich von einer Reise zurückkehrte, machte ich einen Umweg und verbrachte dort ein oder zwei Tage mit ihr im Studentenwohnheim. Oft raste ich nachmittags über die Autobahn nach Hannover, nur um Katharina zwei Stunden lang zu sehen. Je länger meine Beziehung zu ihr dauerte, desto schwerer fiel es mir, dieses Doppelleben zu führen. Ich kam mir wie ein Verbrecher vor. Schließlich entschied ich mich erschöpft für Isis und die Kinder.

Katharina verstand mich. Die Situation ging auch über *ihre* Kräfte. Sie litt darunter, daß sie in eine Ehe eingebrochen war. Aber Trennung – jetzt sofort und für immer? Unsere Herzen akzeptierten es nicht. Wir wollten uns weniger oft sehen, vielleicht würde die Zeit uns langsam auf verschiedene Wege führen. Ich war im Begriff, eine mehrwöchige Asienreise anzutreten. Tränenreicher Abschied. Böse Ahnungen. Es war so, als trennten wir uns fürs Leben.

Etwa drei Wochen später war ich in Taiwan. Als ich eines Abends von einer Überlandfahrt in mein Hotel in Taipeh zurückkehrte, händigte mir der Concierge ein Fernschreiben aus. Es bestand nur aus vier Worten: »*Call me immediately! Isis.*« Ich rief an und wußte, daß ich Isis verloren hatte.

Erst als ich wieder in Deutschland war, begriff ich, was geschehen war. Eine Person X – unbekannt und mysteriös – war in mein Büro eingedrungen, während ich auf Reisen war, hatte aus mehr als 50 Briefen, die sich auf meinem Schreibtisch angesammelt hatten, zwei Briefe von Katharina herausgesucht und an meine Privatadresse in Blankenese umadressiert – mit Blockschrift. Isis hatte die Briefe routinemäßig und nichtsahnend geöffnet. Als sie zu lesen begann, zerbrach ihr Eheglück. Und keine Bemühung konnte es wiederherstellen. Auch meine Trennung von Katharina nicht.

Bis heute weiß ich nicht, wer Katharinas Briefe umadressiert hat. Wer immer es war – er gehört zu den wichtigsten Menschen in meinem Leben, denn kaum ein anderer hat so tief in mein Schicksal eingegriffen. Ich bin diesem Menschen dankbar dafür, denn was offenbar ein Racheakt sein sollte, hat sich als eine sinnvolle Fügung des Schicksals erwiesen. Sie befreite mich von Fesseln, die ich mit eigener Kraft nicht sprengen konnte. Sie stürzte mich in einen Abgrund von Einsamkeit und Verzweiflung, dem ich nur auf zwei Wegen entrinnen konnte – auf dem Weg des Selbstmords oder auf dem Weg eines spirituellen Suchers. Ich entschied mich für das Leben.

6

Der Möbelwagen fuhr vor – zehn Meter lang und gerade groß genug, um aufzunehmen, was sich im Laufe meines und unseres Lebens angesammelt hatte: die Orient-Teppiche, die persischen Vasen, die antiken Möbel, die Stiche und Spiegel, die Bilder und Bücher, die Schallplatten und das Porzellan. Am Ende war der Sechsachser mit Anhänger so voll, daß die Nähmaschine nicht mehr hineinpaßte. Die schnallte Isis auf das Dach meines Verlags-Mercedes, zu Weihnachten wollte ich ihn wieder abholen. Als sie mit den Kindern einstieg, war Liz, unsere Boxerhündin, verschwunden. Sie wollte sich vor dem Umzug drücken. Fred mußte sie einfangen und ins Auto zerren.

Ich fühlte mich nicht stark genug, den Abschied von meiner Familie durchzustehen, und hatte mich zu einer Meniskusoperation ins Krankenhaus geflüchtet. Fred, der treue Freund in der Not, half beim Packen und begleitete Isis am Ende noch zum Autozug Hamburg–Mailand. Am Abend kam er an mein Bett, sank erschöpft auf einen Stuhl und wischte sich den Schweiß von der Stirn. »Als ich in Altona den Wagen in den Autozug-Waggon fahren wollte«, sagte er, »paßte er nicht rein, wegen der Nähmaschine auf dem Dach. Hinter mir fangen die Leute an zu hupen. Ich schere aus, fahre an die Seite, stelle den Wagen ab, rase zu Isis, die schon im Schlafwagen ist. Die Kinder flennen. Der Hund bellt. ›Ist was?‹ empfängt sie mich. ›Das Auto paßt nicht in den Waggon!‹ sage ich. ›Die Nähmaschine . . .‹ Sie läßt mich gar nicht ausreden. ›Quatsch‹, sagt sie, ›gib dem Beamten ein Trinkgeld!‹ «

Isis – unverwechselbar bis zum Schluß!

Eine bodenlose Traurigkeit überwältigte mich. Sie war kaum in Hannover, und schon vermißte ich sie mit ihren 36 Bikinis und den 28 Röcken, die ich einmal aus ihrem fünf Meter langen Wandschrank gezogen hatte. »Ich habe absolut nichts mehr zum Anziehen!« hatte sie mir händeringend gestanden, als wir zusammen in die Stadt fahren wollten. Ich schmiß die Röcke aufs Bett, einen nach dem anderen. »Und was ist das?«

Sie warf verächtlich den Kopf zurück. »Du wirst Frauen nie verstehen!«

Nach ein paar Tagen humpelte ich auf Krücken aus dem Krankenhaus und kehrte in die Höhle zurück, die ich mir am Isekanal gemietet hatte. Wanda, eine gute alte Freundin, rief an und wollte mich besuchen. Ich beschrieb ihr den Weg: »Isestraße 41. Nicht in den Haupteingang gehen, sondern rechts die Treppen zum Kellereingang hinunter. Geradeaus durch einen langen Gang bis zum Kanal. Vorsicht, es ist dunkel da unten! An den Mülltonnen gehst du durch eine zweite Tür und kommst durch einen Lichtschacht. Dahinter wohne ich. Die Klingel ist links in Kopfhöhe.« Als ich den Zugang zu meiner Junggesellenwohnung beschrieben hatte, schwieg Wanda betroffen. »Bist du noch da?« fragte ich. Und sie sagte: »Okay, man muß ja auch mal was riskieren im Leben!«

Die Wohnung war viele Jahre lang als Werkstatt genutzt worden. Ich mistete aus, renovierte, baute Bad und Küche ein, verlegte Spannteppiche. So entstand ein ideales Nest: zwei Zimmer mit Zugang zu einem kleinen privaten Garten am Kanalufer. Dort konnte ich unter einem Apfelbaum sitzen und die Schwäne beobachten, die hochmütig und still an mir vorüberzogen. Die Miete kostete nicht einmal ein Zehntel von dem, was ich in Blankenese bezahlt hatte.

Ich wurde fast wahnsinnig vor Sehnsucht nach den Kindern. Gleichzeitig fühlte ich mich erleichtert und entspannt. Langsam heilten meine Nerven. Das Schlimmste war vorüber – das sinnlose Gefetze, die Tränen, die unerleuchteten Diskussionen bis zum Morgengrauen, Rachedurst, Schmerz, Zorn, die Unfähigkeit zuzuhören, zu begreifen, zu verzeihen und schließlich die erschöpfte Verzweiflung, die Resignation und die Selbstmordphantasien. Fast ein Jahr lang hatte dieses Inferno gedauert, und nun war ich in meiner kleinen Höhle allein, leckte meine Wunden und wußte, daß ich überleben würde.

Aber die Wunden heilten nur langsam, manche wollte sich gar nicht schließen. Ich kam mir vor wie ein Schwerbeschädigter, der sich nicht an die Beschränkungen seiner Versehrtenexistenz gewöhnen kann. Isis und die Kinder waren ein Teil von mir gewesen. Ich fühlte mich ohne sie unvollkommen. Es war so, als hätte ich meine Beine oder Arme verloren. Sie waren nicht mehr da, aber mein Nervensystem hatte den Verlust noch nicht verarbeitet. Es empfand die Verwirrung der Kinder, es fühlte die Ängste, die Isis durchmachte. Ich durchlebte die psychischen Vibrationen meiner Familie im fernen Rom, ich reagierte darauf und fühlte mich verantwortlich. Es fiel mir schwer, der Tatsache ins Auge zu sehen, daß diese Familie nicht mehr ein Teil von mir war, daß ich sie unwiderruflich verloren hatte und daß sich mein Beitrag zu ihrem Wohlergehen in Zukunft nur noch auf die Schecks beschränken würde, die ich jeden Monat über die Alpen schickte. Ich war vom Familienvater zum Zahlmeister abgestiegen.

Und ich konnte nicht allein sein. Da war eine innere Leere, die mich wie ein Ungeheuer ansprang, wenn ich allein war, und mir schreckliche Angst einjagte. Wenn ich mich nicht rastlos beschäftigte und einen Augenblick stille hielt, tat sich eine düstere Unergründlichkeit in mir auf – das große, unfaßbare Nichts, und ich ahnte, daß in seinen Tiefen die Lava unausgelebter Gefühle kochte. Die Leere war unerträglich, und ich konnte nichts gegen sie tun. Also blieb nur die Flucht, die Flucht vor mir selbst, die Flucht in eine hektische Betriebsamkeit, die Flucht in die Arme ungezählter Frauen.

Wie immer reiste ich viel in der Welt herum, aber wenn ich nach Hamburg zurückkehrte, gab es keine Isis mehr, die mich am Flughafen erwartete, keine Kinder, die mir in die Arme flogen, und Liz, die Boxerhündin, pißte nicht mehr vor lauter Freude auf den Terrakottaboden der Fuhlsbütteler Empfangshalle. Ich fuhr mit dem Taxi in mein Versteck am Isekanal. Der Kühlschrank war leer. Es roch modrig-dumpf. Die Blumen waren in der Vase verwelkt. Ich stellte den Koffer im Schlafzimmer ab, riß die Fenster auf, griff zum Telefon und machte mich auf die Suche nach einer Frau für die Nacht.

Manchmal ging ich alphabetisch vor und rief zuerst Anette an. Wenn sie sich mit einem verwunderten »Ich-hatte-dich-noch-gar-nicht-zurückerwartet« meldete, wußte ich schon, daß es mit ihr nichts werden würde. Also rief ich die nächste Freundin an – Angelika, und wenn die nicht zu Hause war, versuchte ich es bei Barbara. Und wenn Barbara sich mit einem »Sag-malkannst-du-nicht-wenigstens-ein-Telegramm-schicken?« herausredete, kam Christine an die Reihe. Manchmal war ich in meinem Telefonbuch schon bei G oder H, bis ich endlich an die Freundin geriet, die nichts Besseres zu tun hatte, als mit mir zum Essen und ins Bett zu gehen. Wenn ich allein im Bett lag, verfolgten mich die Dämonen, und ich fand keinen Schlaf.

Die Kulturrevolution der Blumenkinder war vorbei. Der Aufstand der Studenten, angefacht vom Vietnamkrieg, war in den Terrorismus abgedriftet. Hoffnungen waren zerstört und Ideale zerbrochen worden. Hochfliegende Gefühle verflüchtigten sich im Drogendämmer. Das sogenannte Establishment, die Unternehmer, die konservativen Politiker der Christdemokraten und der Sozialdemokraten, die rechten Medien-Gurus, die hohen Bürokratien des Staates, der Kirchen und der Wissenschaft hatten einen Schrecken bekommen. Der Staat machte mobil.

Im »stern« ging es um das Redaktionsstatut. Die »stern«-Mannschaft wollte ihren Verlegern eine Verfassung abtrotzen, die ihr das Recht gab, mitzubestimmen, wenn die Inhaber die Absicht hatten, das Blatt zu verkaufen oder einen neuen Chefredakteur einzustellen. »Lord Henri« hatte den »stern« gegründet, aber er war schon seit langem nicht mehr der Besitzer. Als die Auflage in der Frühzeit des Blattes zum erstenmal stagnierte, wurde Nannen nervös. Er hörte auf seinen Steuerberater, der ihm riet, Kasse zu machen. So verkaufte er den »stern« für ein paar hunderttausend Mark an einen Mann, der die besseren Nerven und den sensibleren Geschäftssinn besaß: der liberale CDU-Politiker, Rechtsanwalt und »Zeit«-Herausgeber Gerd Bucerius pumpte sich das Geld von der Bank und wurde der neue Besitzer dieses Bildermagazins, das unter Nannens bewährter Leitung schon bald so fleißig summen sollte wie die Geldpresse der Notenbank.

Nannens Unternehmerkarriere war vorbei, und fortan saß er – wenigstens was sein Arbeitsverhältnis anbetraf – mit seinen Redakteuren in einem Boot. Finanziell trat er freilich in einer Gehaltsklasse an, die in ganz Deutschland einzigartig war und ihn der Redaktion eher entfremdete. Stolz nannte er sich »das bestbezahlte Lieschen Müller Europas«.

Nannen war der geborene Erfolgsmensch, aber die krönenden Erfolge hat er nicht für sich errungen, sondern für andere.

Er führte eine ebenso ungestüme wie umstrittene Kampagne für die Anerkennung der Oder-Neiße-Grenze und die Aussöhnung mit Polen und der Sowjetunion – aber den Friedens-Nobelpreis erhielt Willy Brandt. Und auf der finanziellen Ebene machte Nannens Erfolg nicht nur Gerd Bucerius zum Multi-Millionär. Auch der »stern«-Drucker Gruner, der als junger Mann von seinem Vater eine kleine Presse in Altona geerbt hatte, sahnte kräftig ab und mußte bei rasant ansteigender »stern«-Auflage seinen Betrieb ständig vergrößern, bis er schließlich der Inhaber einer der größten und modernsten Tiefdruckpressen der Welt war.

Die Redakteure und Reporter, die sich fleißig in die Riemen legten, waren sich wohl bewußt, daß sie riesige Privatvermögen schufen – und sie wollten mitreden. Vor allem wollten sie dafür sorgen, daß ihnen die Inhaber des »stern« nicht eines Tages einen Chefredakteur vor die Nase setzten, der ihnen politisch und persönlich gegen den Strich ging. Es rumorte in der Redaktion. Man traf sich hinter verschlossenen Türen und schmiedete aufsässige Pläne.

Für den Kapitalisten Gruner war die Vorstellung, einen Teil der Macht mit seinen Angestellten zu teilen, unerträglich. Kaum ganz oben angelangt, wurde dieser Mann mit dem erotischen Verhältnis zum Geld nervös, und er verkaufte seinen Anteil. Die Redakteure fühlten sich verschoben wie ein Posten Ölsardinen und kochten vor Wut. Sogar Bucerius schien empört, weil Gruner angeblich hinter seinem Rücken verkauft hatte.

»Lord Henri« wurde es mulmig zumute: wenn die Bosse so easy Kasse machen konnten, war sein Job als Chefredakteur nicht mehr sicher. Schließlich besaß er keinen Vertrag auf Lebenszeit – er mußte sich vom Inhaber des »stern« alle drei Jahre im Amt bestätigen lassen, und wenn der Besitzer seiner überdrüssig werden sollte, konnte er ihn mit einer angemessenen Abfindung vor dem Verlagshaus an der Hamburger Außenalster auf die Straße setzen.

So solidarisierte sich Nannen im Kampf um das Redaktionsstatut mit seiner Mannschaft. Aufregende Wochen und Monate vergingen. Es gab Streikdrohungen und heftige Diskussionen. Die psychischen Katharsen der Wichtigtuer bestimmten das emotionale Klima schweißtreibender Vollversammlungen. Redaktionsbeiräte wurden gewählt, Komiteemitglieder formulierten Memoranden, in denen die Gefahren für die Meinungsfreiheit in einer allein vom Kapital kontrollierten Presse beschworen wurden. Gewiß ging es hier um den uralten Konflikt zwischen Geist und Geld, und viele Mitglieder der »stern«-Redaktion berauschten sich an ihrer Gewißheit, daß sie eine Schlacht für die Freiheit des Geistes schlugen. Ich aber wurde den Verdacht nicht los, daß wir vor allem dafür kämpften, daß die uneingeschränkte Macht des Chefredakteurs Henri Nannen erhalten blieb.

»Lord Henri« gab sich staatsmännisch, mahnte gelegentlich zur Mäßigung und machte in diesen aufgeregten Wochen einen guten Eindruck auf die Verleger. Der Chefredakteur, so konnten sie hoffen, hielt wenigstens die Radikalinskis in Schach. Man durfte sich glücklich schätzen, daß es Herrn Nannen gab, daß er das Steuer fest in der Hand behielt, daß das redaktionelle Fußvolk und sogar die Aufsässigen auf ihn hörten. Als das Redaktionsstatut endlich ratifiziert wurde, stand »Lord Henri« als der eigentliche Sieger auf dem Podium: praktisch unkündbar, beherrschte er die Redaktion, und die Verleger konnten es nicht wagen, seine Macht anzutasten. Von nun an brauchten sie das Einverständnis der Redaktion, wenn sie ihn loswerden wollten, und das war nicht zu haben.

Da ich häufig auf Reisen war, konnte ich mich an dem hektischen Hin und Her um das Redaktionsstatut nicht so intensiv beteiligen wie die Redakteure, deren Arbeitsplatz am Schreibtisch war. Den anderen »stern«-Autoren ging es wie mir. Wir bildeten den kreativen Kern der Redaktion und hatten deshalb einen gewissen Einfluß, aber da wir viel unterwegs waren, rückten wir in diesen Monaten immer mehr an die Peripherie. Die Macht der Bürokraten wuchs. Die Ressortleiter mühten sich Tag und Nacht um das Vertrauen und die Gunst des Chefredakteurs und bauten beharrlich ihre Hausmacht aus.

Ein neuer Typ hielt Einzug in die Redaktion. Menschen mit einem untrüglichen Instinkt für die Macht, jung, fleißig, intelligent, kontrolliert, höflich, vorsichtig, opportunistisch, rücksichtslos und auf eine systematische, unkreative Weise tüchtig. Sie hingen bis spät in die Nacht im Vorzimmer des Chefs herum, hofierten die Sekretärinnen und warteten geduldig, bis Nannen endlich nach Hause ging. Dann sprangen sie auf, zeigten, daß auch sie noch da waren, immer bereit, sich nützlich zu machen. Sie nahmen ihm das Aktenköfferchen ab und begleiteten ihn zum Auto. Wo immer er war – sie waren bei ihm. Sie leisteten ihm Gesellschaft, wenn er sich einsam fühlte, sie lachten über seine Witze, sie lobten seine Leitartikel, und sie fetzten los, daß die Socken qualmten, wenn er ihnen einen Auftrag gab.

Das waren Leute, gegen die kein Kraut gewachsen war. Und sie arbeiteten beharrlich darauf hin, Nannens Nachfolge anzutreten. Keiner von ihnen hatte letztlich Erfolg. Schon zehn Jahre nach Nannens Abgang konnte sich beim »stern« kaum noch einer an sie erinnern. Ihre Herrschaft dauerte nicht lange und endete mit der Blamage um die gefälschten Hitler-Tagebücher, die sie für 10 Millionen Mark eingekauft hatten. Der unkreative »Scheckbuch-Journalismus« trieb seine schönste Blüte. Kaum hatten sich die neuen Herren nach oben laviert, wollten sie nicht nur Macht, sondern auch Ruhm, und sie erlagen dem unguten Einfluß des Zeitgeistes: Was so viel Geld gekostet hat, dachten sie, *muß* echt sein! Ein schönes Beispiel dafür, daß der Verstand nichts taugt, wenn er nicht von einem wachen Bewußtsein gesteuert wird.

Die Ereignisse im »stern« waren keine isolierte Erscheinung. Sie paßten in das Muster einer Entwicklung, die für die ganze Gesellschaft typisch war. Der Materialismus drang wie eine Viren-Infektion in die Gehirne ein und beherrschte nicht nur alle Aspekte des öffentlichen Lebens, der Wirtschaft, der Politik, der Kultur, er prägte auch die persönlichen Beziehungen der Menschen. Eine fiebrige Werbung heizte den Konsum an, der Konsum heizte die Massenproduktion an, die Massenproduktion heizte die Werbung an... Der »stern« entwickelte sich zur lukrativsten Anzeigenplantage der Welt. Sein finanzieller Erfolg reflektierte den Erfolg der sogenannten sozialen Marktwirtschaft. Ihre Philosophie wurde zur neuen Religion eines ängstlichen Volkes, für das zwei verlorene Weltkriege, wirtschaftliche Zusammenbrüche, Geldentwertung, Hunger und Elend jüngste Geschichte waren.

Während die Massen den Lebensstandard wie einen Fetisch anbeteten, wuchs die Macht der Kapitaleigner. Riesige Privatvermögen entstanden, und die Unternehmer sicherten sie nicht nur wirtschaftlich, sondern vor allem auch politisch ab. Die

Parteienfinanzierung zersetzte die demokratischen Strukturen und löste politische Korruptionsskandale aus. Mit Geld ließ sich jetzt alles erreichen. Geld wurde zum alleinigen Maßstab des Erfolges – auch in der Kultur. Der Bestsellerkult bestimmte den Buchhandel, der Kassenschlager drückte das Niveau der Filmindustrie, der Kult der hohen Einschaltquoten und das Proporzgerangel bei der Postenverteilung führte zur Herrschaft der Mittelmäßigkeit in den Fernsehanstalten. TV-Glamour, öffentliche Angeberei, eitle Selbstdarstellung vor der Kamera beherrschten das öffentliche Leben und wurden zum billigen Ersatz für Aufrichtigkeit, Ehrlichkeit und Anstand.

Teamwork verdrängte kreative Einzelgänger. Jeder wollte sich absichern, kaum einer wagte es noch, gegen den Strom zu schwimmen. Wer eine eigene Meinung hatte, ließ sich nichts anmerken. Jeder wollte sein wie alle anderen. Während die Bereitschaft zur persönlichen Initiative schwand, wuchsen die Apparate. Die Bürokratien breiteten sich wie Krebsgeschwüre aus. In ihren Labyrinthen versteckten sich die Kleingeister, die verantwortlich waren, aber keine Verantwortung tragen wollten. Es gab keine Visionen mehr – nur noch Sachzwänge.

In dieser Zeit ging ich fast nur mit Menschen um, die keine Lust mehr hatten. Sie kassierten ihr Gehalt vom »stern«, aber sie hatten innerlich schon längst gekündigt. Sie haßten die neuen Leute, sie fanden das Niveau des Blattes gräßlich, sie klagten über Schikanen der Verlagsbürokratie, sie betrauerten das schöne Redaktionsstatut, das in aller Stille beerdigt worden war, sie fühlten sich von Nannen verraten und verkauft. Und über alles machten sie ihre kleinen, scharfen, zynischen Witze.

Ich erinnere mich, wie ich mit meinem Freund Peter auf einer dieser verzweifelten Partys an der Außenalster war. Wir saßen mit dem Whiskyglas in der Hand auf dem Sofa. Etwa 30 Leute redeten durcheinander, keiner hörte zu. Ich tauschte mit Peter den letzten Büroklatsch aus, als eine schöne Frau auf uns zukam – Mitte dreißig, elegant, dezent geschminkt, teurer Schmuck. »Peter!« rief sie, breitete die Arme aus, beugte sich über ihn, nahm sein erschrecktes Gesicht in ihre Hände und drückte ihm einen herzhaften Kuß auf den Mund. »Peterchen, was für eine herrliche Überraschung!«

Sie ließ sich vor uns auf dem Teppich nieder, nahm Peter das

Glas aus der Hand, nippte daran, gab es ihm zurück, strich sich nervös das hennagefärbte Haar aus der Stirn und redete mit leicht alkoholisierter Hektik auf ihn ein. Sie sei gerade aus München eingeflogen und auf dem Sprung nach Paris ...

»Und was macht Gudrun?« fragte sie unvermittelt, aber ohne Interesse. Ich merkte, daß Peter sich unbehaglich fühlte. »Gudrun?« fragte er und zog die Augenbrauen zusammen. »Ach so, Sie meinen ... Entschuldigung – *du* meinst Gudrun. Ja das weiß ich auch nicht so genau. Ich habe die Gudrun lange nicht gesehen ...« Er zog das Glas vor die Brust und richtete sich im Sofa auf. »Darf ich dir meinen Freund vorstellen?« Er stellte mich als den berühmten Starreporter vor, denn es war eine von den Partys, auf denen jeder jeden für berühmt und großartig hält und alle zusammen das wunderbare Gefühl genießen, in der erlesensten Gesellschaft zu verkehren.

»Andy und ich«, sagte Peter zu der aufgeregten Dame, die mit hochgezogenem Kleid auf dem Boden saß und uns mit ihren schönen, vom Alkohol verschleierten Augen anhimmelte, »Andy und ich waren gerade dabei, eine dringende Sache zu besprechen ...«

»O, Entschuldigung! Ich wollte nicht ...« Peter unterbrach sie: »Es dauert nur ein paar Minuten!«

Sie kam leicht schwankend auf die Beine, küßte die Spitze ihres Zeigefingers und tippte ihn auf Peters Stirn. »Bis später, Darling«, sagte sie, drehte sich auf den spitzen Absätzen ihrer teuren italienischen Modellschuhe um und segelte davon. Peter schaute mich ratlos an. Er überlegte, senkte den Kopf, strich sich mit der flachen Hand über die Stirn. Plötzlich fuhr er hoch. »Jetzt hab ich's!« rief er erleichtert, aber schon verfinsterte sich sein Gesicht. »Mein Gott«, flüsterte er wie zu sich selbst, »das kann doch wohl nicht wahr sein!«

»Was ist denn?« fragte ich. Peter beugte sich zu mir vor. »*Mit der habe ich geschlafen*«, sagte er und starrte mich an. »Sogar mehrmals.«

»Na und?« sagte ich begriffsstutzig.

»Na und?« empörte er sich. »Ich wußte überhaupt nicht mehr, wer die ist! So weit ist es mit mir gekommen: Ich vögele durch die Gegend wie ein Roboter ohne Erinnerung, und du fragst ›Na und?‹«

Natürlich war seine Reue nur gespielt. Er genoß seine zynische Selbstkritik. »So weit ist es mit uns gekommen«, wiederholte er, und ich fand es angemessen, daß er mich einbezog. Er hätte fast alle Leute einbeziehen können, die auf dieser Party herumhingen und ihre Zeit totschlugen. Peter schaute auf den Boden und schüttelte langsam den Kopf. »Wir sind neurotische Automaten«, sagte er. »Für uns gibt's nur noch *ein* Vergnügen, das uns wirklich aufregen kann.«

»Nur noch eins?« Ich legte meinen Arm um seine Schulter. Er richtete sich auf, und sein Gesicht war so nah, daß sich unsere Nasenspitzen fast berührten.

»Erschießen!« sagte er.

Meine Freunde und ich hatten kaum noch ein anderes Gesprächsthema als die beschissenen Zeiten, die wir natürlich für unsere Neurosen verantwortlich machten. Alles erschien uns furchtbar – der »stern«, die Politik, das Fernsehen, die Umweltverschmutzung, die Partys und das Wetter. Wir waren überzeugt davon, daß die Welt sich mit dem Tempo der Fallgeschwindigkeit auf den Abgrund zubewegte, und die Angst lähmte unsere Reflexe. Wir begegneten den Gefahren, die wir zu erkennen glaubten, nicht tatkräftig, wir schlafften in zynischem Selbstmitleid ab und badeten uns in unserem Masochismus. Aber war die Welt denn jemals besser gewesen? Wenn ich die Tagebücher meines Vaters und Großvaters las, gewann ich Einblick in eine Welt, die mir noch viel schrecklicher erschien als meine eigene. Dieses hohle patriotische Pathos, diese tränentriefende Sentimentalität, dieses alberne Selbstmitleid, mit der sie die Zeitläufe kommentierten! Und dann entlud sich der Frust über ihre Welt und ihre Angst vor dem Leben in den Gemetzeln von Verdun und Stalingrad.

Die Ereignisse mochten immer wieder neu erscheinen, aber die Welt blieb die gleiche, und ich begann zu ahnen: wenn ich in dieser Welt glücklich sein wollte, mußte ich die Ursache meines Unglücklichseins *in mir selber* suchen. Merkwürdig, daß mir diese simple Einsicht so lange versagt blieb. Auch die Studenten – fast immer durch die marx'sche Philosophie geprägt – meinten, daß die böse Welt verändert werden muß, damit wir glücklicher sein können. Marx' Denkansatz mag ihnen vor allem auch deshalb so attraktiv erschienen sein, weil er ihnen einen Vorwand gab, die Ursache ihres persönlichen Mißbehagens nicht in sich selber zu suchen. Sie waren wütend, frustriert, ängstlich, aggressiv, sie sehnten sich nach Liebe, Erfüllung, Geborgenheit, und sie schoben die Verantwortung für ihre psychische Misere auf die äußeren Verhältnisse ab. Sie konnten nicht sehen, daß die äußeren Verhältnisse nur ihre psychische Verfassung widerspiegelten. Mit anderen Worten: Positive Veränderungen können sich nur ereignen, wenn das Individuum die Verantwortung für sich selbst übernimmt – du und ich, Tausende, Hunderttausende, Millionen ... Die Revolution muß in unseren Herzen stattfinden, nicht auf der Straße. »Peace begins at home« heißt es auf einem kalifornischen Autoaufkleber, den ein Weiser nicht besser hätte formulieren können.

Die Rebellion der Studenten brannte ab wie ein Strohfeuer, weil sie sich nicht auf Buddha berief, sondern auf den Geist der Pariser Kommune. Ärgerliche Idealisten empörten sich gegen die Gewalt des »Systems« und wurden selber zu Gewalttätern. Gewalt führte zu Gegengewalt. Die Bürger erschreckten sich gegenseitig. Am Ende erstickten die Ideale im Zynismus und im Terrorismus.

Der Ansatz der Studenten war offenbar falsch gewesen. Auf dem revolutionären Campus im kalifornischen Berkeley gab es einige Studenten, die es als erste begriffen. Mit der Parole »tune in – turn on – drop out« stiegen sie aus den Zwängen ihrer bürgerlichen Existenz aus und suchten das Glück in einer sanften, gewaltfreien, anti-bürgerlichen Lebensweise. Sie wollten nicht die Welt verändern, um glücklicher leben zu können. Sie hatten verstanden, daß sie glücklich sein mußten, wenn sie die Welt – ihre Welt – menschenfreundlicher gestalten wollten. Sie wollten das »System« nicht bekämpfen, sie wollten es überwinden, indem sie ihre Utopie *lebten.*

Auch die »Drop Outs« scheiterten. Zwar hatten sie erkannt, daß sie ihre Utopie nur verwirklichen konnten, wenn sie ihr Bewußtsein veränderten. Aber sie glaubten, daß es auf dem Weg zur Wahrheit eine Abkürzung gab, daß die beharrliche Arbeit an sich selbst gar nicht mehr nötig sei, sondern daß inneres Wachstum auf chemischen Weg erreicht werden konnte. Der angesehene Havard-Professor Timothy Leary experimentierte mit LSD und törnte die Kinder der Gegenkultur mit der Illusion an, daß man die Welt mit Halluzinogenen verändern konnte. Aber LSD gab nur kurze, erregende, seligmachende *Einblicke* in neue Bewußtseinsdimensionen – *Veränderungen* bewirkte die Droge nicht. Die »Bewußtseinsrevolution« der »Drop Outs« erstickte im Junky-Sumpf. Die Heroinsüchtigen in den U-Bahnschächten der westlichen Metropolen wurden die Erben der Idealisten von Berkeley, so wie die Terroristen die Erben der idealistischen Studentenführer geworden waren.

Natürlich wurde auch ich von der Desillusionierung angesteckt, die unter den westlichen Intellektuellen grassierte wie eine Seuche. Heute halte ich es mit Lao Tse und kann sehen, daß das *Scheitern* der Kulturrevolution der sechziger und siebziger Jahre kein negatives Phänomen war. Nach der Lehre des chinesischen Weisen Lao Tse, der den Taoismus begründete, kann Gutes nur aus dem Schlechten entstehen. Das eine bedingt das andere. Alles muß erst einmal ganz schlecht werden, bevor es wirklich gut werden kann. Je schlechter, desto besser, könnte man fast sagen. Im Tanz von Gut und Böse, von Fortschritt und Reaktion, von Geist und Ungeist, von Teufel und Erzengel baut sich die Energie auf, die schließlich zur Geburt neuer Welten des Bewußtseins führt. Unter diesem Aspekt gesehen, erscheint der Zusammenbruch der Reformdynamik Ende der siebziger Jahre als notwendige Voraussetzung für den großen Bewußtseinsdurchbruch, den die Menschheit noch vor Ende dieses Jahrhunderts braucht, wenn sie überleben will.

Der exzessive Materialismus der achtziger Jahre löschte die Gegenkultur so gründlich aus, daß kaum eine Spur von ihr übrigblieb. Die »Drop Outs« zogen sich auf Marihuana-Plantagen in Nordkalifornien und in die Vorstandsetagen der Multis zurück. An ihre Stelle traten die beiden repräsentativen Typen des High-Tech-Materialismus – der »Yuppie« und der »Bum«, wie man in Amerika den Obdachlosen nennt. Aber wenn das Pendel kraftvoll in die Richtung der Materie ausschlägt, baut sich die Energie für die Gegenbewegung schon auf. Das Pendel wird mit der gleichen Energie in die Richtung des Geistes schwingen, und vielleicht wird dann endlich ein Bewußtsein entstehen, das sich über die technisch-wissenschaftliche Dynamik des High-Tech-Zeitalters erhebt.

Diese Perspektive war mir damals fremd. Ich badete in Trübsal und Zynismus. Die Midlife Crisis war in eine noch existentiellere Lebenskrise übergegangen. Es ging jetzt bereits nicht mehr um die Angst vor dem Alter, ich fragte mich inzwischen schon, ob es sich überhaupt noch lohnte, alt zu werden. Als Familienvater hatte ich nichts mehr zu sagen. Als politischer Schreiber war mir meine totale Wirkungslosigkeit bewußt. Als kreativer Mensch hatte ich ein schlechtes Gewissen, weil ich mich an den Zitzen der »stern«-Milchkuh festsaugte, anstatt den Sprung in eine freie Schriftstellerexistenz zu wagen.

Ich mußte einen Haufen Geld verdienen, um die Alimente für meine Familie aufzubringen, und das Geld konnte nach meiner Meinung nur aus dem Hause G & J kommen, diesem vorbildlichen Unternehmen eines aufgeklärten Kapitalismus, das seine tüchtigen Angestellten mit üppigen Gehältern und vielen schönen Vergünstigungen an sich fesselt. Ich saß in einem goldenen Käfig. Selbstverachtung, Alkohol, Sex – das Leben hatte keinen Sinn mehr.

Ein paar Jahre lang setzte ich meine letzte Hoffnung noch auf die Frauen. Irgendwann würde ich meiner Seelenschwester begegnen, die meinem Leben Sinn geben konnte. Als ich auch diese Hoffnung begraben hatte, erschien mir Selbstmord – nach Camus das einzige existentielle Thema der Philosophie – als intelligente Alternative.

Aber tief drinnen ahnte ich, daß es aus diesem psychischen Tief noch einen anderen Ausweg geben mußte. Eine profunde Wende bahnte sich an. Mein Unterbewußtsein war darauf viel eher vorbereitet als mein Kopf. Wahrscheinlich habe ich deshalb so spontan auf eine flüchtige Information reagiert, die mir im Frühjahr 1977 ein Freund aus Ibiza schickte. Bei Bombay lebe ein indischer Weiser, schrieb er mir, ein moderner, radikaler und brillanter spiritueller Meister, der immer mehr Sucher aus dem Westen anziehe. Ich wußte sofort, daß ich diesen Mann sehen mußte. Es gab kein Zaudern, keine Überlegung, keine Diskussion. Mein innerer Kompaß zeigte in Richtung Indien.

Ein paar Monate später trat ich diesem Weisen gegenüber. Es war abends, und ein warmer Tropenregen rauschte durch das glänzende Blattwerk exotischer Pflanzen. Shree Rajneesh saß in einem modernen Managersessel auf der überdachten Terrasse seines Hauses. Sein schwarz-grauer Bart ergoß sich wie ein Wasserfall über seine athletische Brust und schimmerte im kalten Licht einer Neonröhre. Er trug ein weißes, langes Kleid, hatte die Beine übergeschlagen und musterte mich mit einem Blick, der mich wie ein Laserstrahl durchbohrte und mir das Gefühl gab, daß ich vor diesem Mann nichts verbergen konnte. Als ich auf ihn zuging, breitete er die Arme aus. »Here you are at last«, sagte er, und strahlte mich mit einem überwältigend liebevollen Lächeln an. »I have been waiting und waiting ...«

Die Begegnung war im wahren Sinne des Wortes schicksalhaft. Nichts in meinem Leben sollte so bleiben, wie es war. Ich ahnte es in dem Augenblick, da ich diesem Mann zum erstenmal in die Augen schaute. Was oben gewesen war, flog nach unten, was vorne gewesen war, rutschte nach hinten, was wichtig gewesen war, wurde unwichtig. Als ich nach der Begegnung mit Rajneesh in mein Hotel zurückkehrte, setzte ich mich aufs Bett und schrieb in mein Tagebuch: »Hier geht es um Leben und Tod!«

Was ich damals mit Bhagwan im Aschram von Poona erlebte, beschrieb ich in einem Buch, dessen Titel bald zum geflügelten Wort werden sollte: »Ganz entspannt im Hier und Jetzt«. Aber so entspannt war ich tatsächlich noch gar nicht. Ich hatte unheimlich viel Angst – Angst davor, die Kontrolle zu verlieren, Angst vor Gehirnwäsche, Angst davor, einem Scharlatan aufzusitzen, Angst vor dem Spott meiner Freunde und Kollegen, Angst vor der Gosse, Angst vor den unbekannten, mysteriösen Tiefen meiner Seele, die dieser indische Weise für mich ausleuchten würde, wenn ich nicht sofort die Flucht ergriff. Mein Verstand schlug Alarm und drängte auf Abreise, aber ich ließ mich nicht von meinem Intellekt beeindrucken. Zum erstenmal in meinem Leben folgte ich allein meinem Instinkt.

Schon zwei Wochen nach der Begegnung mit Bhagwan stand fest, daß ich von diesem Mann lernen wollte. Er initiierte mich als seinen Schüler und gab mir den Sanskrit-Namen Satyananda – »Wahre Seligkeit«. Der neue Name sollte mir helfen, aus meiner Vergangenheit auszuschlüpfen wie die Schlange aus ihrer alten Haut. Die Initiierung erschien mir abenteuerlich, exotisch, total verrückt, aber tief in meinem Inneren gab es eine gläserne Klarheit: Dies war der richtige Weg für mich.

Später, im Gespräch mit Freunden oder in öffentlichen Diskussionen, habe ich versucht, mein indisches Engagement zu rationalisieren: Ich verglich mich mit einem Touristen, der das Matterhorn besteigen möchte. Der Tourist ist noch nie dort oben gewesen. Er kennt den Weg nicht, und so ist er auf einen Bergführer angewiesen. Der Bergführer ist schon tausendmal auf dem Matterhorn gewesen, er ist ein erfahrener Alpinist, das Matterhorn ist seine Welt. So vertraut sich der Tourist dem Bergführer an. Es geht um Leben und Tod, aber er vertraut. Es bleibt ihm gar nichts anderes übrig, als zu vertrauen. Wenn er das Matterhorn erreichen will, ist es nicht sinnvoll, mit dem Bergführer hinter jeder Klippe über den richtigen Weg zu diskutieren.

Der spirituelle Sucher ist in der gleichen Situation wie dieser Bergtourist. Er tritt eine unheimliche Reise an – die Reise nach innen. Er kennt den Weg nicht. Es gibt keine Karten und keinen Kompaß. Also vertraut er sich einem spirituellen Meister an, der ihn auf dem Weg in neue Dimensionen des Bewußtseins führen kann. Diskussionen mit dem Meister sind dabei nicht hilfreich, denn nur der Meister weiß – der Schüler weiß nicht. Wenn das Ziel erreicht ist, braucht der Schüler den Meister nicht mehr, denn nun sind sie beide Wissende. Diskussionen erübrigen sich, der Schüler verabschiedet sich vom Meister und geht seiner Wege.

Die Angst vor dem Vertrauen ist eine der schlimmsten Ängste überhaupt. Dabei vertrauen wir fast jeden Tag und sind uns dessen gar nicht bewußt. Wenn wir das Flugzeug besteigen, vertrauen wir darauf, daß der Pilot weiß, was er tut und nicht betrunken ist. Wenn wir unser Geld auf der Bank einzahlen, vertrauen wir darauf, daß wir es mit Zinsen zurückkriegen. Wir vertrauen unseren Freunden, unserer Geliebten, unserem Geliebten, unseren Lehrern, unseren Anlageberatern, unserem Automechaniker. Ohne Vertrauen kann der Mensch nicht leben. Das Netz unserer Beziehungen, unsere ganze Zivilisation, bräche zusammen, wenn es kein Vertrauen gäbe. Je weniger Vertrauen, desto größer werden die Spannungen in diesem Netz. Aber wenn wir nicht nur unbewußt vertrauen, sondern uns selbst und damit die Welt verändern wollen, müssen wir das Wagnis des *bewußten Vertrauens* auf uns nehmen – Vertrauen in die Integrität eines Weisen zum Beispiel, Vertrauen in unsere eigene Intelligenz und Kraft, Vertrauen in die Zukunft, Vertrauen in die Geborgenheit in der Existenz. Unsere Welt geht unter, weil es uns immer schwerer fällt, bewußt zu vertrauen. Wir haben Angst vor der Liebe. Wir leben in einer Zeit des Zweifels, des Mißtrauens, der Ernüchterung. Unsere Welt ist lieblos, denn wo das Vertrauen schwindet, kann Liebe nicht gedeihen. Unser Verstand redet uns ein, daß Vertrauen dumm und gefährlich ist. Es fällt uns leichter, NEIN zu sagen, als JA. Aber die Liebe braucht das JA.

Ich hatte JA gesagt, aber es fiel mir schwer, mich zu den Konsequenzen zu bekennen. Bhagwan hatte mir eine Mala um den Hals gehängt, die mir ziemlich albern vorkam – eine Holzperlenkette mit seinem Foto im Amulett. Er hatte mir geraten, die Kette fortan immer zu tragen. Auch sollte ich mich als Sannyasin in Rot kleiden, wie die anderen Bhagwan-Schüler. Ich empfand das als eine fast unerträgliche Zumutung. Mein ganzes Wesen lehnte sich gegen diese Mala und die rote Kleidung auf, die mich natürlich an die »Napola« erinnerte. Aber ich wußte auch, daß Bhagwans merkwürdige Vorschläge vor allem darauf abzielten, mir den Bruch mit meiner Vergangenheit zu erleichtern. Der Bruch war nötig, das wußte ich. Wenn ich eine neue Einstellung zum Leben gewinnen wollte, mußte ich mit fast allem brechen, was mir bisher wichtig erschienen war. Später, irgendwann, nach einem, nach zwei, nach zehn Jahren würde ich vielleicht den Weg zu meinem Zentrum gefunden und mich dort stabilisiert haben. Dann konnte ich meine rote Kluft wieder ausziehen, die Mala ablegen und wieder an meine Vergangenheit anknüpfen, ohne freilich in ihre alten Verhaltensmuster zurückzufallen.

Ich wußte das alles, aber ich hatte eine schreckliche Angst davor, mit meiner Vergangenheit zu brechen. Sie war alles, was ich besaß – meine Identität, mein Selbstwertgefühl, meine Verhaltensmuster, mein Wissen, meine Einstellungen, meine Erfahrungen, alles war in der Vergangenheit begründet. Wenn ich mich von ihr trennte, blieb von mir fast nichts mehr übrig. Die Mala und die rote Kleidung waren der Test für mein Engagement. Wenn ich zum erstenmal mit der Mala in Hamburg auftrat, würde es kein Zurück mehr geben. Ich beneidete die

Männer, die ich im Aschram von Poona erlebt hatte. Sie hatten den Bruch schon hinter sich, trugen die Mala, trugen lange Bärte, liefen in langen roten Kleidern herum, machten sich gerne über sich selber lustig und fühlten sich offenbar sauwohl. Aber als ich wieder in Hamburg war und das Verlagshaus an der Alster betrat, trug ich Jeans und ein dunkelblaues Samtjackett, und meine Mala versteckte ich unter dem Hemd.

Eine Reise in die Sowjetunion war geplant. Bundespräsident Walter Scheel flog auf Staatsbesuch nach Moskau, und ich sollte ihn begleiten. Mir fehlte die Phantasie, um mir vorzustellen, was das deutsche Staatsoberhaupt sagen würde, wenn ich mich in der Aufmachung eines Sannyasin unter seine offiziellen Begleiter mischte – angetan mit einem wallenden roten Kleid, die Mala um den Hals und das Aktenköfferchen in der Hand. So wie ich *Frau* Scheel kannte, würde sie sich wohl köstlich amüsiert haben. Aber ihr Mann hätte mich wahrscheinlich für geistesgestört gehalten und jedenfalls nicht mitgenommen. Tatsächlich habe ich keine Sekunde lang vorgehabt, die Toleranz des Bundespräsidenten auf die Probe zu stellen. Nicht Swami Satyananda, sondern der Herr Elten ging mit Walter Scheel auf Reisen.

In Indien hatte ich die Rolle des Sannyasins gespielt – jetzt spielte ich wieder die gewohnte Rolle des »objektiven« Beobachters. Wer und was war ich wirklich? Ich war weder das eine noch das andere, und wer ich wirklich war, wußte ich nicht. Aber ich wußte immerhin schon so viel, daß ich mein Leben lang Masken getragen hatte, die Maske des braven Muttersöhnchens, die Maske des kruppstahlharten »Napola«-Schülers, die Maske des objektiven Reporters, die Maske des Salonlöwen, die Maske des coolen Intellektuellen, die Maske des treusorgenden Familienvaters, die Maske des aufgeklärten Liberalen – alles Masken, substanzlose Prägungen der Persönlichkeit, schimmernder Lack auf der hohlen Schale meines Wesens. Gab es überhaupt noch einen Kern? WER WAR ICH? Ich wußte nur, was ich *nicht* war. Und ich wußte, daß in Poona die Suche nach dem Kern meines Wesens begonnen hatte, die Suche nach meiner Identität, nach meiner eigenen Wahrheit, die nichts anderes sein konnte als die Wahrheit an sich.

Als ich mit meinem Bericht über Bhagwan und seinen Aschram in die »stern«-Redaktion kam, entbrannten heftige

Diskussionen. Mein Freund, der indische Fotograf Jaywand Ullal, hatte mich auf meiner Reise nach Poona begleitet und Sensationsfotos geschossen. Schon zu Beginn unseres Besuches im Aschram war er zu Bhagwan in den sogenannten »Darschan« gegangen, die täglich stattfindende Begegnung zwischen dem Meister und seinen Schülern. »Wie geht's?« hatte Bhagwan gefragt, und Jay hatte geantwortet: »Schlecht, Bhagwan!« Bhagwan hatte erstaunt und belustigt die Stirn gerunzelt: »Schlecht? Warum denn das?«

»Weil Laxmi mich bei meiner Arbeit behindert«, maulte Jay. »Sie läßt mich nicht fotografieren, was ich fotografieren muß.« Laxmi war Bhagwans Sekretärin und leitete den Aschram.

Bhagwan schmunzelte. »Du kannst überall im Aschram fotografieren und so viele Fotos machen, wie du willst«, sagte er leise und gab Jay damit die Erlaubnis, die ganze Gruppentherapieszene zu fotografieren, die sich bisher hinter verschlossenen Türen abgespielt hatte. Der Weise von Poona legte es offensichtlich auf einen Skandal an, und ich ahnte damals schon, daß mich seine publicityfreundliche Offenherzigkeit in arge Schwierigkeiten bringen würde, wenn ich Henri Nannen erklären mußte, was es mit den Fotos von Jay Ullal für eine Bewandtnis hatte.

Nun war es so weit. Jays Fotos waren ein Schocker. Nackte Menschen im Zustand kathartischer Entladungen, Schreikrämpfe, Tränen, Faustkämpfe und innige Umarmungen auf schweißnassen Matratzen ... Außenstehenden mußten die Bilder bizarr erscheinen, wie Szenen aus einem Hieronymus Bosch-Gemälde, grausam, faszinierend, angstmachend.

Ich saß mit Nannen und seinen Leutnants im Vorführraum der Grafikabteilung, und Jay warf seine Dias auf die Projektionswand. Bleiernes Schweigen. Schließlich explodierte Nannen: »*Das ist ja absolut widerwärtig!*« Bei mir entlud sich die Spannung in lautem Lachen. Nannen schaute mich empört von der Seite an: »Was gibt's denn da zu lachen?«

Wenn ich mich jetzt auf seine Seite geschlagen und Bhagwan mit Hohn und Spott überzogen hätte, wäre ich als Reporter-As gefeiert worden, denn Nannen sah natürlich, daß Jay und ich eine Sensationsstory aus Indien mitgebracht hatten. Aber Kompromisse kamen nicht in Frage – entweder würde ich positiv berichten oder gar nicht.

»Wenn Sie Fotos von einer Herztransplantation sehen«, sagte ich, »sieht das auch nicht gerade appetitlich aus«. Schweigen. »Das ist Therapie«, sagte ich. »So sieht das aus, wenn ganz normale Leute, so wie Sie und ich, ihre unterdrückten Gefühle ausagieren!« Nannen schüttelte den Kopf: »*Ich?*« Er stand auf. »Da bin ich ja mal gespannt auf Ihren Bericht!« sagte er und verließ den abgedunkelten Raum.

Wenn ich in Rot gekleidet und mit der Mala auf der Brust zu ihm gekommen wäre, um meinen Bericht abzuliefern, hätte er mich natürlich für geistesgestört gehalten. »Uschi!« hätte er seiner Sekretärin zugerufen, »Uschi, ruf' den Notarzt – rasch!« Mein Bericht über Bhagwan hätte nicht die geringste Chance gehabt, im »stern« veröffentlicht zu werden. Sogar einige gute Freunde hätten mich als ein Sektenmitglied, als Opfer einer okkulten Hypnose abgeschrieben, als einen Fanatiker, der seinen Verstand gegen eine exotische Kult-Ideologie eingetauscht hatte. Sie kannten mich als einen eher kritischen und manchmal sogar zynisch-scharfen Verstandesmenschen. Meine Metamorphose hätte sie in Schrecken versetzt und furchtbar wütend gemacht. All das stand mir noch bevor. Inzwischen trug ich – wie gesagt – die Mala unter dem Hemd und versuchte, Nannen meinen Bericht anzudrehen.

Ich hatte im Stil des distanzierten Beobachters geschrieben – kritisch, kühl, aber eindeutig positiv, und erstaunlicherweise störte Nannen die Tendenz meines Berichtes überhaupt nicht. Der Blattmacher hatte praktische Bedenken: »Sie schreiben hier von spirituellen Meistern. Was ist denn das? Und was ist Mystik? Und Psychotherapie? Und Meditation? Und Yoga? Meine Schwiegermutter versteht das nicht. Das können Sie nicht einfach so stehen lassen, das müssen Sie erklären!«

Nannens Schwiegermutter hatte einen bedeutenden Einfluß auf den »stern«, obwohl nur wenige Mitarbeiter sie je zu Gesicht bekommen hatten. Ihr Geist wehte beständig durch die Redaktionsräume, denn Nannen hatte die Angewohnheit, Manuskripte mit nach Hause zu nehmen, um sie seiner Schwiegermutter vorzulegen. Wenn sie nicht verstand, wovon die Rede war, wußte Nannen, daß die Mehrheit der »stern«-Leser es auch nicht verstehen würde, und er bestand darauf, daß der Bericht umgeschrieben wurde. Manchmal, wenn es etwa um die Funktionsweise der Aktienbörsen oder um die Raffinessen der Nahostpolitik ging, war es nicht ganz einfach, Nannens Schwiegermutter als interessierten Leser zu gewinnen, aber was mich anbetrifft, so nehme ich die Gelegenheit gerne wahr, dieser einfachen, herzlichen und intelligenten Frau zu danken: Sie hat in mir den Ehrgeiz geweckt, so zu schreiben, daß Frau Siedentopf, meine Putzfrau, mir noch folgen kann und ein Universitätsprofessor meine Berichte auch noch interessant findet.

Ich schrieb also meinen Bhagwan-Bericht ein paarmal um, bis Nannen und seine Schwiegermutter zufrieden waren. Ob sie wirklich verstanden, was im Aschram von Poona geschah, bezweifle ich, denn selbst ich verstand nicht so recht, auf was ich mich da eingelassen hatte. Der Aschram war eine Mysterienschule. Mit dem Verstand kam man da nicht weit. Der Verstand war sogar im Wege, denn die Reise nach innen führt nicht über das Gehirn, sondern über das Herz. Ein spiritueller Meister rät seinen Schülern, die Welt der *Gedanken* zu transzendieren und in die Welt der *Erfahrung* einzudringen. Ein Meister arbeitet nicht mit der Logik. Er will seine Schüler nicht *informieren*, sondern *transformiern*, und ohne Vertrauen ist Transformation nicht möglich. Ein Schüler, der mit einem Meister arbeitet, gleicht einem Chauffeur, der mit verbundenen Augen am Steuer eines rasenden Ferrari sitzt und die Kontrolle über den Flitzer an den lieben Gott abgegeben hat.

Ich saß mal wieder zwischen den Stühlen. Auf der einen Seite versuchte ich, mein Engagement mit Bhagwan irgendwie unter Kontrolle zu halten. Auf der anderen Seite baute ich mein Engagement für den »stern« langsam ab. Ich wollte aussteigen und ein Buch über den Aschram und Bhagwans Arbeit schreiben. Meine Rolle als objektiver, schreibender Beobachter war mir so in Fleisch und Blut übergegangen, daß ich mich nur schwer davon befreien konnte. Als ich mich von Bhagwan verabschiedet hatte, erzählte ich ihm von meinem Buchprojekt. Er lächelte verständnisvoll. Er sah wohl, was mir damals gar nicht bewußt war: Ich wollte über ihn schreiben, weil er mir unheimlich war. Das Phänomen Bhagwan ging über meinen Verstand. Mein Herz hatte sich für den Meister entschieden, aber mein Kopf wollte Abstand wahren, Betrachtungen anstellen, beobachten, abwägen, kritisieren.

Bhagwan gab mir eine kleine, handgeschnitzte Holzdose zum Abschied. »Wenn du in Not bist und mich brauchst«, sagte er, »dann preßt du die Dose auf deine Stirn und denkst an mich. Ich werde bei dir sein.« Mein Herz schlug schneller, als ich die Dose entgegennahm, wie eine Reliquie. »Come back any time«, sagte Bhagwan freundlich. »This is your home!«

Etwa drei Wochen später geriet ich in eine böse, scheinbar ausweglose Situation, und ich erinnerte mich an Bhagwans Abschiedsgeschenk. Ich preßte die kleine Holzdose an meine Stirn, schloß die Augen, ging in mich. Fast im gleichen Augenblick geschah das Wunder: Das Telefon schrillte, ein Freund rief an und gab mir eine Nachricht, die mich aus der Krisensituation befreite. Der Kelch ging an mir vorüber. Unheimlich! Was geschah hier? Von Zufall konnte meiner Meinung nach nicht die Rede sein. Ich hatte Angst vor den Kräften, die auf geheimnisvolle Weise in mein Schicksal eingriffen, und gleichzeitig erfüllte mich ein unbeschreibliches Glücksgefühl: Offenbar war ich neuerdings mit einer liebevollen, kraftspendenden, hilfreichen Energie verbunden. Ich gab ihr das Etikett »Bhagwan«, obwohl der Weise immer wieder durchblicken ließ, daß er selber nicht als Person, sondern nur als eine »Präsenz« existierte. Mit anderen Worten: Er bezeichnete sich nicht als die Quelle der Energie, die ich spürte – er war ihr Vermittler. Im Grunde war es ganz einfach so, daß ich zum erstenmal in meinem Leben vertraut hatte und daß die Existenz mich dafür belohnte. Vertrauen wandelt sich in Energie – und wo Energie ist, lösen sich sogenannte Probleme wie von selber auf. Das Erlebnis blieb freilich eine Episode. Die Angst des Verstandesmenschen, der das Wunderbare unheimlich findet, war nicht so leicht zu überwinden.

Wenn ich den Mut gehabt hätte, im »stern« Farbe zu bekennen, auszusteigen und mich Hals über Kopf in das indische Abenteuer zu stürzen, wäre meine Metamorphose vom Reporter zum Sannyasin, vom Karrieristen zum Sucher weniger schmerzhaft gewesen. Ich hatte mit stolzgeschwellter Brust den Sprungturm bestiegen, nun stand ich oben auf dem Zehnmeterbrett, und die Courage hatte mich verlassen. Aber um keinen Preis in der Welt wollte ich über die Leiter wieder absteigen. Ich war wie gelähmt.

In der Redaktion sickerte allmählich das Gerücht durch, ich sei in Indien der »Bhagwan-Sekte« beigetreten. Die Kündigung wurde immer unvermeidlicher, aber ich konnte mich nicht entschließen, Farbe zu bekennen. Inzwischen hatte meine Reportage über Bhagwan die Boulevardpresse alarmiert. »Bild« schickte einen Reporter nach Indien. Er berichtete, er habe im Morgengrauen an das Mahagonitor des Aschram geklopft und Einlaß begehrt. Sphärenmusik sei erklungen, zwei schöne nackte Mädchen hätten ihm geöffnet und ihm eine exotische Frucht dargereicht: »Esse sie, Fremder! Sie wird deine Liebeskraft stärken und dich glücklich machen!«

Das war der Auftakt. Fortan tobten sich beim Thema Poona die Phantasien und die Vorurteile kleinbürgerlicher Intellektueller aus, und es wurde kaum noch ein wahres Wort über Bhagwan geschrieben.

Ich litt darunter, daß meine Kollegen nicht sehen konnten, was ich in Poona gesehen hatte: einen Mystiker, einen Weisen, einen Seher, einen spirituellen Meister vor allem, der den Menschen helfen wollte, sich selbst zu erkennen und die Verantwortung für sich zu übernehmen. Ich konnte einfach nicht verstehen, warum andere sensible und intelligente Menschen meine Entdeckung nicht genauso sensationell fanden wie ich. Wir existierten alle am Rande des Wahnsinns, unsere Welt war eine spirituelle Wüste, den organisierten Kirchen fiel zu den Problemen unserer Zeit nichts ein – und in Poona gab es diesen Weisen, der uns den Weg nach innen wies, den einzig möglichen Ausweg aus unserer Krise. Er nahm seinen Schülern die Krücken weg, zerstörte alle Illusionen und alle Traditionen, alle Dogmen, alle Glaubenssysteme, alle moralischen Gesetze und ersetzte sie durch das Bewußtsein. Seine ganze Lehre ließ sich in drei Sätzen ausdrücken. »Wacht auf – erkennt euch selbst – schaut euch an, was ihr tut!« Und er gab uns den Schlüssel zur Lösung all unserer Probleme: die Meditation. Warum konnten das nur so wenige Leute in meiner Umgebung begreifen?

Ich liebte es, meine indische Entdeckung in großen Zusammenhängen zu sehen. Ich sah in Osho (so nannte Bhagwan sich später, kurz vor seinem Tode), ich sah in diesem Inder den Mann, der die Brücke schlug zwischen Materie und Geist, zwischen Macht und Bewußtsein, zwischen Ost und West, zwischen spirituellem Know-how und technisch-wissenschaftlichem Fortschritt. Ich sah ihn in einer Linie mit Buddha, Mohammed, Heraklit, Sokrates, Jesus und Lao Tse. Er wollte keine neue Religion begründen, aber er war offenbar im Begriff, das spirituelle Vakuum des Westens dadurch aufzufüllen, daß er die angeborene Religiosität der Menschen entfachte, die mit ihm in Berührung kamen. Der modus operandi dieses modernen Buddhas schien mir genial. Fasziniert beobachtete ich, wie souverän er mit der Psychologie der Massenmedien umging und wie elegant er die Möglichkeiten der modernen Kommunikationselektronik nutzte.

Erschreckt sah ich, wie schnell ich mich von meiner vertrauten Welt entfernte. Zwischen mir und den meisten Menschen, mit denen ich bisher umgegangen war, gab es keinen Konsens mehr. Ich stand im Abseits. Ich hatte nichts mehr zu sagen. Meine Meinung war nicht mehr gefragt, jedenfalls nicht mehr in der Chefetage. Es gab einige Kollegen, die mir näher kamen. Sie ahnten, daß ich im Begriff war, mich aus Zwängen zu lösen, die sie selber immer unerträglicher fanden. Sie wollten mehr von Bhagwan wissen, und als ich ihnen sagte, daß ich nach Poona gehen wollte, beglückwünschten sie mich zu meinem »Mut«. Es gab aber auch Kollegen, die mir auf den Redaktionskorridoren feindselige Blicke zuwarfen und einen Bogen um mich schlugen. War ich auf einem Irrweg? Sollte ich nicht vielleicht doch auf die guten alten Freunde hören, die mich davor warnten, meinen Job, mein bequemes Spesenleben, mein Renommee als »Star-Reporter« einfach hinzuschmeißen?

Schmerzhaft wurde mir bewußt, wie schwer es mir fiel, meiner inneren Stimme zu vertrauen. Oft hatte ich Angst davor, mich aufzulösen und vollkommen in Vergessenheit zu geraten. Ich war sehr stolz auf meinen Verstand, meinen Durchblick, meine analytischen Fähigkeiten, mein kritisches Urteilsvermögen. Die ganze Welt war ein Irrenhaus, nur *ich* war bei Sinnen – ich und Bhagwan! Wenn wir recht hatten, dann hatten die anderen, die mich nicht verstanden, alle unrecht. War es nicht verrückt, das zu glauben? Konnte es sein, daß die *anderen* recht hatten, die mir nicht zuhören wollten? Mein Selbstverständnis war in Frage gestellt. In meinem Zweifel fühlte ich mich verletzbar, und ich fror in der eisigen Luft, die ein Außenseiter atmet.

An einem sonnigen Herbstmorgen des Jahres 1978 fuhr ich meinen Dienst-Mercedes in die Tiefgarage von G+J und lieferte die Wagenpapiere beim Fuhrpark-Chef des Verlages ab. Er war neugierig. Es kam nicht oft vor, daß ein erfolgreicher Spesenritter seinen Dienstwagen abgab und die fette Weide des Zeitschriftenkonzerns freiwillig verließ. »Wohin gehen Sie denn nun, Herr Elten?« fragte er vorsichtig.

»Ich gehe in den Aschram von Poona«.

»In den was??«

»Ich gehe nach Indien, zu Bhagwan!«

Der Fuhrparkleiter schaute mich groß an, und ich sah, wie es in ihm arbeitete.

»Zu dem verrückten Guru gehen Sie? Das ist doch der mit der freien Liebe und dem Gruppensex, oder?«

»Richtig«, sagte ich, »zu dem Verrückten gehe ich jetzt.«

Als ich in Fuhlsbüttel den Jumbo nach Bombay bestieg, wußte ich, daß ich nicht nur Abschied von Hamburg nahm. Es war auch ein Abschied von meiner Vergangenheit, ein Abschied von der Fiktion bürgerlicher Sicherheit, ein Abschied von dem, was mir bisher wichtig gewesen war – Beruf, Karriere, Familie, Ansehen... Ich verlor fast alle Freunde. Ich war überzeugt davon, daß ich auch meine Geliebte verloren hatte. Meine Schwester verstand mich nicht mehr. Meine Mutter hatte Angst um mich. Isis war empört. Meine Töchter waren verwirrt. Ich war im Begriff, mich von fast allen mir liebgewordenen Vorstellungen zu lösen. Ich wußte, daß ich zwar viele Informationen im Kopf hatte, aber daß ich im Grunde nichts wußte. Ich war auf der Suche nach der Wahrheit, die durch Informationen nicht vermittelt wird, und es war mir klar, daß ich ganz von vorne anfangen mußte.

Ich saß im Flugzeug und machte mir Vorwürfe: War es nicht unverantwortlich, mich auf dieses Abenteuer einzulassen? Durfte ich mir das als Vater von drei Töchtern leisten? Der Konflikt zwischen Verstand und innerer Stimme machte mich fast wahnsinnig. Erst mit der Zeit lernte ich, meinen Kopf zu durchschauen, diesen Computer, der fast immer mit falschen Programmen arbeitet.

Der Computer produzierte schrille Alarmsignale. Die innere Stimme sprach eine andere Sprache: Meine Töchter waren erwachsene, intelligente Menschen, die Verantwortung für sich selbst übernehmen konnten. Isis hatte sich als Modeproduzentin in Rom etabliert. Ich war ungebunden. Es gab keinen Grund mehr, an der Vergangenheit festzuhalten. Was hatte ich denn zu verlieren, außer meinem gelangweilten Zynismus, diese Maske, hinter der ich meine Trauer verborgen hatte – meine Trauer darüber, daß ich mein Leben vergeudete? Ich wußte sehr wohl, daß ich meine Zeit verschwendet hatte – mit eitlem Geschwätz, mit hastigen Reisen, mit dem Schreiben wirkungsloser Berichte, mit gelegentlichen Aktionen gegen die Atomkraft und für den Frieden, mit albernen Konferenzen und endlosen, schläfrigen Sitzungen vor dem Fernseher. Es war höchste Zeit, mich aus der Welt zurückzuziehen – aus *dieser* Welt jedenfalls, die mir am Ende nur noch als Irrenhaus erschienen war.

Und was gingen mich die Leute an, die wütend auf mich waren, weil ich etwas tat, was sie nicht verstanden oder nicht verstehen wollten? War es denn *mein* Problem, wenn ihnen mein Ausstieg aus der bürgerlichen Geborgenheit angst machte? Ich brauchte diese Leute nicht, die über den Weisen von Poona herzogen und mir mit Argumenten aus der »Bild-Zeitung« kamen, anstatt mal ein Bhagwan-Buch zu lesen. »Die Hunde bellen, die Karawane zieht weiter«, sagen die Sufis – und Helmut Kohl hat diese Einsicht von ihnen geklaut. Ich konnte und wollte mich nicht mehr aufhalten lassen.

Es tat mir weh, aber ich konnte es nicht ändern, wenn alte Freunde sich von mir entfernten. Ich veränderte mich, und das Bild, das sie sich von mir gemacht hatten, stimmte nicht mehr, also waren sie enttäuscht. Es war ein natürlicher Prozeß. Aber in Poona warteten schon neue Freunde auf mich, und im Laufe der nächsten Jahre sollten es immer mehr werden – neue Freunde in aller Welt, mehr als ich je gehabt hatte.

Als ich in Poona ankam, wurde ich mit überwältigender Liebe empfangen. Menschen, die ich kaum kannte, begrüßten mich wie einen verlorenen Sohn, wie einen lange vermißten Bruder, wie einen ersehnten Geliebten. Ich ging zu Osho in den Darschan. Er nahm mich in seine Kommune auf und sagte: »Das ist dein neues Zuhause!« Ich war zu Tränen gerührt, aber auch ängstlich. Wollte ich denn wirklich im Aschram zu Hause sein? War es nicht viel besser, mir in Poona eine Wohnung zu suchen und mein Buch über Bhagwan und den Aschram dort zu schreiben? Begab ich mich nicht in eine gefährliche Abhängigkeit, wenn ich im Aschram wohnte?

Da war er wieder, dieser Konflikt zwischen Verstand und Herz! Mein Herz wollte das Abenteuer, mein Verstand warnte mich, denn nicht nur die Welt draußen, sondern auch der Aschram erschien ihm wie ein Irrenhaus – wie ein *kosmisches* Irrenhaus. Ständig geschahen hier Dinge, die ich nicht erklären konnte.

Bhagwans Aschram war kein Kloster, in dem man sich in frommer Stille dem Gebet hingab und Selbstverleugnung übte. Er war auch kein Modell für eine neue, bessere Gesellschaft. Der Aschram von Poona war ein Laboratorium, in dem sich der Wahnsinn unserer Welt wie unter einem Brennglas konzentrierte – alle unsere Passionen, Ängste, Perversionen und Lügen, unsere Illusionen, unsere Gier und Wut. Die Art und Weise, wie Osho mit diesen verrückten Energien umging, erschien mir oft rätselhaft, manchmal sogar unheimlich. Dabei konnte ich täglich beobachten, wie viele Menschen, die sich ihm anvertrauten, offener, freier, authentischer, herzlicher wurden.

Nur zögernd konnte ich akzeptieren, daß dieser Weise auch mit okkulten Methoden arbeitete. Am Anfang erschreckte es mich, wenn ich in der Meditation Visionen hatte oder wenn sich mir in Träumen Geheimnisse offenbarten oder wenn Osho in seinem morgendlichen Vortrag detailliert auf ein Problem einging, das mich gerade die ganze Nacht wach gehalten hatte – wenn er meine Fragen beantwortete, obwohl ich ihm keine Fragen gestellt hatte. C. G. Jung nannte das *Synchronizität*, und er wußte auch nicht, wie solche Phänomene zu erklären sind. Allmählich gewöhnte ich mich daran.

Was mir anfangs unheimlich war, erschien mir später wunderbar. Mit gutem Grund hatte Ouspenski für sein Buch über Gurdjieffs Lehre den Titel »Auf der Suche nach dem Wunderbaren« gewählt. Ich begriff, daß der sogenannte »Realist«, der das Wunderbare für ein Hirngespinst hält, tatsächlich keine Ahnung von Realität hat. Das Wunderbare, das Unerklärliche, das Geheimnisvolle ist genauso Teil unserer Realität wie das, was unser Verstand erklären und unsere Sinne wahrnehmen können. Wer das Wunderbare ablehnt, ignoriert die Dynamik des Bewußtseins, das immer neue Wunder offenbart, während es sich entwickelt. »Es gibt keine Wunder«, sagt Gurdjieff, »es gibt nur immer noch höhere Bewußtseinsstufen«. Dem entwickelten Bewußtsein offenbart sich der Teil der Wirklichkeit, der jenseits unserer sinnlichen Wahrnehmung liegt. Allen Phänomenen unserer Welt liegt ein Muster zugrunde. Alle Ereignisse – so widersprüchlich und sinnlos sie uns auch erscheinen mögen – sind Manifestationen einer verborgenen Ordnung, die wir in der Meditation zunächst erahnen und dann, über viele Jahre hinweg, immer deutlicher in ihren Umrissen erkennen können.

Ich ging nicht ganz unvorbereitet in meine Erfahrungen mit dem Übersinnlichen. Daß es okkulte Kräfte gab, hatte ich zum erstenmal viele Jahre vor meiner Begegnung mit Osho erfahren. Es war auf einer Dinner-Party bei Jan und seiner Freundin Agnes. Sie lebten in einem viktorianischen Stadthaus in Hamburg. Jan – Architekt und Bauunternehmer – hatte das ganze Erdgeschoß in einen einzigen Raum verwandelt. In der Höhe des ersten Stockwerks wurde der Raum von einer Galerie eingefaßt. Der Tisch war in der Mitte der Halle gedeckt. Sie war so hoch wie ein Kirchenschiff. Die Balkendecke ruhte auf einer dorischen Säule, die im Zentrum des Hauses aufragte. Spätes Licht fiel durch langgestreckte Fenster und ließ die bunten Ornamente des italienischen Fliesenbodens aufleuchten. Außer Isis und mir waren noch zwei Frauen eingeladen – Ruth, Psychoanalytikerin am Eppendorfer Universitätskrankenhaus, und Maria, Übersetzerin.

Small talk zur Suppe. Als der Fisch auf einer Silberplatte serviert wurde, erzählte Agnes, sie habe kürzlich an einer okkulten Seance teilgenommen. »Da hat ein Eßtisch vom Boden abgehoben wie ein Hubschrauber«, sagte sie und schaute herausfordernd in die Runde.

»Really?« sagte Isis gelangweilt.

Jan beschäftigte sich mit seinem Fisch und tat so, als habe er nichts gehört. Ich nahm Agnes' fliegenden Tisch nicht ernst und schwieg. Ruth, die Psychoanalytikerin, warf Agnes einen besorgten Blick zu. Maria war höflich. »Das ist ja irrsinnig interessant!« sagte sie.

»Das finde ich auch«, sagte Agnes gereizt. »Aber Jan hält es für Blödsinn.«

»Vielleicht war es Hypnose?« warf Ruth ein.

»Quatsch!« schrillte Agnes. »Ich habe es gesehen. Ich war völlig wach. Der Tisch schwebte in der Luft. Es war einfach so!«

»Incredible«, sagte Isis lahm, und Jan schlug vor: »Können wir nicht das Thema wechseln?«

»Warum denn?« sagte Maria und versuchte, Agnes in Schutz zu nehmen. »Das ist doch sensationell, wenn ein Tisch plötzlich durch die Luft fliegt.«

Agnes sprang auf und verließ den Raum. Betretenes Schweigen. Hatte die Gastgeberin uns verlassen? War die Party zu Ende? Jan verdrehte die Augen zur Decke und schüttelte den Kopf. »Jetzt hast du sie gekränkt!« warf Maria ihm vor.

»Na und?« verteidigte sich Jan. »Wir sind schließlich nicht im Irrenhaus, wo man jeden Quatsch für möglich hält!«

Ein paar Minuten später kehrte Agnes auf ihren Platz zurück. Sie griff energisch zur Serviette, beugte sich über den Tisch vor und verkündete feierlich: »In ein paar Minuten ist er hier! Dann werden wir sehen, was passiert.«

»Wer ist in ein paar Minuten hier?« fragte Jan.

»Das Medium!«

»Really?« sagte Isis.

Das Medium erschien, als das Dessert aufgetragen wurde. Ein kurzbeiniger, dicker Herr mit Glatze, etwa 45 Jahre alt, sorgfältig gekleidet, Uhrkette über der Weste, rosige, glattrasierte Pausbacken, klotziger Siegelring an der kleinen, fetten Hand. Agnes stellte das Medium vor und lud es zum Dessert ein. Der Okkultist verbeugte sich höflich wie ein Varieté-Künstler, nahm Platz, löffelte sein Erdbeer-Sorbet und schwieg. Er sah harmlos aus, wie ein gemütlicher Gastwirt, aber seine kleinen, schwarzen Knopfaugen waren wach und scharf, wenn er den Kopf vom Teller hob und uns ungeniert beobachtete. Die Spannung wuchs. Niemand sprach. Schließlich legte das Medium den Löffel aus der Hand, wischte sich umständlich den Mund ab, lächelte freundlich in die Runde und sagte: »Auf geht's!«

Am liebsten hätte ich mich verdrückt. Ich fand die Veranstaltung albern, noch bevor sie begonnen hatte. Aber Isis fixierte den Okkultisten mit glühenden Augen, und ich ahnte, daß ich sie jetzt nicht mehr von hier weglotsen konnte, denn sie ahnte offenbar, daß wir uns auf ein interessantes Abenteuer gefaßt machen mußten. Der Dicke stand auf, umkreiste den Tisch mit tänzerischer Behendigkeit und rieb sich hinter unserem Rücken die Hände.

»Es ist wichtig, meine Damen und Herren, daß Sie meine Anweisungen genau befolgen«, sagte er und gab uns seine Instruktionen. Wir mußten unsere Hände an den Tischrand legen – »ganz leicht, ohne Druck« – und die Finger spreizen, so daß unsere Hände die Hände unserer Nachbarn berührten und auf diese Weise ein geschlossener Kreis um den Tischrand entstand. Als der Kreis geschlossen war, sagte der Okkultist: »Wenn der Tisch in Bewegung kommt, erinnern Sie sich bitte daran, daß Sie keinen Druck ausüben. Gehen Sie mit der Bewegung. Leisten Sie keinen Widerstand.«

Wir saßen am Tisch. Unsere Finger berührten sich. Wir warteten – eine Minute, zwei Minuten... Nichts geschah. Natürlich nicht! Mindestens zwei Möbelpacker hätten sich anstrengen müssen, um den wuchtigen Refektoriumstisch aus schwerem Eichenholz von der Stelle zu bewegen. Jan verdrehte wieder gelangweilt seine Augen zur Decke. Agnes zog gespannt die Lippen zusammen. Isis und ich lächelten uns in wissendem Einverständnis zu. Der Kerl war ein Scharlatan! Ich fühlte mich erleichtert. Auch Ruth schien froh darüber, daß sich das Experiment als ein alberner Hokuspokus entpuppte. Sie lächelte hämisch.

Plötzlich ging ein leichtes Zittern durch den Tisch! Es war kaum spürbar, und einen Augenblick lang glaubte ich, mich zu täuschen. Aber dann wurde es stärker, und die Ereignisse überstürzten sich. Aus dem Zittern wurde ein Beben. Der Tisch bewegte sich! Er kippte auf seinem massiven Unterbau hin und her, stärker, immer stärker, so daß ich glaubte, er würde umfallen.

Wir waren von unseren Stühlen aufgesprungen, um der Bewegung des Tisches Raum zu geben. »Halten Sie die Hände am Tischrand!« befahl der Okkultist mit schneidender Schärfe. »Halten Sie Verbindung! Halten Sie den Kreis geschlossen!« Der Tisch schwankte von einer Seite auf die andere, und wir schwankten mit ihm. Es wurde immer schwieriger, den Kreis unserer Hände geschlossen zu halten. »Machen Sie keinen Druck!« rief der Okkultist. »Seien Sie sanft! Hände ganz leicht auflegen! Gehen Sie mit dem Tisch! Mit dem Tisch gehen, bitte!«

Aber der Tisch kehrte ganz unvermittelt in sein Gleichgewicht zurück. Er verharrte einen Augenblick, dann begann er zu vibrieren, und es war, als sammele er Kraft, wie ein Hengst vor dem Sprung. Langsam setzte er sich in Bewegung, so als nähme er Anlauf, wurde schneller, überwand mit einem scharfen Ruck die Trägheit seiner kolossalen Masse und donnerte über den kostbaren neapolitanischen Fliesenboden davon wie ein Düsenbomber über die Startrampe eines Flugzeugträgers. Ich folgte dem Tisch mit hastigen Schritten und hielt Verbindung mit Ruth und Maria. Das massive Möbel rumpelte auf die Fensterfront zu, drehte ab, kreiselte, schoß Richtung Wendeltreppe davon ... Ich verlor die Verbindung mit meinen Tischdamen. Jan hatte sich schon zurückgezogen. Isis rannte mit hochgezogenem Rock hinter dem Tisch her, wie ein Bauernweib hinter einem flüchtenden Huhn. Der Tisch bewegte sich jetzt auf die Säule zu, die das ganze Gewicht der Dachkonstruktion trug. Ich erschrak. »Wenn der Tisch die Säule rammt«, dachte ich, »dann bricht das Haus zusammen und erschlägt uns!« Ich stemmte mich gegen das entfesselte Möbel. Zu spät! Der Aufprall war nicht mehr zu verhindern. Ich konnte ihn nur noch abschwächen. Der Tisch schlug ein Loch in die Säule, weißer Putz flog auf den Boden, aber die Säule hielt stand, das Haus war gerettet.

Ich gab auf. Ich wollte mit dem verrückten Tisch nichts mehr zu tun haben. Auch Jan und Ruth machten nicht mehr mit. Agnes, Isis und Maria versuchten, dem Tisch zu folgen. Und während das Monster durch den Raum rumpelte, schlug der Okkultist seine fetten Fäuste vor der Brust zusammen und stöhnte laut: »Es klappt nicht! Es klappt nicht!«

»Was klappt denn nicht?« schrie ich ihn an. Und er breitete die Arme aus, warf den Kopf zurück, öffnete die Hände himmelwärts und schrie zurück: »*Er muß fliegen!*«

Er bewegte die Arme nach oben, so als wollte er den Tisch ermuntern, endlich abzuheben, aber der Hubschraubereffekt, von dem Agnes berichtet hatte, stellte sich nicht ein. Ich hätte mich nicht gewundert, wenn der Tisch durchs Fenster davongeflogen wäre. Hier war offenbar alles möglich. »Wie macht dieser Spießer das?« dachte ich.

Der Okkultist stand mit schweißglänzendem Gesicht neben mir und rief den Frauen zu: »Setzen Sie sich auf den Tisch! Springen Sie auf!« Das war zuviel für Agnes. Sie gab auf. Isis und Maria starrten das Medium ungläubig an, während sie mit dem Tisch unterwegs waren. »Aufspringen!« donnerte sie der Okkultist an. »Setzen Sie sich drauf, auf den Tisch!« Und die beiden Frauen hüpften auf den Tisch, und der Tisch schlenzte mit ihnen davon.

Der Okkultist schüttelte resigniert den Kopf. Eine kaum merkliche, wegwerfende Handbewegung genügte, um das okkulte Schauspiel zu beenden. Der Tisch blieb stehen. Isis und Maria schauten sich verdutzt an, so als hätte ihr Auto den Dienst versagt. Dann sprangen sie ab. Isis stemmte die Fäuste in die Hüften und sagte: »Have I been dreaming, or what?«

Der Okkultist verkündete: »Es tut mir leid, meine Damen und Herren. Der Tisch hätte definitiv abheben müssen. Es tut mir leid, daß es nicht geklappt hat.«

Jan sagte: »Sie brauchen sich nicht zu entschuldigen. Das hat völlig gereicht.« Wir standen verlegen um den Tisch herum, der schräg vor der Fensterfront zum Stehen gekommen war.

Ich nahm Isis an die Hand und flüsterte: »Laß uns verschwinden. Ich muß hier raus!« Ich schämte mich, daß ich diesem kleinen, fetten Draufgänger erlaubt hatte, mich an der Nase herumzuführen. Ich fühlte mich in ein schlüpfriges Abenteuer verwickelt, so als hätte mich der Dicke zu einer miesen Porno-Party verleitet. Mein Verstand rebellierte und wollte nicht wahrhaben, was die Sinne aufgenommen hatten.

Auf dem Weg nach Hause fuhr ich vorsichtig, so als hätte ich etwas zu viel getrunken. »Das muß Hypnose gewesen sein«, sagte Isis. Ich wußte auch keine andere Erklärung. Aber dann fiel mir ein, daß der Tisch ein Loch in die Säule geschlagen hatte. Ich erinnerte Isis daran. »Wenn die Säule beschädigt ist«, sagte ich, »dann war es keine Einbildung.«

Am nächsten Morgen rief ich Jan an. »Die Säule hat ein Loch«, sagte er. »Und was für eins! Und der Tisch wäre fast auseinandergefallen. An einer Seite ist der Holz-Bolzen rausgefallen, der den Fuß zusammenhält. Meine Haushälterin kam heute früh und sagte: ›Was war denn hier los? Sieht aus, als hätten Einbrecher das Haus auf den Kopf gestellt!‹«

»Dann war es also keine Hypnose, und Agnes hatte recht!«

»Agnes hatte recht«, sagte er. »Ich habe mich schon bei ihr entschuldigt.«

»Und wie erklärst du dir die Sache?«

»Frag' mich nicht!« sagte Jan, »ich möchte am liebsten gar nicht darüber nachdenken ...«

Mich ließ die Erfahrung mit dem wildgewordenen Tisch nicht mehr los. Meine Vorstellung von Realität war fundamental erschüttert worden. Es kam mir so vor, als hätte man mir den Teppich unter den Füßen weggerissen. Wenn sich ein zentnerschwerer Refektoriumstisch ohne äußere Krafteinwirkung in Bewegung setzte, dann mußte ich wohl oder übel auch andere Phänomene ernst nehmen, die sich mit herkömmlichen wissenschaftlichen Methoden nicht erklären ließen. Gesunde Skepsis war nach wie vor angemessen. Aber fortan kamen mir Leute borniert und arrogant vor, die grundsätzlich nur das für real hielten, was sie mit ihren beschränkten Sinnen wahrnehmen konnten.

Mit dieser Einstellung befand ich mich tatsächlich in der besten Gesellschaft. Die Atomphysiker machen ja schon seit Jahrzehnten die Erfahrung, daß die Natur den logischen Denkern ein Schnippchen schlägt. Die Natur verhält sich absolut unvernünftig und führt fast alles ad absurdum, was uns seit Isaac Newton so selbstverständlich ist, zum Beispiel das Gesetz von Ursache und Wirkung und die lineare Progression der Zeit. In der Atomphysik gibt es oft keine kausalen Zusammenhänge, und manchmal entwickeln sich die Dinge nicht auf der Linie von Vergangenheit-Gegenwart-Zukunft, sondern springen rückwärts, und die Zeit erscheint als Illusion, bestenfalls als eine Erfindung, die dem Menschen die Orientierung im Alltag erleichtert. Die Mystiker aller religiösen Traditionen wissen das schon seit vielen Jahrhunderten.

Auch Physiker sind ängstliche Menschen. Die meisten fürchten sich davor, ihren Ruf als seriöse Wissenschaftler zu verlieren, wenn sie okkulte Phänomene ernst nehmen. Und so kommt es, daß wir im Zeitalter der Atomphysik immer noch keine Ahnung von den Kräften haben, die den Tisch im Hause meines Freundes Jan bewegten und die beim Pyramidenbau in Ägypten vor Tausenden von Jahren möglicherweise eine wichtige Rolle gespielt haben. Dabei ist des Rätsels Lösung wahrscheinlich ganz einfach: Psychokinese!

Es gehört Mut dazu, sich vom gesicherten Boden der Logik zu entfernen und das scheinbar Unmögliche für möglich zu halten. Der Verstand fühlt sich in der Welt des Wunderbaren nicht wohl. Mit der Waffe der Logik verteidigt er seit 300 Jahren seine Herrschaft über den Geist. Unermüdlich ist er bestrebt, die Natur seinen Vorstellungen anzupassen und sie zu entzaubern. Aber alles, was wichtig und schön ist in unserer Welt, entzieht sich dem logischen Verstand. Wie wollen wir Liebe definieren? Was ist Schönheit, Anmut, Wahrheit?

Als ich meine Reise in die Meditation antrat, begann ein Prozeß, der meine Energie immer mehr vom Kopf zum Herzen verlagerte. Oft hatte ich dabei das Gefühl, den Boden unter den Füßen zu verlieren. Es war mir, als schwebte ich frei im Raum, ohne Halt und ohne Orientierung, und manchmal packte mich die Angst, und ich glaubte, mich im Nichts aufzulösen.

7

Ich habe in Poona jeden Tag im Korbstuhl unter einem Banyam-Baum gesessen und Tagebuch geführt. In der mächtigen Baumkrone schnatterten die Papageien, von der Buddhahalle wehte Meditationsmusik durch den Aschramgarten. Im Schatten ihrer breitkrempigen Strohhüte machten sich junge Mädchen in den Blumenbeeten zu schaffen und mißachteten die lebhaften Geräusche, die durch die offenen Fenster der umliegenden Häuser drangen. In den Gruppentherapieräumen explodierten unterdrückte Gefühle in befreienden Katharsen. Ich gewöhnte mich an den Lärm. Er signalisierte einen heilsamen Prozeß – die Befreiung von Angst, Zorn, Schmerz, Trauer, Haß, Verzweiflung, von all dem psychologischen Müll, den wir Zivilisationsmenschen in unserer hektischen, lärmigen und lieblosen Welt unvermeidlicherweise ansammeln. Hier wurden Neurosen ausgehoben, damit sich Meditation ereignen kann.

Ich schrieb an meinem Tagebuch »Ganz entspannt im Hier und Jetzt«. Der Titel bezeichnete eher das Ziel, das ich vor Augen hatte. Am Anfang war ich nur verwirrt und erschreckt, und eine unheimliche, aus den Tiefen meines Wesens aufsteigende Traurigkeit überwältigte mich. Monatelang schwamm ich in Tränen und klammerte mich an meinem Tagebuch fest, wie ein Ertrinkender an den rettenden Balken. Meine neuen Freunde machten einen Bogen um mich, denn es gehörte zu den ungeschriebenen Spielregeln im Aschram, die Leute in Ruhe zu lassen, wenn sie mit sich selbst beschäftigt waren. »Neunundneunzig Prozent eurer sogenannten Probleme sind eure eigene Erfindung«, hatte Osho gesagt.

Meine Arbeit mit diesem Meister begann damit, daß ich mich zu meiner Unwissenheit bekannte. Ich wußte, wie man Reportagen schreibt und sie gut vermarktet. Ich hatte eine Menge erlebt und viel gelesen. Mein Kopf war vollgestopft mit Informationen. Ich war stolz auf meine Menschenkenntnis und meine Begabung, Trends vorauszuahnen und Ereignisse zu erfühlen, bevor sie stattfanden. Aber über mich selbst wußte ich so gut wie nichts.

Warum war ich auf der Welt? Woher kamen meine Traurigkeit, meine Vorurteile, meine Ängste? Warum machte ich immer wieder die gleichen Fehler, besonders in meinen Beziehungen zu Frauen? Woher kamen meine Gefallsucht, mein übertriebenes Bedürfnis nach Anerkennung, meine Besserwisserei, meine Unrast, mein mangelndes Vertrauen, mein Hang zur Ironie? Und warum wollte ich mich nun unbedingt auf diesen Meister einlassen, anstatt meinen Job zu behalten und mich auf die Couch des Analytikers zu legen, wie sich das für einen normalen Menschen gehört, der sich nicht mehr so ganz normal findet. Warum mußte es ausgerechnet Poona sein? So viele Freunde und Bekannte hatten mich immer wieder mit dieser Frage bedrängt, und bis heute ist die Antwort die gleiche geblieben: »Ich weiß es nicht. Ich hatte bei der Begegnung mit Osho das Gefühl, als sei ich nach Hause gekommen. Vielleicht war das der Grund – diese geradezu unheimliche Vertrautheit.«

Vertrautheit bedeutete freilich nicht Vertrauen. Ich war auf diesen Mystiker mit dem kritischen Verstand eines Reporters zugekommen, der seinen Erfolg unter anderem der Tatsache verdankte, daß er nicht leicht auf Blender, Spiegelfechter, Schöntuer und Scharlatane hereinfiel. Mein Unterbewußtsein fühlte sich mit diesem Mann seit Jahrtausenden verbunden, aber mein Verstand war zutiefst mißtrauisch und bestand darauf, den Weisen von Poona gründlich zu beobachten.

Ich machte es mir nicht leicht. Der Konflikt zwischen Vertrauen und Angst kostete viel Energie und erklärt zum Teil die Traurigkeit am Anfang meiner Reise. Zweifel machen unglücklich – Vertrauen ist Glückseligkeit. Es ist so einfach, aber ich – das gebrannte Hitler-Kind, der gewiefte Reporter, der kritische, demokratische Bürger – war mit jeder Faser meines Wesens davon überzeugt, daß nur die Zweifel eines kritischen Verstandes uns vor den gröbsten Übeln in einer Welt voller Wahnsinn bewahren können. Das mag für die Politik zutreffen, für die wissenschaftliche Forschung und für den Konkurrenzkampf auf dem Marktplatz, aber auf der Reise nach innen kommt man mit dem Verstand und mit Zweifeln nicht weit. Solange ich glaubte, daß mir mein Verstand helfen konnte, meine Ängste abzubauen und den Kern meines Wesens zu entdecken, verstand ich fast nichts von dem, was Osho mir vermitteln wollte.

In der deutschen Sprache gibt es kein Wort für ein Phänomen, das alle Mystiker zentral beschäftigt und das im englischem »mind« genannt wird. Der Mind ist mit den Worten Kopf, Gehirn oder menschlicher Computer nur unzureichend übersetzt, denn der Mind ist ein Phänomen, das sich des Gehirns, des Kopfes, des Computers *bedient*. Der Mind ist wie ein Schatten, aber er besitzt eine eigenwillige Persönlichkeit. Fast immer tritt er unter der Kappe der »Vernunft« oder des »Verstandes« auf. Dabei ist der Mind vorwiegend damit beschäftigt, einen endlosen Strom von unzusammenhängenden Gedanken in Gang zu halten. Er produziert ein ständiges Geschnatter von Ideen, Vorstellungen, Erinnerungen, Hoffnungen und Wünschen, und er beherrscht das Gehirn immer dann, wenn das Bewußtsein schläft. Ein waches Bewußtsein kann man daran erkennen, daß es den Mind unter seine Kontrolle gebracht hat. Nur unter der Kontrolle des Bewußtseins funktioniert der Mind als Vernunft. Fast alle menschlichen Probleme entstehen dadurch, daß der Mind sozusagen den Kutscher spielt, anstatt als Gaul dem Zügeldruck des Bewußtseins zu gehorchen und den Karren zu ziehen.

Bisher hatte ich es mit Descartes gehalten: »Cogito ergo sum«, aber schon bald wurde mir die Diskrepanz zwischen mir und meinem Mind bewußt. Ich hatte damit begonnen, meinen Mind zu beobachten, und ich war fasziniert davon, wie raffiniert, winkelzügig und bockbeinig dieser Mechanismus ist. Ich war nicht mein Mind – so viel stand fest. *Aber wer war ich?*

Der Mind existiert in der Vorstellung, daß der Mensch und die Natur voneinander getrennt sind, wie Subjekt und Objekt, Geist und Materie. Und der Mind glaubt, daß das Individuum sich kämpferisch in einer feindseligen Welt behaupten muß. In diesem Kampf tritt der Mind als Ego auf. In der Weltsicht der Mystiker gibt es jedoch keine Trennung zwischen Mensch und Natur. Sie entlarven das Ego als eine Fiktion. Die Mystiker lehren sogar, daß es auch zwischen Mensch und Gott keine Trennung gibt. Gott ist Energie. Gott ist in allem, was lebt, also ist Gott auch im Menschen. Der Mensch, sagen die Mystiker, begreift seine Göttlichkeit in dem Moment, da er die Fiktion seines Getrenntseins vom Universum überwindet. Die Hindus nennen Menschen, die mit dem Universum im Einklang sind, »Bhagwan« – Gott.

Auch die Atomphysiker wissen inzwischen, daß der Mensch und das Universum nicht wirklich getrennt sind. In ihren High-Tech-Laboratorien ist eine neue Weltsicht entstanden, die mit der uralten Weltanschauung der Mystiker verblüffend übereinstimmt: Das Universum erscheint den Physikern jetzt als ein dynamisches, unteilbares Ganzes, das den menschlichen Beobachter einschließt.

Die Trennung von Geist und Materie, die der französische Mathematiker und Philosoph René Descartes vor mehr als 300 Jahren postulierte, ist aufgehoben, und damit auch die Trennung von Subjekt und Objekt. Auf der Suche nach dem Ursprung der Materie verliert der Atomphysiker seine Identität als objektiv beobachtender Wissenschaftler, und er erlebt das gleiche wie der Mystiker: er und die Natur bilden eine Einheit. Es gibt keine Möglichkeit, Abstand zu nehmen und objektiv zu sein. Was der Atomphysiker sieht, ist nicht *die Natur an sich*, er sieht vielmehr nur einen Ausschnitt, dessen Eigenschaften von der jeweiligen Versuchs- und Meßanordnung des Forschers abhängen. Mit anderen Worten: Die Natur, die der Atomphysiker sieht, ist ein Spiegelbild seines Bewußtseins. Der Atomphysiker John Wheeler empfiehlt deshalb, die Atomforscher nicht »Beobachter« zu nennen, sondern »Teilnehmer«.

In Oshos Mysterienschule wurde mir klar, daß der Mind, der uns vom Universum trennt, mit dem Ego identisch ist, und ich begriff, warum die Mystiker die Transzendierung des Ego predigen: Im Ego kristallisiert sich die disharmonische psychische Energie, die den Menschen von anderen Menschen und von Gott und der Welt trennt. Wenn ich mich wie der moderne Atomphysiker vom Beobachter zum Teilnehmer wandeln wollte, um die Trennung aufzuheben und die Welt so wahrzunehmen, wie sie wirklich ist, mußte ich wohl oder übel mein Ego abbauen.

Mein schönes Ego! Hatte es sich im Haifischbecken des »stern« nicht wunderbar bewährt? Flößte es den Kollegen, den Konkurrenten, den Widersachern nicht Respekt ein? Waren die Frauen nicht begeistert, wenn ich mein Pfauenrad schlug? Ich war stolz auf mein Ego! Aber ich wußte auch, daß das Ego meinem Streben nach Glück, Harmonie, Wahrheit und Erfüllung im Wege stand. Ich war hin- und hergerissen. Es erschreckte mich, wenn Osho seinen Schülern fast täglich versprach, auf ihr Ego »einzuhämmern«, es zu »zerstören« oder gründlich zu »zertrümmern«. Konnte die Transzendierung des Egos nicht ein bißchen freundlicher aussehen? Reichte es denn nicht aus, wenn ich *verstanden und eingesehen* hatte, daß mein Ego verschwinden mußte? Ich lebte doch im Zeitalter der Aufklärung, der Kommunikation, des psychologischen Durchblicks, der persönlichen Freiheit in der Demokratie. Konnte ich nicht in eigener Verantwortung die Konsequenzen aus meinen Einsichten ziehen und mein Ego alleine überwinden? Brauchte ich Osho denn wirklich?

Ich bin ganz froh darüber, daß ich damals den Einflüsterungen meines Mind nicht erlegen bin. Ein paarmal war ich im Begriff, den Aschram zu verlassen, aber meine innere Stimme, die eher dem Bewußtsein als dem Mind verhaftet ist, warnte mich, und ich hörte auf sie. Heute weiß ich, daß ich das Ego nicht mit Samthandschuhen anfassen darf, wenn ich es los sein will. Die Erkenntnis, daß es überwunden werden muß, zwingt das Ego noch nicht zum Rückzug. Auch gescheite Bücher und Vorträge über die Transzendierung des Egos helfen nicht. Wer sein Ego los sein will, kommt letztlich nicht darum herum, sich Situationen auszusetzen, die dem Ego nicht bekömmlich sind. Die Kunst eines Meisters besteht darin, solche Situationen herzustellen und seine Schüler durch sie hindurchzulotsen.

So gesehen waren die härtesten Zeiten mit Osho auch die besten. Es fiel mir schwer, zu begreifen, warum mich im Aschram kein Mensch bewunderte, obwohl ich doch im Begriff war, ein – wie ich meinte – bedeutsames Buch über die Arbeit des Meisters zu schreiben. Ich wurde nicht besser behandelt wie einer, der in der Küche Kartoffeln schält – eher schlechter. Alle meine Bitten um ein stilles Zimmer, in dem ich mich auf meine Arbeit konzentrieren (und ungestört schöne Frauen empfangen) konnte, blieben ungehört, und als mir einmal das Schreibpapier ausging und ich die Chefin des Pressebüros bescheiden darum bat, mir ein paar Blatt aus dem Aschram-Vorrat zu leihen, sagte sie: »Dein Buch ist ein privater Ego-Trip. Du kannst dir dein

Papier in der Stadt kaufen!« Ich war beleidigt, und wenn ich mich nicht immer wieder daran erinnert hätte, daß ich nicht im Aschram lebte, um mein Ego aufzumöbeln, sondern um es *abzubauen*, hätte ich schon gleich am Anfang die Flucht ergriffen. So lernte ich mit der Zeit, gerade das als notwendige Hilfestellung zu erkennen, was mein Ego als fast unerträgliche Zumutung empfand.

Wenn ich nicht gerade damit beschäftigt war, die Wunden zu lecken, die meinem Ego immer wieder geschlagen wurden, konnte ich auch über mich selber lachen. Dann war mir bewußt, daß ich mich völlig freiwillig in diesem kosmischen Irrenhaus befand. Wenn es mir zuviel wurde, konnte ich jederzeit wie Eva Renzi ins »Blue Diamond Hotel« umziehen oder sofort nach Deutschland zurückkehren. Es war überhaupt kein Problem, den Aschram zu verlassen. Viel schwieriger war es, in den Aschram *aufgenommen* zu werden. Viele warteten Jahre darauf, und die meisten warteten vergebens.

Alles, was hier geschah, konnte ich von zwei Seiten aus betrachten; ich konnte es verkniffen ernst nehmen oder lustig und spannend finden. Mit anderen Worten: Ich konnte die schmerzhafte Empörung meines Egos teilen oder meinen Mind beobachten und mich über seine Trips amüsieren. Ich lernte: Ego tut weh! Ego ist wie eine offene Wunde. Ego schmerzt, weil es die Dinge, die sich nicht ändern lassen, anders haben will, als sie sind. Und ständig treibt sich das Ego in der Zukunft herum, macht sich unnötige Sorgen, suggeriert der Phantasie Schrekkensbilder, fördert alle möglichen Ängste. Eine sinnlose Energieverschwendung! Immer, wenn ich mir dessen bewußt war, genoß ich den Aschram wie ein Paradies auf Erden.

Ich genoß die bunte Pracht der Tropengärten. Ich genoß die stille Abendstunde auf dem Flachdach des Jesus-Hauses, wenn sich die schwarzen Konturen der Palmen scharf wie Scherenschnitte vor der orangefarbenen Glut der untergehenden Sonne abhoben. Ich genoß das melodische Gezwitscher der Tropenvögel, die Oshos Vorträge untermalten wie eine exotische Begleitmusik. Ich genoß die frechen Affenrudel, die über das Dach der Buddhahalle tobten, während ich meditierte. Ich genoß die heißen Nächte, wenn die Musikanten der Musikgruppe aufspielten und ich – entfesselt wie ein tanzender Derwisch – unter

Hunderten durcheinanderwirbelnder Menschen über den kühlen Marmorboden fegte, bis kein trockener Faden mehr an meinem Leibe war. So viele schöne Menschen, so viel Liebe, so viel Witz und Geist, und jeden Morgen das faszinierende Spektakel der Osho-Lectures. Oft kam es mir so vor, als sei ich Mitglied in einem exklusiven Club, der das letztendliche, das größte, das aufregendste Abenteuer der Welt zelebrierte – das Abenteuer der Erleuchtung. Natürlich war es eine Ego-Vorstellung!

Der Mind ist unglaublich trickreich. Ich bildete mir ein, daß ich ihn scharf beobachtete und unter Kontrolle brachte, bis mir eines Tages bewußt wurde, daß meine Anstrengungen von einem brennenden Ehrgeiz angefeuert wurden: Ich wollte erleuchtet werden! Die Erleuchtung ist für den spirituellen Sucher das gleiche wie die Karotte vor der Nase des Esels. Unversehens hatte sich der Mind meine Suche nach Wahrheit und Erleuchtung zu eigen gemacht – und schon war ich auf einem neuen Ego-Trip. Inzwischen weiß ich aus eigener Erfahrung, daß das spirituelle Ego das häßlichste, das hartnäckigste und das gefährlichste Ego überhaupt ist. Im zwielichten Morgendämmer des Wassermann-Zeitalters tummeln sich Tausende von spirituellen Egos – Geistheiler, Channeler, Seminar-Gurus, Affirmatoren, Streß-Manager, New-Age-Propheten, Diät-Strategen und viele andere »Erleuchtete«. Im Umgang mit ihnen ist größte Vorsicht geboten. Viele versprechen den Gutgläubigen mühelose und augenblickliche Transformation und ziehen ihnen das Geld aus der Tasche.

Solange es Ehrgeiz gibt, Wünsche, Erwartungen, Hoffnungen, Vorstellungen kann das Ego nicht verschwinden, behauptete Osho immer wieder in seinen morgendlichen Vorträgen, und ich dachte: »Was ist denn ein Leben ohne Hoffnung?« Er behauptete, daß wir alle in Tagträume verstrickt sind, solange unser Mind ständig Wünsche und Hoffnungen produziert. »Glaubt bloß nicht, daß ihr wach seid, nur weil ihr die Augen offen habt!« sagte er, und ich dachte: »Was soll denn das nun schon wieder bedeuten? Ich sitze hier gut ausgeschlafen in der Buddhahalle; ich höre, sehe und fühle, was um mich herum passiert, und er behauptet, daß ich schlafe! Wieso schlafe ich? Ich bin doch hellwach!«

»Ihr schlaft, solange ihr nicht den Zustand des ›No-Mind‹ erreicht habt«, sagte Osho und bezog sich auf Buddha, der den Begriff des No-Mind erfunden hatte. No-Mind ist, wenn das Geschnatter im Kopf aufhört. No-Mind ist die von Gedanken ungetrübte *direkte* Wahrnehmung der Welt. Da ich den meditativen Zustand des No-Mind nicht aus eigener Erfahrung kannte, hielt ich Oshos Ausführungen über den Zusammenhang von »Mind und Ego«, von »No-Mind und Wachheit im Hier und Jetzt« zunächst für interessante, aber irrelevante Gedankenspiele.

Eines Morgens kam die Einsicht. Ich saß in der Buddhahalle und beobachtete die Tropenvögel, die im Gebüsch ihr Spektakel aufführten. Osho saß vor mir auf seinem Podest und sprach seit einer Stunde. Ich hatte ihm nicht zugehört. Oft begnügte ich mich damit, die Atmosphäre dieser Lectures zu genießen, die meditative Stille, die konzentrierte, harmonische Energie, den Gesang der Vögel, den fernen Schrei der Rangierlokomotive auf dem Güterbahnhof. An diesem Morgen ereignete sich zum erstenmal der Zustand von »No-Mind«: keine Gedanken, keine Vergangenheit, keine Zukunft. Ich befand mich im Hier und Jetzt. Es wurde hell um mich, ich atmete tiefer, mein Herz schien sich zu öffnen, eine sanfte, freundliche, lichtvolle Seligkeit stieg in mir auf und eine überwältigende, alles umfassende Liebe. Ich hörte Oshos Stimme. Es war nicht wichtig, was er sagte. Ich verstand ihn, ohne ihm zuzuhören. Das Einverständnis kam auf einer neuen Wellenlänge zustande.

Ich wußte jetzt, daß der religiöse Mensch nicht einer ist, der in den Heiligen Schriften nach Erleuchtung sucht, moralische Gesetze befolgt, Gebetsformeln herunterleiert und an den lieben Gott und die Kirche glaubt. Ich wußte, daß ich *wach* sein mußte, daß ich nur aufwachen konnte, wenn ich mich beharrlich darum bemühte, liebevoller zu mir selbst und zu anderen zu sein, bescheidener, verletzbarer, einfühlsamer und vor allem geduldiger. Letztlich konnte mir kein Meister dabei helfen. Ich mußte die Verantwortung selber übernehmen. Der Weg ging bergauf, und ich erlebte oft, wie leicht es war, auf Abwege zu geraten.

Ich wollte ein glücklicherer Mensch werden. Das Schicksal hatte es gut mit mir gemeint, aber das Glück hatte mich immer nur gelegentlich besucht. Oft war ich unglücklich. Ich hatte gewiß mehr gesehen, mehr erlebt und mehr Spaß gehabt als die meisten meiner Zeitgenossen. Ich war mit zwei außergewöhnlichen Frauen verheiratet gewesen und hatte drei wunderbare Kinder. Dennoch hatte ich das Gefühl, gescheitert zu sein. Ich ahnte, daß ich bisher etwas verpaßt hatte, daß ich das Wichtigste im Leben nicht erreicht, nicht erfahren, nicht gelebt hatte, und während ich in diesem Augenblick darüber schreibe, zögere ich, dieses Wichtige einfach *Gotterfahrung* zu nennen, weil ich weiß, daß ich damit eine Fülle von Mißverständnissen auslöse. Denn mit dem christlichen Gott hat Gotterfahrung nichts zu tun. Gotterfahrung ist Verschmelzung mit dem Universum, Erfüllung einer tiefen Sehnsucht, die den Menschen auf seinem Wege vom Tier zum Gott beflügelt. Wer sich dieser Sehnsucht bewußt wird, befindet sich schon auf der Suche nach dem Glück, *das nicht von äußeren Umständen beeinflußt werden kann.*

Das Glück auf Erden wird uns nicht in die Wiege gelegt. Wenn wir glücklich sein wollen, müssen wir von den Weisen *lernen, glücklich zu sein.* Sie empfehlen uns das Glück nicht als narzißtische Selbstbefriedigung, sondern weil sie wissen, daß ein glücklicher Mensch ein gewaltloser, harmonischer, erfüllter Mensch ist. Aber schon kurz nach der Geburt – unserem ersten traumatischen Erlebnis – beginnt ein schmerzhafter Konditionierungsprozeß, und die Eltern, die Lehrer, die Priester, die Bosse zerstören unsere Chance auf ein glückliches Leben. Bei mir hatten sie gründliche Arbeit geleistet.

Ich beschloß, meine Konditionierungen systematisch abzubauen und die Kunst des glücklichen Lebens zu lernen. Es ging langsam voran. Oft verlor ich fast den Mut, und immer wieder wurde meine Geduld auf eine harte Probe gestellt, denn wie jede andere Kunst ist auch die Lebenskunst nicht leicht zu erlernen. Der Weg ist mit Mißerfolgen gepflastert, und das Tempo wird von dem Rhythmus der Passauer Springprozession bestimmt: drei Schritte voraus, zwei Schritte zurück. Wenn eine Höhe erklommen ist, taucht am Horizont schon die nächste, noch höhere, auf. Die schwierigsten Etappen des Weges befinden sich freilich am Anfang. Wenn sie überwunden sind, erfüllt sich, was Meister Eckhart den spirituellen Suchern verspricht: »Der Weg ist schön, angenehm, fröhlich – und vertraut ...« Schön, angenehm und fröhlich, weil wir uns auf dem Weg in der besten

Gesellschaft befinden. Und vertraut, weil der Sucher – bereichert von den Erfahrungen eines bewußt geführten Lebens – zur Unschuld des Kindes zurückkehrt. Das meinte Jesus, als er sagte: »Werdet wie die Kinder!«

Auch nach meiner kurzfristigen Erfahrung mit der Glückseligkeit des No-Mind in der Buddhahalle konnte ich mich nicht von Hoffnungen, Erwartungen und Wünschen trennen. Denn der Mind kehrte natürlich zurück und verteidigte seine Position energisch. Ich wünschte mir ständig Briefe von meiner Geliebten in Deutschland, und gleichzeitig hoffte ich, so schnell wie möglich eine neue Freundin im Aschram zu finden. Ich wünschte mir ein schönes Zimmer, und ich hoffte, daß mein Aschram-Tagebuch ein Bestseller werden würde. Ich hoffte und wünschte den ganzen Tag und war ständig enttäuscht, weil meine Wünsche nicht in Erfüllung gingen. Von ungetrübtem Glück im Hier und Jetzt konnte also keine Rede sein. Mein Glück war total von äußeren Umständen abhängig.

Je mehr ich meinen Mind beobachtete, desto deutlicher konnte ich auch sehen, daß Hoffnungen und Wünsche nicht nur mein Glück, sondern auch meinen Realitätssinn trübten. So weigerte ich mich zum Beispiel monatelang, zu begreifen, daß ich das so heiß ersehnte Einzelzimmer mit Bad im Aschram unter keinen Umständen bekommen würde, und zwar ganz einfach deswegen nicht, weil dieser Aschram von Osho als Desillusionierungs-Maschine konstruiert worden war. Hier wurden grundsätzlich keine Wünsche erfüllt – hier wurden alle Erwartungen zunichte gemacht. Ich war ja nicht geistesgestört, also hätte ich diese so offensichtliche Tatsache begreifen müssen. Aber ich brauchte lange, bis der Groschen fiel. Dies ist eine meiner wichtigsten Erkenntnisse: Hoffnungen, Wünsche und Erwartungen hindern mich daran, Realität wahrzunehmen. Das, was ich für Realität halte, besteht aus den Projektionen meiner Wünsche und Hoffnungen. Ich verinnerlichte als Erfahrung, was die Weisen mir bisher als Theorie vermittelt hatten: Nur im Zustand des »No-Mind« existiert Realität. Solange ich Wünsche habe, träume ich!

Buddha empfahl seinen Jüngern, im Lotussitz ihren Atem zu beobachten. Nur den Atem beobachten, weiter nichts. Ich probierte es aus und fand es fast unmöglich. Schon nach Sekunden ging mein Mind auf Abwege, ich dachte an dies und jenes, nur nicht an den Atem. Unrast, Streß, Spannungen – von No-Mind konnte keine Rede sein. Osho wunderte das nicht. Der westliche Zivilisationsmensch sei für Buddhas Vipassana-Meditation viel zu hektisch, meinte er. Deshalb hatte er für den Meditations-Novizen die sogenannte dynamische Meditation entwikkelt, die inzwischen weltweit in Workshops, Kursen und Seminaren angewendet wird. In der dynamischen Meditation entkrampft sich der Meditierer zunächst bei tiefer Atmung und intensiver körperlicher Bewegung. Darauf folgt die kathartische Entladung aufgestauter und blockierter Gefühle. Die eigentliche Meditation ereignet sich am Ende, wenn der Meditierer im entspannten Zustand nach innen geht und seine Gedanken beobachtet. Buddhas Akzent lag auf der Beobachtung des Atems. Osho empfiehlt seinen Schülern, ihre Aufmerksamkeit direkt auf ihre Gedanken zu richten.

Ich weiß noch, wie verblüfft ich war, als mir zum erstenmal bewußt wurde, daß ich den Fluß meiner Gedanken nicht einfach aufhalten konnte. Das war mir bisher noch nie aufgefallen! Ich stellte mir mein Entsetzen vor, wenn mir plötzlich meine Beine unter dem Tisch davonlaufen, meine Hände sich selbständig machen und wild gestikulieren, meine Blase nicht auf mich hören will. Merkwürdig, daß ich das ständige Geschnatter in meinem Kopf bisher für ganz normal gehalten hatte, obwohl es doch eigentlich krankhaft ist. Ich hatte keine Kontrolle, und die unaufhörliche Aktivität im Kopf mußte doch früher oder später zur Überreizung führen und Schaden stiften. Bisher aber hatte ich nicht unter Kopfschmerzen gelitten, also mußte wohl noch alles in Ordnung sein, oder? In der Meditation kamen mir gelegentliche Zweifel: War ich vielleicht schon verrückt? Bisher war ich sehr froh darüber gewesen, daß ich einen so aktiven Mind besaß. Ich konnte im Kreise von Freunden und befeuert von einem guten Chianti stundenlang intellektuelles Stroh dreschen. Spitzfindigkeiten zergingen mir auf der Zunge wie Kaviarhappen. Ich liebte es, analytische Betrachtungen anzustellen und komplizierte Sachverhalte zu erörtern. Mein Mind war jahrzehntelang mein Kapital gewesen und hatte gute Zinsen abgeworfen. Natürlich war ich skeptisch, als ich zum erstenmal das Schild am Eingang zur Meditationshalle in Poona sah:

»Leave your shoes and your mind outside!« Mußte ich den Kopf wirklich an der Garderobe abgeben, wenn ich mit Osho meditieren wollte?

Es ist aufregend, den Mind zu beobachten. Er ist in seiner Ausprägung als Gehirn die Krone der göttlichen Schöpfung, das kostbarste Instrument des Menschen – und doch hindert er uns daran, mit unserer Welt im Einklang zu sein. Mit dem Mind ist es so wie mit dem Auto. Wenn ein Auto nicht vernünftig gesteuert wird, ist es kein sinnvolles Fortbewegungsmittel, sondern ein Mordwerkzeug.

Deshalb empfehlen alle Weisen die Meditation. In der Meditation kann sich die Hektik des Denkprozesses langsam beruhigen. Ich schaue mir die Gedanken an, ich beobachte, woher sie kommen, ich sehe, wie sie verschwinden und nehme die nächsten Gedanken wahr. Ich verurteile die Gedanken nicht, ich ärgere mich nicht darüber, daß sie mir nicht gehorchen wollen. Ich beobachte ... Und wenn ich entspannt genug bin und Glück habe, entdecke ich eine Lücke zwischen zwei Gedanken. Der eine Gedanke verfliegt, der nächste ist noch nicht da, und in der Lücke zwischen den beiden Gedanken ereignet sich »No Mind« – die unmittelbare, gedankenfreie, von Hoffnungen und Wünschen ungetrübte Wahrnehmung dessen, was in Wirklichkeit ist.

In diesem Augenblick ist der Meditierende leer wie das hohle Bambusrohr, auf dem Gott sein Lied spielt. In diesem meditativen Raum wunderbarer Transparenz gibt es keine Anstrengung, nicht einmal eine Absicht. Fast jeder Mensch kennt solche Momente, wenn er als Ego nicht existiert, wenn er die Regie abgibt und sich wunderbaren Kräften überläßt, die ihn durchströmen und durch ihn Gestalt annehmen. In solchen Augenblicken wird der Tänzer zum Tanz, der Maler geht in seinem Kunstwerk auf, der Dichter schreibt, ohne zu denken, der Musiker komponiert Harmonien, die nicht von dieser Welt sind, und der Forscher empfängt den Gedankenblitz, der den Geist zu neuen Ufern der Erkenntnis führt. Als der Atomforscher Robert Oppenheimer einmal durch das Fenster seines Arbeitszimmers spielende Kinder beobachtete, sagte er zu einem Freund: »Wenn wir sein könnten wie diese Kinder, dann könnten wir alle unsere wissenschaftlichen Probleme lösen.«

Solche Sätze waren es, die mich am Anfang meiner Reise trösteten. Es gefiel mir, daß die Atomforscher wissenschaftlich untermauerten, was die Mystiker sagten und was Osho mir empfahl. Natürlich kam ich mir oft ziemlich merkwürdig vor, wenn ich in meiner roten Robe und mit der Bhagwan-Kette um den Hals unter dem Banyam-Baum saß und mit den Papageien redete, wenn ich barfuß durch die Buddhahalle tobte, wenn ich in der dynamischen Meditation die Arme in die Luft warf, auf der Stelle hüpfte und »Hu Hu« brüllte, oder wenn ich stundenlang auf einem kleinen Kissen saß und meine Gedanken beobachtete. Ich habe zwar immer ziemlich gefährlich gelebt, aber bei all meiner Risikobereitschaft bin ich doch ein Mensch, der sich nur wirklich wohlfühlt, wenn er auch *versteht*, was er tut. Osho empfahl mir, zu »verschwinden«, mich im »Nichts aufzulösen«, mein »Selbst aufzugeben«. Er sprach von Kabir, dem Sufi-Mystiker, der seine Erleuchtung mit der Metapher beschrieben hatte: »Der Tautropfen ist im Ozean aufgegangen. Wie soll man ihn je wiederfinden?« Später, auf dem Sterbebett, habe Kabir sich berichtigt, erzählte Osho: »Der Tautropfen ist nicht im Ozean aufgegangen. Der Ozean ist in den Tautropfen eingegangen.« Und er fügte hinzu: »Das ist die Freiheit vom Selbst!«

Angeregt von Fritjof Capras Buch »Das Tao der Physik« vertiefte ich mich in die Atomphysik, die keine Vergangenheit und keine Zukunft kennt, sondern nur die ewige »Raum-Zeit«. Ich freute mich, daß die Atomphysiker zu untermauern schienen, was Osho mir schon bei unserer ersten Begegnung gesagt hatte: »Alles, was in der Zeit ist, ist nicht die Wahrheit. Die Vergangenheit existiert nicht. Die Zukunft existiert nicht. Es gibt nur das ›Jetzt‹, und das ›Jetzt‹ ist die Ewigkeit. Die Wahrheit ist in der Ewigkeit.«

Und was meinte er, wenn er von der »Fülle der Leere« sprach, in der ich aufgehen sollte? Was war dieses »Nichts«, dieser »Ozean«, in dem Kabir sich aufgelöst hatte? Es konnte nichts anderes sein als das »Quantenfeld«, die fundamentale physikalische Einheit. Die Atomphysiker beschreiben das Quantenfeld als eine »lebende Leere«, die in endlosen Rhythmen von Erzeugung und Vernichtung pulsiert und eine unbegrenzte Vielfalt von Formen gebiert und absorbiert. Mit den Augen des Mystikers betrachtet, ist das »Quantenfeld«, diese »lebende Leere«, das Energiefeld des kosmischen Bewußtseins, das alle Erscheinungen, also auch den physischen Körper des Menschen, hervorbringt und wieder aufnimmt. Während der Mensch in seinem Körper ist, bleibt sein Bewußtsein Bestandteil des Feldes, in dem er mit allen anderen Menschen verbunden ist. Das heißt: seine Essenz existiert nur im Feld, und das Feld existiert durch ihn. »Das Feld ist die einzige Realität«, hatte Einstein postuliert. In der neuen Physik, so sagte er, sei kein Platz für beides – für Feld *und* Materie: »Wir können daher Materie als *den* Bereich des Raumes betrachten, in dem das Feld extrem dicht ist...«

Je mehr ich über Atomphysik las, desto leichter fiel es mir, Oshos Metaphern zu verstehen, und ich erschrak nicht mehr, wenn er zum Beispiel sagte: »Du bist nicht – nur das Nichts ist!« Ich verstand, was die Mystiker meinen, wenn sie das Ego eine Fiktion nennen. Und ich begriff auch, daß ich mit der Vergangenheit brechen und die Zukunft vergessen mußte, wenn ich die Wahrheit erkennen wollte. Nur im zeitlosen »Hier und Jetzt«-Zustand erscheint es mir möglich, Realität wahrzunehmen. Gurdjieff forderte seine Schüler auf, sich »an sich selbst zu erinnern«. Er sagte, daß der Mensch fast nie »zu Hause« sei. Während er gärtnert, Auto fährt, ißt, trinkt, flirtet, arbeitet ist der Mensch mit seinen Gedanken ganz woanders, nämlich dort, wo es keine Realität gibt – in der Vergangenheit oder in der Zukunft. Er ist nicht zu Hause. Er erinnert sich nicht an sich selbst. Er ist unbewußt und weiß nicht, was er tut.

Ich habe viel von Katzen gelernt. Katzen sind immer im Hier und Jetzt. Micki zum Beispiel, mein Kater im Alten Land bei Hamburg. Er lag auf der Schwelle des alten Fachwerkhauses und schlief. Es war ein friedlicher Sommertag, die Fliegen summten in der Hitze, ein Hahn krähte, und im Stall des Nachbarn quiekten die Schweine vor der Fütterung. Plötzlich schoß Harras um die Hausecke, der schwarze Dobermann von nebenan. Er tauchte auf wie ein langgestrecktes schwarzes Phantom und stürzte sich auf den schlafenden Kater. Ich riß den Mund auf, wollte schreien und Micki warnen. Aber Micki saß plötzlich auf dem Kirschbaum und buckelte beleidigt. Fünf Zentimeter vor der Schnauze des Ungeheuers hatte der Kater einen Satz gemacht. Spontan. Ohne Gedanken. Das war Hier und Jetzt!

Im Hier und Jetzt gibt es keine Probleme – das war eine meiner wunderbarsten Entdeckungen. Im Hier und Jetzt *bin* ich einfach nur. Ich existiere ohne Sorgen und ohne Angst. Meher Baba, ein anderer zeitgenössischer Mystiker, der in Poona wirkte, hat seine Schüler mit einer berühmten Metapher ins Hier und Jetzt zu bringen versucht: »Don't worry – be happy!« Aus diesen vier Worten bestand seine ganze Lehre. Lange bevor sie einem Song zum Sprung an die Spitze der Schlager-Hitliste verhalfen, machte ich mir Meher Babas Worte zu eigen: »Don't worry, be happy!« Freilich dauerte es ein paar Jahre, bis ich es fertigbrachte, mir *keine* Sorgen zu machen. Immer wenn mich Ängste und Sorgen beunruhigten, versuchte ich mich daran zu erinnern, wer diese Sorgen produziert: es sind nicht die Verhältnisse, nicht die sogenannten Probleme des Lebens, sondern mein guter alter Bekannter, der Mind. Sorgen haben ihren Ursprung immer in der Zukunft. Aber wer weiß denn schon, was morgen sein wird? Das Leben ist total unberechenbar, nur das Jetzt zählt. Sorgen sind weiter nichts als unintelligente Kraftverschwendung.

Nach der Versendung der Besprechungsexemplare meines Buches begann eine Kette von Ereignissen, die mir zu einer aufregenden und zugleich fragwürdigen Publizität verhalfen.

Bald nach seinem Erscheinen traf ich Robert, einen vor allem in Problemen der Dritten Welt engagierten Bundestagsabgeordneten. Er hatte das Marxsche Bonmot »Religion ist Opium für das Volk« verinnerlicht und sprach auf das Stichwort »Spiritualität« allergisch an. Er machte keinen Unterschied zwischen Religion und Religiosität, und Gurus waren ihm ein Greuel. Ich konnte das verstehen. Was ich nicht verstand, war sein Mangel an Neugierde. Er war ein Idealist, aber einer von der Sorte, die glauben, man könne Gerechtigkeit in der Welt mit politischen Mitteln durchsetzen. Ein gefährliches Konzept. Denn was ist Gerechtigkeit? Sie kann nur existieren, solange es Ungerechtigkeit gibt – das eine bedingt das andere. Das gleiche gilt für die Moral. Deshalb sprechen die Weisen nicht von Gerechtigkeit und Moral, sondern nur vom wachen Bewußtsein. Ihr Konzept ist pragmatisch: »Tue niemandem etwas an, was du nicht selber von anderen erdulden möchtest«.

Die Weisen schieben die Verantwortung für den Zustand der

Welt nicht auf andere ab. Sie verurteilen niemanden und schließen alle in ihr Mitgefühl ein – Kapitalisten und Kommunisten, Christen und Moslems, Sünder und Fromme. Die Weisen machen nur einen Unterschied zwischen den wenigen, die wach sind, und den anderen, die schlafen. Und sie tun alles mögliche und oft auch das Unmögliche, um die Schläfer aufzuwecken, damit sie die Verantwortung für sich selber übernehmen können.

Robert aber glaubte an die Wirksamkeit der politischen Aktion, obwohl er doch im Bundestag immer wieder erlebte, wie seine Initiativen im Gerangel widerstreitender Interessen fast bis zur Unkenntlichkeit zerpflückt wurden, damit sie endlich in das Raster des allgemeinen Konsensus hineinpaßten. Er war ein Aktivist, und er war stolz darauf. Wir gingen an einem sonnigen Herbstmorgen im Hamburger Alstertal spazieren, und er erzählte mir, wie er sich für die politischen Gefangenen in der ganzen Welt einsetzt und wie er bemüht ist, das Elend in den Entwicklungsländern zu mildern. Ich tat nichts dergleichen, und er hielt mich natürlich für einen »Realitätsflüchtling«. Wir lebten in zwei verschiedenen Welten. Ich war fest davon überzeugt, daß man »die Gesellschaft« nicht verändern kann, denn mit der Gesellschaft ist es wie mit der Materie – die Moleküle müssen sich verändern, damit sich Materie verändern kann. Der Mensch ist das Molekül. Materie und Gesellschaft sind das, was die Hindus »Maja« nennen – Illusion.

Mein Ansatz war die Veränderung des Bewußtseins, und Robert erzählte mir von seinem intensiven und fruchtbaren Briefwechsel mit dem damaligen Präsidenten der Weltbank MacNamara. »Der Mann tut unheimlich viel für die Dritte Welt«, sagte Robert. Ich hielt ihn am Ärmel fest und blieb stehen. »Mit diesem Verbrecher korrespondierst du – und schämst dich gar nicht?«

»Wieso??«

»Wenn die Vietnamesen den Krieg gewonnen hätten, so wie die Allierten den Zweiten Weltkrieg, dann wäre MacNamara natürlich als Kriegsverbrecher aufgehängt worden!«

Robert schaute mich verständnislos an. Dabei wußte er so gut wie ich, daß MacNamara als Kennedys und Johnsons Verteidigungsminister aus der Tötung der Vietnamesen ein Computerspiel gemacht hatte – perfekt durchorganisiert, wie die General Motors-Werke in Detroit, von denen dieser bewußtlose Manager kam, um im Vietnamkrieg dafür zu sorgen, daß die Kosten-Nutzen-Rechnung aufging. Der Mann hat den *body count* erfunden, die mathematische Abstraktion des Napalmbomben-Wahnsinns, und der aufrechte Idealist Robert korrespondierte mit ihm über das Elend in der Dritten Welt!

»Du bist offenbar auch noch stolz darauf, daß dieses Monster deine Briefe beantwortet?« sagte ich und gab mich etwas empörter, als ich wirklich war.

Robert schwieg betroffen. Gewiß hatte er seine Beziehung zu MacNamara noch nie unter diesem Aspekt betrachtet. Daß dieser Roboter aus Detroit neuerdings als hochbezahlter Weltbankpräsident sein schlechtes Gewissen mit großzügigen Krediten für die Dritte Welt erleichtern durfte, anstatt still und beschämt in der Versenkung zu verschwinden, fand ich eigentlich eher skandalös. Aber Robert meinte: »Der hat sich doch seit Vietnam sehr geändert!«

War Robert nun der »Realitätsflüchtling« oder ich? Ich hielt ihn für einen unbewußten Träumer, und er hielt mich für einen weltfremden Egozentriker, der nur an seinem eigenen Glück interessiert ist. Dieses Mißverständnis begleitete mich in den folgenden Jahren wann immer ich öffentlich auftrat. Ich stürzte mich in Diskussionen, Vorträge und Talkshows, stritt mich mit Studenten und Professoren, Politikern und Pfarrern, Eltern und Schülern, Journalisten und Hausfrauen und kam mir dabei vor wie ein Rufer in der Wüste. Von No-Mind konnte natürlich keine Rede sein! Mein Ego blähte sich unter dem Licht der Fernsehscheinwerfer mächtig auf – und ich genoß es mit bangem Herzen. Besonders köstlich fand ich es, wenn aufgeregte Pfarrer mich als Mitglied einer »Jugendsekte« attackierten.

In den Diskussionen kamen immer wieder die gleichen Fragen auf. Ein prominenter Journalist empörte sich: »Ich finde es degoutant, Herr Elten, daß Sie sich in diesem exklusiven Meditations-Club in Poona mit einer gelangweilten spirituellen Schickeria amüsieren, anstatt sich den Problemen unserer Zeit zu stellen!« Amüsieren! Er hatte wahrscheinlich die Rudelbums-Geschichten von »Bild« im Kopf und verwechselte den Aschram mit Kampen auf Sylt.

Ein kluger alter Herr sagte: »Wenn Sie mit Greenpeace für die Umwelt kämpfen würden, hätte ich mehr Respekt vor Ihnen!«

Ein Studentenfunktionär donnerte mich an: »Sie stellen Marx auf den Kopf und behaupten, das Bewußtsein bestimme das Sein. Meinen Sie denn wirklich, daß sich ein Fließbandarbeiter bei Opel den Luxus der Meditation leisten kann?«

Eine alte Dame sprang auf, klammerte sich mit beiden Fäusten an ihrer Krokodilledertasche fest und schrillte: »Nehmen Sie sich doch lieber mal ein Beispiel an Mutter Teresa!«

Brausender Beifall! Mutter Teresa war die Zugnummer der satten Wohlstandsbürger mit dem schlechten sozialen Gewissen. Es hätte überall großen Eindruck gemacht, wenn ich in Indien mit Mutter Teresa die Mülltonnen von Kalkutta nach ausgesetzten Babies durchwühlt hätte. Sie werden von verzweifelten, halbverhungerten Müttern ausgesetzt, die ihre vielen Kinder nicht mehr durchbringen können. Aber die wunderliche Mutter Teresa wetterte in den Elendsvierteln gegen die Anti-Babypille! Sie sorgte dafür, daß ihr die Waisenkinder nicht ausgingen und heimste dafür auch noch den Friedensnobelpreis ein! Zynismus oder Unbewußtheit?

Da würde ich schon lieber mit den Umweltschützern von Greenpeace im Schlauchboot gegen russische Walfangdampfer aufkreuzen. Die Greenpeace-Aktivisten sollte man mit Mutter Teresa gar nicht in einem Atemzug nennen. Sie hängen sich nicht den Mantel wohltätiger Frömmigkeit um. Sie wissen, was sie tun. Sie treten gegen mächtige politische und wirtschaftliche Mächte an. Sie jagen vielen Politikern Angst ein. Ihre Aktionen schärfen das Problembewußtsein und führen gelegentlich dazu, daß krasse Mißstände beseitigt werden. Mehr ist mit politischen Mitteln kaum zu erreichen. Zur Rettung des Planeten reicht es freilich nicht aus. Erst wenn die Greenpeace-Freunde ihre Lebensgewohnheiten ändern und eine Massenbewegung der persönlichen Bewußtseinstransformation in Gang bringen, könnten wir Hoffnung schöpfen. Das wäre der *spirituelle* Ansatz: Transformation durch Meditation. Aber Greenpeace steckt seine Energie vor allem in die *politische* Aktion.

Greenpeace macht vielen Menschen ein schlechtes Gewissen, aber das Bewußtsein verändert Greenpeace letztlich nicht. Vielleicht behindern die Umweltschützer sogar die Entwicklung des

Bewußtseins. Der Mind begeistert sich sehr gerne für große Aktionen. Und während wir vor dem Fernseher sitzen, die kühnen Streiche der Greenpeace-Aktivisten bejubeln und ihnen vielleicht sogar eine steuerabzugsfähige Spende schicken, schläft unser Bewußtsein ruhig weiter: Ist es denn nicht großartig, wie stark wir uns für Greenpeace engagieren? Auf meinen Vortragsveranstaltungen wurde ich immer wieder gefragt, was *ich* denn nun eigentlich selber zur Rettung der Welt beitrage.

»Ich rauche nicht«, antwortete ich. »Und so belaste ich das schon so stark überlastete Gesundheitswesen nicht noch mehr. Ich esse kein Fleisch, und deshalb bin ich persönlich nicht an der Abholzung der Regenwälder am Amazonas beteiligt. Schließlich lasse ich das Auto stehen und benutze das Fahrrad, wann immer es die Umstände und das Wetter erlauben. Damit trage ich weniger zur Luftverschmutzung bei.«

Fast immer war irgendein Mensch im Saal, der mir ein empörtes »Ist das alles, Herr Elten?« entgegenschleuderte, und ich mußte zugeben, daß ich nur ein kleines Schärflein zur vieldiskutierten und von vielen Organisationen energisch geforderten Rettung der Umwelt beitrage. Aber viele Menschen scheitern schon bei dem Versuch, das Rauchen aufzugeben. Es fällt ihnen leichter, Bürgerinitiativen zu starten, Flugblätter zu verteilen, Plakate durch die Straßen zu tragen, zu protestieren, zu agitieren, zu kämpfen. Mein Ansatz ist bescheidener. Aber manchmal denke ich, daß die ökologische Weltkrise vielleicht überwunden werden könnte, wenn ein paar hundert Millionen Bürger reicher Industrienationen sich meinen bescheidenen Ansatz zu eigen machen könnten.

Wahrscheinlich habe ich mit solchen Bemerkungen nicht viel bewirkt, obwohl sie gewöhnlich ein nachdenkliches Schweigen auslösten. Bewußtseinsveränderung kommt letztlich nicht durch Diskussionen und Vorträge zustande. Aber damals, als ich meine erste Runde im spirituellen Durchlauferhitzer von Poona hinter mir hatte, befeuerte mich die Idee, daß ich meine neuen Erfahrungen und Erlebnisse möglichst vielen Menschen mitteilen müßte. Daß dieses Mitteilungsbedürfnis nicht nur aus meinem Wunsch nach Weltverbesserung kam, sondern möglicherweise auch ganz profane Motive hatte, wurde mir erst viel später bewußt.

Ich trat bei meinen Diskussionen zwar forsch auf, aber insgeheim fühlte ich mich als Angehöriger einer kleinen, mißverstandenen Minderheit gar nicht wohl. Ich erschrak sogar oft über die heftigen Aggressionen, die ich bei vielen Menschen einfach nur dadurch auslöste, daß ich sie aufforderte, vor ihrer eigenen Tür zu fegen, bevor sie sich für große Anliegen stark machen. Ich kann Leute, die sich über die Ökokatastrophe ereifern, nicht ganz ernst nehmen, wenn sie das Auto als Statussymbol betrachten und ihren Sechszylinder anschmeißen, um aus dem Automaten an der nächsten Straßenecke eine Schachtel Zigaretten zu ziehen. Es waren besonders solche Leute, die es schwer erträglich fanden, daß ich anders war als sie, daß ich in merkwürdiger Verkleidung auftrat und nicht mehr an ihrem Rattenrennen teilnehmen wollte. Wenn ich ausgestiegen wäre, um mein Seelenheil in einem katholischen Kloster zu suchen, hätten sie mir wahrscheinlich verziehen. Die Bischöfe hätten mir anerkennend auf die Schulter geklopft, und vielleicht wäre ich sogar in einigen Provinzzeitungen als ein vorbildlicher Sucher gefeiert worden. Man braucht nicht viel Mut, wenn man sich auf einen Meister beruft, der seit fast 2000 Jahren tot ist, und wenn man auf Kosten der Steuerzahler im Kloster den Rosenkranz abbetet. Aber wehe dem, der sich zu einem *lebenden* Weisen bekennt, zumal wenn es einer ist, der es liebt, Skandale anzuzetteln, um die Leute aus ihrem Schlaf zu wecken! Manchmal fürchtete ich mich tatsächlich davor, verfolgt zu werden. Und so war es wohl vor allem meine Paranoia, die meinen missionarischen Eifer beflügelte. Ich wollte eine spirituelle Mehrheit herstellen.

Wer einmal den spirituellen Weg beschritten hat, kommt sehr schnell an den »point of no return«. Für mich jedenfalls kam Umkehr nicht in Frage, und so ergriff ich sozusagen die Flucht nach vorne. Während ich auf meinen Veranstaltungen wie ein Exot auftrat, entfernte ich mich immer mehr von meiner Vergangenheit. Meine Identität als »Star-Reporter« verblaßte, und ohne mein Zutun begann unversehens eine neue Karriere als »Aussteiger« und als »Bhagwans Chefpropagandist«. Dieser unglaubliche Weise brauchte freilich meine Propaganda nicht. Er hat mit seinen Rolls-Royces und vielen anderen raffinierten Werbetricks ganz allein für seine Popularität gesorgt. Und besser als ich selber konnte er sehen, warum es für *mich* – nicht für *ihn* – wichtig war, daß ich über die Dörfer zog und die Trommel rührte.

Inzwischen hat der Weise von Poona seine Form verlassen und ist ins Quantenfeld zurückgekehrt. Ich schied schon ein paar Jahre vorher aus der Kommune aus, nachdem ich in der Mysterienschule von Rajneeshpuram in Oregon sozusagen mein spirituelles Lehrpensum erfüllt hatte. Mit dem Weisen selber werde ich bis ans Ende meiner Tage in Dankbarkeit verbunden sein.

Was ist aus mir geworden? Ein freier Schriftsteller? Ich schreibe, aber ich komme mir dabei nicht wie ein Schriftsteller vor. Während ich am Computer sitze und in meine Vergangenheit eintauche, ziehe ich Bilanz und versuche, mir selber auf die Schliche zu kommen. Schreiben als Selbsttherapie – dabei entsteht ein Buch, und es wird ein paar Leute geben, die es kaufen und vielleicht sogar lesen werden. Sie werden wenig davon haben, wenn sie sich nicht selber auf den Weg machen und ihre eigenen Erfahrungen sammeln. Nur so können sie ihre Ängste überwinden.

Mit eigenen Erfahrungen meine ich nicht das, was *ich* viele Jahre lang gemacht habe: in ferne Länder reisen, Zeuge aufregender Ereignisse sein, beobachten, analysieren, abwägen, beurteilen. Erst wenn Erlebnisse nicht nur den Intellekt anregen, sondern in unser Herz eindringen und wir uns vom Beobachter zum Teilnehmer wandeln, machen wir Erfahrungen: lachen, weinen und *verändern* uns. Erfahrungen sind die elementaren Ereignisse unseres Seelenlebens.

Es ist nicht leicht, in unserer Zeit Erfahrungen zu machen. Die geräuschvollen Errungenschaften der High-Tech-Zivilisation haben sich wie Stoßdämpfer zwischen uns und unsere Welt geschoben. Sprachlos sitzen wir vor der Röhre und lassen die Matadoren der Talkshows für uns reden. Und mit feuchten Händen verfolgen wir die persönlichen Dramen unserer Serien-Stars, anstatt *selber zu leben.* Wir haben uns von Tätern in Zuschauer verwandelt. Information ersetzt Erfahrung, Theorie ersetzt die Praxis. Wir leben in einer künstlichen Welt, und wenn die »virtuelle Wirklichkeit« der Computer erst einmal in alle Haushalte eingedrungen ist, wird das Unwirkliche so wirklich werden, daß wir uns überhaupt nicht mehr vom Sofa entfernen müssen. Zwischen echt und künstlich wird man dann kaum noch unterscheiden können. Schon jetzt haben wir den Kontakt zur Erde und zu den Sternen verloren, und wir verstehen die Sprache der Götter nicht mehr.

Unsere Nerven sind überreizt, unser Gehirn ist überfordert. Wir hocken auf unserer Energie und haben keine sensible Beziehung zu unserem Körper mehr. Unser Instinkt schweigt. Unsere Gefühle verkümmern. Der Kopf versucht, sich gegen den Ansturm der elektronischen Reize zu wehren. Er schmettert die unangenehmen Informationen ab, noch bevor sie das Herz erreichen können, und leitet die Signale der Werbung in die Tiefen des Unterbewußtseins. So werden wir zu unbewußten Opfern von Manipulatoren aller Art, die uns suggerieren wollen, daß schon alles gut gehen wird, wenn wir nur fleißig einkaufen und verbrauchen.

Wir wandeln auf hauchdünnem Eis. Je schneller wir uns bewegen, so glauben wir, desto besser trägt uns das Eis. Kein Wunder, daß die Bundesbahn uns mit dem Slogan manipuliert: »Jetzt aber nix wie weg – egal wohin!« Die meisten Menschen sind auf der Flucht. Dabei haben uns die Bequemlichkeiten der Zivilisation an ein Leben ohne Anstrengung gewöhnt. Wir suchen den Ausweg aus unserem Unbehagen gerne auf dem Weg des geringsten Widerstandes und möchten unsere Wünsche sofort, mühelos, billig und möglichst auf Kredit erfüllen. Aber das Wohlbehagen will sich nicht einstellen. Unsere Neurosen blühen, und wir werden immer hilfsbedürftiger und ängstlicher.

Immer mehr Menschen bekennen sich gottlob dazu, daß sie Hilfe brauchen. Sie gehen zum Psychotherapeuten und nehmen an Seminaren und Selbsterfahrungsgruppen teil. Aber auch das zweifelhafte Geschäft mit der sogenannten »How-to«-Literatur blüht, die uns so gerne weismachen will, daß es auch ohne Anstrengung geht. Ratgeber-Autoren verdienen eine Menge Geld mit Lebenshilfebüchern. Wie schließe ich Freundschaften – wie komme ich zum Orgasmus – wie werde ich reich – wie beeindrucke ich meinen Chef – wie nehme ich ab, ohne zu hungern – wie überwinde ich meine Schüchternheit und so weiter und so fort. Aber vom Lesen wird man nicht weiser. *Du mußt leben, um zu lernen.* Du mußt meditieren, um weise zu werden. Und du mußt dich ein bißchen anstrengen und auf ein paar Bequemlichkeiten verzichten, wenn du mithelfen willst, die Erde vor dem Untergang zu bewahren.

Was ist aus mir geworden? Ein Aussteiger? Für mich ist ein Aussteiger ein Mensch, der aus den Realitäten des Lebens aussteigt und sich in eine Schein-Idylle flüchtet. Aber was ist das »reale Leben«? Für mich ist die Welt, in der sich unser Alltag abspielt, überhaupt nicht real. Sie ist eine Welt der Träume und der Illusionen, ein überdimensionales Irrenhaus. Wenn ich aus dieser Welt aussteige, entferne ich mich nicht von der Realität, ich entferne mich vom Wahnsinn. Freilich ist der Ausstieg gar nicht möglich. Die Welt ist in den letzten Jahrzehnten so klein geworden, daß es keine wirklich abgeschiedenen Winkel mehr gibt. Selbst über der einsamsten Südsee-Insel klafft das Ozonloch. Schließlich habe ich gar nicht die Absicht, aus dieser Welt auszusteigen.

Ich bin nicht aus der »Realität« geflohen. Ich bin nur für ein paar Jahre bei einem Weisen in die Lehre gegangen, um von ihm zu lernen, wie ich etwas wacher, bewußter, authentischer und glücklicher in dieser Welt des Irrsinns leben kann. Dabei ist mir vor allem bewußt geworden, daß ich mir meine Welt selber schaffe. Sie ist ein Spiegelbild meiner psychischen Befindlichkeit. Wenn ich voller Liebe bin, sehe ich die Welt in all ihrer überwältigenden Schönheit. Ja, die Welt ist wunderschön, und je glücklicher wir sind, desto schöner wird sie, auch wenn sie in Not ist. Je mehr ich die Welt liebe, desto größer ist mein Bedürfnis, sie in ihrer Schönheit zu erhalten.

Über meine Erlebnisse und Erfahrungen in dieser Lehrzeit habe ich zwei Bücher geschrieben, die ich heute schon aus einem großen Abstand betrachte, so als wäre ich gar nicht der Autor. Tatsächlich existiert dieser Autor nicht mehr. Wenn ich auch seinen Namen führe und so aussehe wie er, habe ich doch nichts mehr mit ihm zu tun. Ich wundere mich nicht mehr über das, was ihn in Poona oder in Rajneeshpuram erstaunte, ich teile seine Nöte nicht, ich schmunzele über seine Ängste, ich lache über seine Verwirrung.

Bin ich erleuchtet? Ich bin nicht mehr so sicher, was Erleuchtung eigentlich ist. Sicher ist nur, daß ich aufgehört habe, auf die Erleuchtung fixiert zu sein wie der Esel auf die Karotte. Ich habe inzwischen bescheidenere Prioritäten. Ich bemühe mich darum, mein Glücksgefühl von äußeren Umständen immer unabhängiger zu machen. Dabei ist meine wichtigste Übung das *Loslassen*, denn alles, was man auf dem spirituellen Weg lernen kann, reduziert sich am Ende auf die Kunst des Loslassens. Wer sich an Menschen, Positionen, Orten, Gewohnheiten, an Geld und Sicherheit festklammert, kann nicht mit dem Leben fließen. Sein Herz krampft sich zusammen, sein Mind vibriert ängstlich, seine Dynamik erlahmt, seine Kraft verbraucht sich in einer sinnlosen Anstrengung, denn was immer wir auch festhalten wollen, gehört uns nicht. Es kann uns in jedem Augenblick genommen werden, spätestens in der Stunde unseres Todes.

»Liebe fließt nur zwischen zwei Freiheiten« hat Osho einmal zu einer jungen Frau gesagt, die weinend zu ihm kam und sich über ihren untreuen Geliebten beschwerte, und er riet ihr, den Mann loszulassen. Ich hatte erwartet, daß er sich den Lover vorknöpfen und ihm ins Gewissen reden würde, denn damals glaubte ich noch, daß man seine Freiheit einschränken muß, um eine Liebesbeziehung möglich zu machen. Es dauerte noch ein paar Jahre, bis ich aus eigener Erfahrung wußte, daß das Geheimnis der Liebe das Loslassen ist – das »Nichts-Wollen«, das »Gewähren-Lassen«, die »bedingungslose Hingabe«.

Das gilt nicht nur für die Beziehung zu einem geliebten Menschen, sondern ebenso und vor allem für meine Beziehung zum Leben, zur Existenz, zu Gott oder wie immer wir es nennen wollen. Solange ich mich festklammere, liebe ich nicht. Ich will geliebt werden. Ich bin unfrei und habe Angst. Und weil ich ängstlich bin, kann ich weder meiner Geliebten noch Gott vertrauen. Ich bettele um Liebe, ich fordere, erwarte und stelle Bedingungen. Aber Gott und meine Geliebte hören nicht zu, weil sie mit meinem Ego nichts anfangen können. Ich bin nicht in Harmonie mit der Existenz. Ich bin nicht liebesfähig, und weil ich nicht lieben kann, empfange ich auch keine Liebe. Liebe fließt nur zwischen zwei Freiheiten.

Loslassen! Es scheint so einfach und ist doch so schwer, denn loslassen heißt *akzeptieren, was immer uns widerfährt.* »Dein Wille geschehe« heißt es im Vaterunser. In dem Satz steckt der Schlüssel zum Glück. Denn wenn wir loslassen und akzeptieren können, was ist, entspannen wir uns. Kein Anti-Streß-Training mehr, die Kreuzschmerzen verschwinden, Krisenbesuche bei der Masseuse werden überflüssig, und den Alkohol brauchen wir nicht mehr als Nervendämpfer – wir trinken ein Glas, weil der Chardonnay so gut schmeckt.

Ich habe die Haltung des Loslassens und Akzeptierens lange für Apathie gehalten und mich dagegen gewehrt. Ich wollte nicht akzeptieren, was mir nicht gefiel. Ich wollte keine Niederlage einstecken, keine Beleidigung auf mir sitzen lassen. Ich wollte mein Glück schmieden, dem Schicksal trotzen, aufbegehren, kämpfen... Aber es ergab sich, daß ich in Poona gelegentlich zuschaute, wenn die Aikido- und Karate-Leute in der Buddhahalle übten. Meine Schreibmaschine stand unter einem Palmblätterdach direkt neben der offenen Halle, und oft vergaß ich das Schreiben und verfolgte fasziniert die kraftvoll fließenden Bewegungen der Kämpfer. Und eines Tages erkannte ich die Weisheit, die das Wesen des asiatischen Kampfsports ausmacht – die Weisheit des Akzeptierens und Loslassens!

Die Aikido- und Karatekämpfer fangen die Kraft auf, die im Angriff des Gegners steckt, und integrieren sie geschmeidig in ihre Gegenbewegung. Sie attackieren nicht, sie wehren auch nicht ab, sie fließen sozusagen in den Angriff des Gegners hinein und bringen seine Stoßkraft in ihre Verteidigung ein. Der Angriff als Chance!

Ich schaute zu und übertrug die Weisheit des Kampfsports auf mein eigenes Leben: Ich brauche Schicksalsschläge nicht zu fürchten, denn sie geben mir die wunderbare Gelegenheit, die Herausforderung anzunehmen und ihre Kraft für die Arbeit an mir selbst zu nutzen. Die Haltung des Loslassens und Akzeptierens ist die Haltung des »friedlichen Kriegers«. Für ihn gibt es keine Schicksalsschläge, sondern nur Wachstumschancen.

Wenn ich diese Entdeckung nicht gemacht hätte, wäre es mir wahrscheinlich ganz unmöglich gewesen, mich im Sinne von »Dein Wille geschehe!« zu verhalten, denn ich bin ein ungeduldiger Widder. Aber seit ich sogenannte Schicksalsschläge als Chancen begreife, kann ich akzeptieren. Nicht alles, was mir widerfährt, gefällt mir, aber ich weiß, daß gerade in den unerfreulichsten Ereignissen die meiste Energie steckt, und ich bin glücklich, wenn es mir gelingt, diese Energie in einen kleinen Fortschritt umzuwandeln: Diesmal bin ich *nicht* explodiert, meine Sicherungen sind *nicht* durchgebrannt, ich bin *nicht* in ein schwarzes Loch gefallen, ich habe die Schuld *nicht* beim anderen gesehen! Statt dessen habe ich meinen eigenen Anteil am Konflikt erkannt, habe ein paar Sekunden der Bewußtheit eingelegt und meinen Ärger beobachtet. Ich habe tief durchgeatmet und gesehen, wie mein Ärger sich plötzlich in Mitgefühl verwandelte ...

Solche Momente sind für mich kostbar, und ich freue mich darüber wie ein Kind.

Das ist das Wunderbare an der Meditation: Sie polt die Energie von negativ auf positiv um und verändert auf diese Weise mein Lebensgefühl. Ich genieße die kleinen Freuden des Lebens – ein Kinderlachen, den eleganten Sprung einer Katze, die lebendige Pracht einer aufblühenden Blume, ein gutes Glas Wein, Post von einem Freund, der lange geschwiegen hat, einen Telefonanruf von meinen Töchtern, das Schweigen mit einer geliebten Frau ...

Das Elend in der Welt ist mir näher denn je. Ich bin mir bewußt, daß täglich Zehntausende von Kindern an Hunger sterben, und ich erlebe auch das psychische Elend, an dem viele Menschen in *unserem* Kulturkreis innerlich zugrunde gehen. Ich sehe die *materielle* Armut in der Dritten Welt, und ich sehe unsere *spirituelle* Armut – unsere innere Leere, unsere Angst, unsere Einsamkeit, unsere Verzweiflung, und weil ich *hier* lebe und nicht in der Dritten Welt, konzentriere ich mich auf *unsere* Misere, die genauso schlimm ist wie die materielle Misere in den armen Ländern. Im übrigen versuche ich, das Gewicht meines Schattens auf diesem Planeten etwas zu verringern. Ich trete etwas sanfter auf und belaste die Umwelt so wenig wie möglich. »Das Leben ist Gott«, sagt Leo Tolstoi, »und wer das Leben liebt, der liebt Gott«. Ich fühle mich angesichts des Elends in der Welt nicht ganz und gar hilflos, wenn ich durch meine Lebensfreude ein wenig Licht in die Welt bringe.

Während ich dies schreibe, sitze ich eine halbe Autostunde südlich von San Francisco und hüte das Haus von Freunden ein, die auf Reisen sind. Ich schaue auf eine stille Straße. Die Sonne scheint. Eichhörnchen jagen sich im Geäst einer Redwood-Tanne. Schräg gegenüber gibt es einen kleinen Kindergarten. Wenn ich meinen Blick über den Bildschirm meines Computers hebe, sehe ich, wie die Kleinen spielen. Sie sind in sich selbst versunken, sie lachen, sie schreien, sie streiten und schmusen, sie sind total im Hier und Jetzt, und ich kann mich kaum von ihnen losreißen.

Ich bin ganz allein im Haus und genieße mein Alleinsein. Ich lebe gerne mit leichtem Gepäck, und es gefällt mir, wenn ich nur soviel besitze, wie ich in meinem kleinen Auto unterbringen kann. Seit ich vor 15 Jahren meinen Haushalt im Alten Land bei Hamburg aufgelöst habe, bin ich auf Wanderschaft. Irgendwann werde ich gewiß wieder seßhaft sein.

Ich meditiere und schreibe – beides geht ineinander über, während die Zeit verfliegt. Nachmittags fahre ich mit dem Rad spazieren, kaufe im Naturkostladen ein, hole Trinkwasser vom Automatenfilter. Der Postbote kommt gegen vier, aber meistens bringt er nur »Junk-Mail« – Reklameblätter der umliegenden Supermärkte. Am Abend vertiefe ich mich in die Koch-Meditation. Ich bin ein seriöser Esser und koche nach der Devise »Du bist, was du ißt!« Nach dem Essen schalte ich auf Kanal 23 und meine »L. A. Law«-Fernseh-Meditation beginnt. Ich nehme an den wunderbar unerleuchteten Freuden und Nöten einer Bande von Rechtsanwälten teil – schöne Frauen und Männer, sexy, brillant, witzig. Sie verdienen in dieser Welt des Jammers eine Menge Geld damit, daß sie gewöhnlich für das Gute eintreten. Meine »L. A. Law« – Meditation dauert eine Stunde – einschließlich Reklame. Danach telefoniere ich mit Freunden, lese, höre Musik, schlafe . . .

»Holzhacken und Wasserholen« – so wird das Leben der alten Zen-Mönche auf ihrem Weg zur Erleuchtung beschrieben. Bei mir kommt das Fernsehen und das Telefon hinzu, aber im Grunde wird mein Leben in dieser aufgeregten Welt von äußeren Ereignissen ebensowenig geprägt wie das Leben der alten buddhistischen Sucher. Die Zeit ist stehengeblieben. Was gestern war, ist schon ganz weit weg. Was morgen sein wird, weiß ich nicht. In zwei Wochen werde ich weiterziehen – vielleicht nach Mill Valley, vielleicht nach Santa Fé in Neu-Mexiko, vielleicht nach Berlin oder in die Toscana – wer weiß? Die ganze Welt ist mein Zuhause. Ich fühle mich wie die weiße Wolke, die durch den blauen Himmel schwebt und dem Wind vertraut. Es gibt kein Ziel. Ich *bin* einfach nur . . .